Porto

Michael Müller

1. Auflage 2021

Inhalt

Wege durch Porto

Was haben Sie entdeckt?

Haben Sie ein besonderes Restaurant, ein neues Museum oder ein nettes Hotel entdeckt? Wenn Sie Ergänzungen, Verbesserungen oder Tipps zum Buch haben, lassen Sie es uns bitte wissen!

Schreiben Sie an: Michael Müller, Stichwort „Porto"
c/o Michael Müller Verlag GmbH | Gerberei 19, D – 91054 Erlangen
michael.mueller@michael-mueller-verlag.de

🌿 nachhaltig, ökologisch, regional

mein Tipp Die besondere Empfehlung unseres Autors

Orientiert in

Porto

Orientiert in Porto

Porto ist …

Der ursprüngliche Stadtkern um den Bischofshügel, etwa 2 km flussaufwärts der Flussmündung in den Atlantik, zieht sich steil hinunter zum Rio Douro. Die spektakuläre Szenerie wird gekrönt durch die Stahlskelettbrücke, welche Porto mit Vila Nova de Gaia verbindet.

Eléctrico Linha 1

Ein schöner Ausflug geht mit der Tram ab der Kirche Igreja de São Francisco (Haltestelle Infante) bis nach Foz, dem ursprünglichen Fischerdorf an der Douro-Mündung. Von dort ein schöner Spaziergang auf einer Promenade am Meer entlang nach Matosinhos, dem geschäftigen Fischer- und Hafenstädtchen.

… die zweitgrößte Stadt des Landes

Mit ihren knapp 240.000 Einwohnern ist die Stadt noch überschaubar, und bei Spaziergängen ist es ein Leichtes, die Stadtgrenze zu verlassen. Porto ist eine Stadt mit ansehnlichen Parks und schönen Plätzen, die auch während der Sommermonate tiefgrün leuchten – an Regen, nicht nur in den Wintermonaten, mangelt es meist nicht.

… Namensgeber einer ganzen Nation

Der ursprünglich griechische Handelsplatz wurde von den Römern „Portus calus", schöner Hafen, genannt. Daraus entwickelte sich die Bezeichnung „Portucale", womit nicht mehr nur die Stadt, sondern die gesamte Region drum herum gemeint war. Als Grafschaft Portucale blieb das Gebiet noch eine Zeitlang Bestandteil des Königreichs Kastilien, im Jahr 1139 rief Dom Afonso Henriques dann die Unabhängigkeit aus und ernannte sich selbst zum ersten König des neuen Reiches.

… verkehrstechnisch gut erschlossen

Eine moderne Stadtbahn (Metro) verbindet den nahe gelegenen Flughafen mit der Innenstadt. Einmal dort angekommen, liegen die meisten sehenswerten Orte von Porto fast alle in Fußentfernung. Zum Meer nach Matosinhos, dem Fischereihafen, kann man dann wiederum bequem mit der Metro gelangen.

… leicht zu durchschauen

Porto ist nicht sonderlich groß, kein Vergleich mit den europäischen Metropolen, die man sich mühevoll (konventionell) per Stadtplan bzw. (modern) durch digitale Wegweiser erschließen muss. Stadtrundgänge sind ein stetes Bergauf-Bergab, weil die hügelige Landschaft, die das tief eingeschnittene Dourotal zu beiden Seiten einrahmt, strategisch gut zu verteidigen war. Im historischen Viertel um den **Bischofshügel** geht es über enge Treppengässchen zum Fluss hinunter, wo sich eine schöne Promenade ausbreitet. Im „moderneren" Zentrum um die **Avenida dos Alliados** dominieren Prachtfassaden aus der Gründerzeit. Im Univiertel beim **Jardim da Cordoaria** gibt es hübsche Parks und Plätze. Westlich davon, um den riesigen Kreisverkehr **Rotunda da Boavista**, findet man eine interessante Mischung aus Alt und Neu.

… die Stadt des Portweins

Ab dem späten 17. Jh. wurde der süße Aperitifwein von Porto aus verschifft, was ihm auch seinen Namen eingebracht hat: Vinho do Porto. Er war besonders in England begehrt und durch Zugabe von Branntwein perfekt dafür geeignet, den längeren Transport auf die Britischen Inseln unbeschadet zu überstehen. Die Trauben stammen von den steilen Schieferhängen des Dourotals, das auch das erste zertifizierte Weinanbaugebiet der Welt war. Die meisten Kellereien, in denen der Wein gelagert und veredelt wird, liegen allerdings gar nicht auf dem Stadtgebiet Portos, sondern im Nachbarort Vila Nova de Gaia.

… eine Stadt aus Granit

Die alten Stadthäuser wurden alle aus grauem Granit erbaut. Aber die Stadtplaner haben schon früh damit begonnen, die Fassaden mit farbenfrohen Anstrichen versehen zu lassen. Besonders der Blick vom Ufer des Douro-Flusses aus zu den übereinandergeschachtelten Häusern am Steilhang ist reizvoll und möchte einen hier wohnen lassen. Die rausgehängte flatternde, frisch gewaschene Wäsche zeigt, dass es nicht nur touristische Fassade ist.

… eine Stadt am Fluss und am Meer

Fast 900 km von der Quelle im spanischen Kastilien bis zum Atlantik schlängelt sich der Rio Douro durch die Iberische Halbinsel bis Porto. Nur zwei Kilometer sind es von der spektakulären „Eiffelbrücke" in der Altstadt bis zum Meer, an dem lange Sandstrände zum Flanieren und Baden einladen.

… die Stadt der „Kuttelfresser"

Den Seefahrern wurde als Proviant viel Pökelfleisch mit auf die Reise gegeben, und die ärmere Bevölkerung musste sich dann leider mit den Innereien begnügen. Auch heute noch werden in den einfachen Restaurants zum Mittagstisch regelmäßig „Tripas" angeboten.

Orientiert in Porto

Sightseeing-Klassiker

Porto ist eine Stadt aus der zweiten Reihe und steht noch heute im Schatten der großen Hauptstadt Lissabon. Erst spät, nach der Ernennung zur Europäischen Kulturhauptstadt 2001, wurde Porto vom Städtetourismus wahrgenommen.

Portland

Ja gut, der Portwein ist für Ahnungslose der Namensgeber der Stadt. In Wirklichkeit steht Porto aber als Taufpate für ganz Portugal. Die Stadt ist ziemlich überschaubar – von den Portweinkellereien zu den Badestränden ist es ein Spaziergang, liegt doch die Altstadt nur 2 km flussaufwärts der Mündung des Rio Douro in den Atlantik.

Ponte Dom Luís I

Die 60 m hohe Fachwerk-Bogenbrücke im Stil von Gustav Eiffel mit einer oberen Spannweite von 385,25 m verbindet die beiden Douro-Ufer, den Cais da Ribeira und den Cais de Gaia, miteinander. Heute ist die obere Querung der Brücke Radfahrern, Fußgängern und den Stadtbahnen der Metro do Porto vorbehalten. Die Brücke Dom Luís I gehört seit 1996 zum UNESCO-Weltkulturerbe. → Tour 1, S. 22

Torre dos Clérigos

Der italienische Architekt, Maler und Dekorateur Nicolau Nasoni hatte in Siena und Rom gearbeitet, bevor er ab Mitte der 1720er-Jahre Porto in das Zeitalter des Barocks führte. Heute ist der 75,6 m hohe Clérigos-Turm ein Wahrzeichen der Stadt und besuchenswert. → Tour 2, S. 28

Buchhandlung Lello

In dem schmucken Jugendstilgebäude gibt es seit 1894 eine Buchhandlung, und die war schon immer eine der interessantesten „Livrarias" der Welt. Spätestens seit Harry Potter mit dem Shop in Verbindung gebracht wird, ist die Buchhandlung Lello eine Attraktion, für die sogar Eintritt bezahlt werden muss und vor der sich immer eine lange Warteschlange bildet. → Tour 2, S. 29

Estação de São Bento

In den herrlichen Kachelwandbildern der Bahnhofshalle begegnen uns wichtige Geschichtsereignisse des Landes: Heinrich der Seefahrer bei der Eroberung von Ceuta; Dom Afonso Henriques, der Gründer Portugals, wie er seinen Lehrer und Mentor Egas Moniz am Hof empfängt, usw. → Tour 1, S. 16

Die Kathedrale

Ein wehrhafter, grauer Granitbau auf einem Hügel oberhalb der Ribeira. Hier wurde die Stadt einst gegründet. Vom großzügigen Vorplatz, eine Art Plateau, hat man einen tollen Ausblick auf die Stadt und hinunter zum Fluss. → Tour 3, S. 34

Casa de Serralves

Buchhandlung Lello

Clerigos-Turm

Estação de São Bento

Kathedrale

Ponte Dom Luis I.

Rio Douro

Vila Nova de Gaia

Vila Nova de Gaia

Auf der anderen Flussseite von Porto geht es turbulent zu. Auf der breiten Uferpromenade (Fußgängerzone) sind immer viele Besucher unterwegs, um in einer der zahlreichen Portweinkellereien eine Verkostung zu machen. Weiter oben über dem Tal kann man auf einer großen Grünfläche die tollen Sonnenuntergänge beobachten. Häufig finden dort auch kostenlose Open-Air-Konzerte statt. → Tour 8, S. 72

Historische Straßenbahn

1895 wurde die erste regulär verkehrende elektrische Straßenbahn der Iberischen Halbinsel in Betrieb genommen. Auch heute noch verkehren nostalgische Bahnen in der Innenstadt und entlang des Rio Douro bis nach Foz de Douro an dessen Mündung ins Meer. → Tour 4, S. 42

Fundação de Serralves

Die eigentliche Villa in dieser knapp 20 ha großen Parkanlage wurde 1923 vom französischen Architekten Jacques Gréber in der sog. „Stromlinien-Moderne-Architektur" (Art déco) erbaut. Das nebenan errichtete Museu de Arte Contemporânea ist ein modernes Gegenstück vom noch lebenden berühmten Architekten Portos: Álvaro Siza Vieira. Dort finden wechselnde Ausstellungen von modernen Werken statt. → Tour 7, S. 62

Igreja do Carmo

Beeindruckend ist die gänzlich mit einem riesigen Kachelbild versehene Seitenfassade der Carmo-Kirche im Universitätsviertel. Auch an anderen Stellen der Stadt finden sich eindrucksvolle Zeugnisse dieser typisch portugiesischen Kunst. → Tour 4, S. 38

Mercado do Bolhão

Eine Markthalle als Sehenswürdigkeit – sie ist ein mächtiger Bau im neoklassizistischen Stil aus dem Jahr 1910 und war bis vor Kurzem ein Spaziergang in das Marktleben des letzten Jahrhunderts. Seit 2018 wird der Markt renoviert und soll im Frühjahr 2021 wieder eröffnet werden. → Tour 5, S. 47

Casa da Música

Porto zur Abwechslung einmal ganz modern – seit 2005 steht dieses mächtige Konzerthaus am parkähnlichen Kreisverkehr Rotunda da Boavista. Es ist lohnend, sich einer Führung durch das Gebäude anzuschließen. → Tour 7, S. 58

Orientiert in Porto

Sightseeing-Alternativen

Eine Alternative wäre Porto mit dem Rad – allerdings nicht gerade in der Kernstadt mit ihren vielen Hügeln und dem regen Autoverkehr. Es gibt aber tolle Radwege entlang des Rio Douro, und auch südlich und nördlich der Flussmündung ist man auf gepflegten Radwegen entlang der endlos langen Sandstrände sicher unterwegs.

Das neue Porto

Die Avenida da Boavista führt von der Altstadt aus gradlinig Richtung Meer. Stattliche Bürgerhäuser säumen die breite Avenida, und nicht weit vom großen Kreisverkehr Rotunda da Boavista lohnt sich ein Besuch des „Fressmarktes" Bom Sucesso. Alleine der großartige, lichtdurchflutete Hallenbau aus den 1950er-Jahren ist eine Besichtigung wert.

Centro Português de Fotografia

In den oberen Stockwerken des ehemaligen Stadtgefängnisses – ein mächtiger, düsterer Bau im Universitätsviertel – ist eine interessante Sammlung alter Kameras und Fotografien zu sehen. In den einstigen Gefängniszellen finden von Zeit zu Zeit auch Kunstausstellungen statt. → Tour 2, S. 29

Jardim do Passeio Alegre

Der kleine Park an der Mündung des Douro ist ein Kleinod und heißt übersetzt „Garten des glücklichen Spaziergangs" – das gilt besonders an Sonntagen, wenn unter den alten Bäumen Kunsthandwerker ihre Ware ausstellen. Besuchenswert sind auch die öffentlichen Toilettenanlagen. → Tour 7, S. 63

Ilhas (Inseln)

Die ersten Viertel aus einfachen Wohnhütten entstanden bereits im 18. Jh. für das Dienstpersonal und befanden sich – zunächst mit nur einem Zugang versehen und von der Straße aus nicht einsehbar – in der zweiten Reihe hinter solide erbauten Bürgerhäusern versteckt. Heute sind die Wohnverhältnisse nicht mehr so prekär wie früher, und die Bewohner der kleinen Häuschen entlang enger Gassen leben dort gerne und schätzen das familiäre, nachbarschaftliche Miteinander. → S. 100

Bank of Materials

In einem überschaubaren Raum an der Praça de Carlos Alberto sind portugiesische Wandkacheln aus verschiedenen Jahrhunderten zu bestaunen. → Tour 4, S. 39

Avenida dos Aliados

Die Büro- und Bankgebäude entlang der platzartigen Avenida wurden im nüchternen Stil des Neoklassizismus errichtet. Die künstlerische Pracht der Dekors versteckt sich vielfach im Inneren der Gebäude. Ein gutes Beispiel dafür ist das ehemalige Café Imperial, welches in den 1930er-Jahren eröffnet wurde und heute als schönste McDonald's-Filiale der Welt gilt. → Tour 1, S. 24

Das schmalste Wohnhaus der Stadt

Zwischen den Azulejo-Kirchen do Carmo und dos Carmelitas befindet sich die Casa Escondita, das „versteckte Haus", mit seiner nur einen Meter breiten Fassade. Es diente nur dazu, eine zweite Kirche neben der ersten bauen zu können. Dies war eigentlich verboten. → Tour 4, S. 39

Die lachenden Chinesen

Im Jardim da Cordoaria stehen drei Installationen, auf denen Bronzefiguren mit lachenden Gesichtern herumturnen. Es handelt sich um das Werk des spanischen Künstlers Juan Muñoz, der sich wohl von den entstellten Lachgesichtern des chinesischen Kollegen Yue Minjun inspirieren ließ. → Tour 4, S. 38

Museu Nacional da Imprensa

In einer ehemaligen Brikettfabrik werden alte Druck- und Setzmaschinen ausgestellt. Im Untergeschoss geht es um unerfüllte Leidenschaften, außerdem werden viele Karikaturen gezeigt. Eine nette Fahrradtour den Fluss hinauf führt dorthin. → Tour 6, S. 55

Fischerhafen Matosinhos

Zwischen den qualmenden Grillrestaurants und dem Meer befindet sich ein großräumiges Industrieareal mit Kühlhallen, Bürogebäuden und Frigo-Lastzügen, welche die angelandeten Meeresfrüchte nach Norden abtransportieren. In einem kleinen Laden gibt es wohl die weltgrößte Auswahl an Fischkonserven. → Tour 7, S. 67

Casa do Infante

In diesem Stadtpalast unten am Fluss soll 1394 Heinrich der Seefahrer zur Welt gekommen sein. Interessant ist das dort untergebrachte Museum, welches sich auch etwas selbstkritisch mit der damals von Portugal eingeläuteten Globalisierung auseinandersetzt. → Tour 1, S. 20

Jardins do Palácio de Cristal

Großartiger Park mit fantastischen Ausblicken ins Tal des Douro bis zur Mündungsbucht, auf den von Linden gesäumten Wegen stolziert der ein oder andere Pfau umher. Ein Spaziergang den Hang hinunter führt nach Miragaia. → Tour 4, S. 40

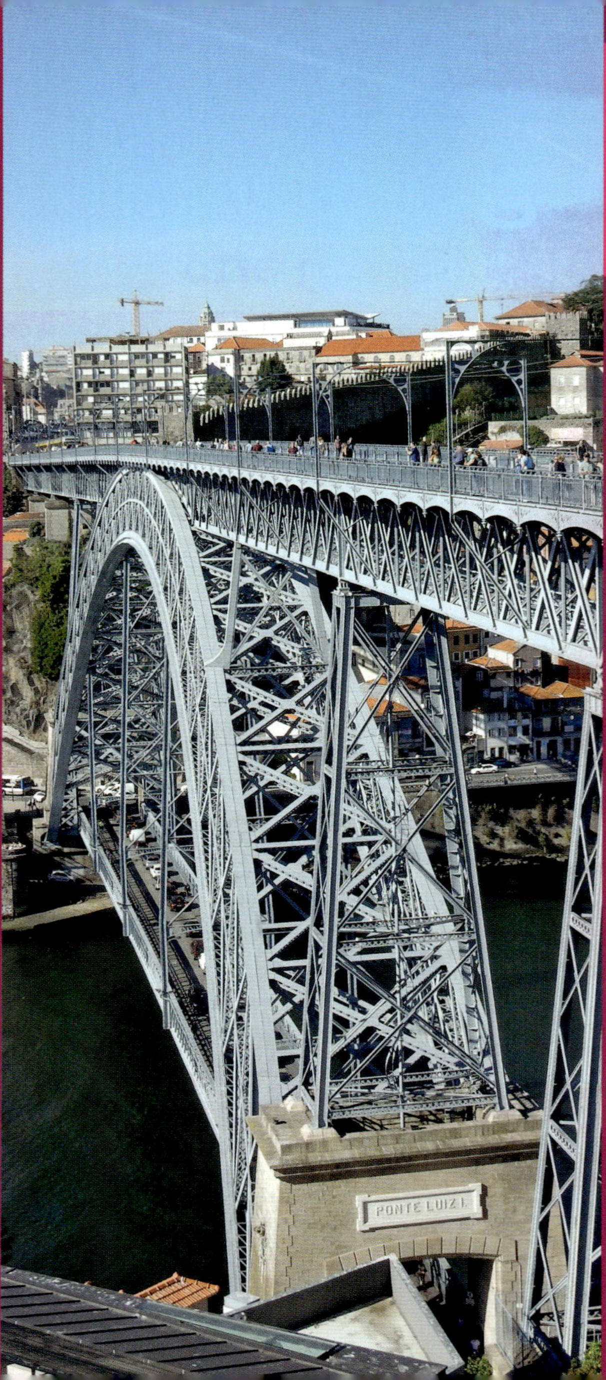

Die Ponte Dom Luís I überspannt den Douro

Wege durch

Porto

Auf der Touristenmeile
Tour 1

Von der Praça da Liberdade über die Rua das Flores hinunter zum Cais da Ribeira, den „Anlegestellen am Flussufer" – das ist der touristische Highway der Stadt. Vom Flussufer kann man mit dem Lift oder der Standseilbahn wieder hinauffahren. Oder man überquert auf der Eisengerippebrücke Dom Luís I den Douro, um auf die andere Uferseite mit den Portweinkellereien zu kommen.

Estação de São Bento, blau-weiße Kachelkunst in der Vorhalle des Bahnhofs, S. 17

Palácio da Bolsa, sein Prunkstück ist der prächtig ausgestattete Arabische Saal, S. 19

Cais da Ribeira, Flaniermeile am Douro-Ufer, S. 22

Ponte Dom Luís I, eisernes Wahrzeichen der Stadt, S. 22

Vom Bahnhof zum alten Hafen
Im Centro Histórico

Kunst auf Kacheln
Estação de São Bento

Vom südlichen Ende der Praça da Liberdade strahlt uns unten, gleich ums Eck, das Hauptportal des Bahnhofs São Bento entgegen. Zwar ist schon die Außenansicht imposant – São Bento ist ein streng symmetrischer Bau im Beaux-Arts-Stil –, das eigentliche Prunkstück ist aber die mit Azulejos ausgeschmückte Vorhalle des Bahnhofs. An die 20.000 Keramikkacheln zeigen Szenen aus dem ländlichen und religiösen Leben Portugals (Getreideernte, Weinlese, Wallfahrten usw.), aber auch bedeutende Ereignisse aus der portugiesischen Geschichte, z. B. die Eroberung von Ceuta durch Heinrich den Seefahrer (→ S. 88). Im Fries ist der Entwicklung der Transportmittel abgebildet, den ruhmreichen Abschluss markiert die Eisenbahn.

Die neue Bahnstrecke nach Porto und auch der Tunnel zum Stadtteil Baixa waren längst fertig, doch nicht so der Bahnhof São Bento. Der Bau hatte sich verzögert, weil das an dieser Stelle stehende Kloster Mosteiro de São Bento de Avé-Maria nicht abgerissen werden konnte, da eine Nonne sich weigerte, es zu verlassen. Erst nachdem sie verstorben war, konnten die Pläne umgesetzt und der Bahnhof 1916 eröffnet werden. Wenn heute in Portugal die Bahn streikt, heißt es, die Nonne sei wieder zurückgekommen …

Keine Blumen in der Blumenstraße
Rua das Flores

Die Rua das Flores ist für viele Besucher die eigentliche Hauptachse der

Stadt. Ihr Name „Straße der Blumen" stammt aus einer Zeit, als sie noch durch die Gärten des Bischofs führte. Heute verbindet sie das Geschäftsviertel Baixa mit dem Cais da Ribeira am Douro-Ufer; als Fußgängerzone ist sie angenehmer zu gehen als die parallel verlaufende Hauptstraße Rua de Mouzinho da Silveira mit ihrem regen Autoverkehr. Früher war die Rua das Flores das Revier der Goldschmiede, und noch heute sind hier viele Juweliergeschäfte angesiedelt. Allerdings gibt es inzwischen mindestens ebenso viele Souvenirläden und Cafés mit Außenbestuhlung.

Moderne und Tradition
Museu da Misericórdia do Porto

Zum Ende des Mittelalters regierten Not, Krankheit und Krieg in ganz Europa. Deshalb wurde nach dem älteren Vorbild von Florenz (Misericordia di Firenze) in Lissabon 1499 diese gemeinnützige Bruderschaft gegründet und Niederlassungen in ganz Portugal und den Überseegebieten geschaffen.

Das Museum erzählt gut aufbereitet die Geschichte der Stiftung. Einen großen Teil der Ausstellung nehmen die Ölportraits der Stifter ein. Das wertvollste Werk heißt *Fonte da Vita* (Quelle des Lebens) und ist eine flämische Auftragsarbeit; sie zeigt König Manuel I., den Mitinitiator der Casa Misericórdia, mit Gemahlin, Prinzen und Prinzessinnen auf dem Kalvarienberg (ca. 1517). Hübsch anzuschauen ist die moderne Überdachung des Innenhofs, eine Konstruktion aus Glas und Eisen aus dem 20. Jh.

Den Rundgang beginnt man im 3. Stock. Unten angekommen, kann man die benachbarte Kirche besichtigen: die Igreja da Misericórdia.

Tägl. 10–17.30 Uhr, Eintritt 5 €. Rua das Flores 15, ☎ 0351-220-906960, www.mmipo.pt.

Seife vom Auswanderer
Claus Porto

Gegenüber dem Museo Casa da Misericórdia hat das in Porto gegründete Seifen- und Parfümunternehmen seinen Vorzeigeladen eingerichtet. Im ersten Stock sind alte Fotoaufnahmen aus der Gründerzeit zu sehen. Sie stammen vom deutschen Ingenieur und Fotopionier Emílio Biel und zeigen u. a. den Firmengründer Ferdinand Claus. Claus, Chemiker und Einwanderer aus Deutschland, begann 1887 mit einer eigenen Fabrikation in der Avenida de França, die dort bis vor wenigen Jahren betrieben wurde. 1916 musste er – wie alle Deutschen während Ersten Weltkriegs – Portugal verlassen, sein Betrieb wurde zunächst verstaatlicht. Später wurde er von Achilles de Brito, einem seiner früheren Geschäftspartner, übernommen und seit 1924 unter dessen Namen weitergeführt.

☎ 0351-229-289821, www.clausporto.com. Rua das Flores 22.

Im Marionettenmuseum

Kasperl zum Anfassen

Museu das Marionetas do Porto

Nach der Rua das Flores können wir einen kurzen Abstecher nach rechts in die Rua de Belomonte machen, bevor wir weiter in Richtung Rua de Ferreira Borges gehen. Das kleine ansprechende Museum zur Erinnerung an den Gründer des Marionettentheaters *João Paulo Seara Cardoso* (1956–2010) dürfte nicht nur Kindern gefallen. In den hellen, freundlichen Räumen gibt es eine Menge hübscher Puppen von groß bis klein, zum Teil auch zum Anfassen und Spielen. Theateraufführungen finden ein paar Häuser weiter statt (Nr. 57), im Sommer z. T. in Englisch.

Tägl. 11–13 und 14–18 Uhr, Eintritt 2 €. Rua de Belomonte 61, www.marionetasdoporto.pt.

Strenge Prüfung

Instituto dos Vinhos do Douro e Porto (Port and Douro Wines Institute)

Das Institut fungiert fast wie eine Behörde, die für den guten Ruf der regionalen Weine zu sorgen hat. Das Douro-Gebiet war die erste Weinbauregion der Welt, die für ihre Erzeugnisse ein Ursprungszertifikat einführte. In den Laboren im Haus werden die Qualitätskontrollen der Weine durchgeführt.

Die Räume sind nur im Rahmen einer Führung zu besichtigen, parfümierte Besucher sind dabei nicht erwünscht, weil dies die Sensorik der Prüfer irritiert. In einem überschaubaren öffentlichen Bereich informieren Schautafeln über die Regionen mit ihren unterschiedlichen Qualitäten. Witzig ist ein Zapfautomat, der mit einer an der Rezeption gekauften Guthabenkarte Portweinproben ausgibt. Er bietet acht verschiedene Qualitäten von 2 bis 9 € pro Glas an.

Anmeldung für eine kostenlose Vintage-Port-Probe über ivdp@ivdp.pt (ab 7 Personen). Mo–Fr 10–19 Uhr. Rua de Ferreira Borges 27, ☎ 0351-222-071600.

Glas, Stahl, Folklore

Mercado Ferreira Borges

Die rot gestrichene Halle wurde 1885 aus Stahl und Glas errichtet, aber nie als Markthalle genutzt, obwohl sie so geplant worden war. In den 1970er-Jahren sollte der Bau einem Parkplatz weichen. Zum Glück setzten sich Persönlichkeiten der Stadt dafür ein, dieses Architekturbeispiel der europäischen Glas- und Stahlepoche zu erhalten. Erst später wurde eine Tiefgarage unter dem gepflegten Rasenvorplatz angelegt, auf dem sich heute gerne die Touristen ausruhen. In dem Hallenbau sind Souvenirläden, Cafés und der

„Hard Club" (www.hardclubporto.com) zu finden, in dem regelmäßig Konzerte stattfinden, von Death Metal bis zu brasilianischer Folklore.

Rua da Bolsa 19.

Börsenpalast
Palácio da Bolsa

Der Palast wurde 1844 als Sitz der Portuenser Handelskammer gebaut und zwischenzeitlich auch als Börse genutzt, daher der Name. An seine alte Bestimmung erinnert noch die hier traditionell abgehaltene Wahl des Handelskammerpräsidenten, ansonsten wird das repräsentative Gebäude meist nur noch für öffentliche Empfänge genutzt. Und sein Prunkstück, der Arabische Saal, wird für Hochzeiten oder private Feste für 7000 Euro pro Abend vermietet.

Von außen zeigt sich die Fassade eher kühl, innen ist der Palast dafür umso reicher ausgeschmückt. Bemerkenswert im **Treppenhaus** ist die aus dem harten Granit herausgearbeitete, aufwendige Ornamentik. In vielen Räumen ziehen die meisterlichen Werke der Stuckaturkunst den Blick auf sich, meist sind sie mit Blattgold beschichtet.

Bei der Ausstattung des **Arabischen Saals** ließ sich der Architekt bis ins Detail von der maurischen Architektur der Alhambra inspirieren. Sogar die mehrfache Inschrift „Allah über alles" schmückt den Raum, obwohl Vandalen die Schriftzeichen stellenweise zerstört haben. Eine Hymne auf die englische Königin („Gott beschütze Königin Queen Mary II"), ebenfalls in arabischer Schrift, blieb dagegen unbehelligt.

Der Fußboden im Nebenraum ist eine Intarsienarbeit aus verschiedenfarbigen tropischen Hölzern, deren Muster so plastisch wirken, dass man fast glaubt, darüber zu stolpern. Die Wände schmückt aufwendiges Stuckdekor, das täuschend echte Holzimitationen zeigt.

April–Okt. tägl. 9–18.30 Uhr, Nov.–März 9–12.30 und 14–17.30 Uhr. Führung jeweils zur halben Stunde. Eintritt 8,50 €, Stud. mit Cartão Jovem und über 65 J. 5 €, mit Porto Card 50 % Nachlass. Rua de Ferreira Borges. ☎ 0351-223-399000, www.palaciodabolsa.com.

Im Börsenpalast – der Saal des Präsidenten

Gold, mehr Gold, noch mehr Gold

Igreja de São Françisco

Die Kirche – eines der frühesten gotischen Bauwerke in Portugal – wirkt mit ihrer dunklen Granitfassade auf den ersten Blick düster. 1383 wurde der Bau begonnen, 1425 war er fertiggestellt. 1833 brannte ein großer Teil bei der Belagerung von Porto (→ S. 97 f.) ab, deshalb sind die gotischen Elemente nur noch im Chor gut zu erkennen, aber auch die Grabkapelle von Luis Alvares de Sousa am Eingang links ist Gotik pur. Das Gotteshaus wurde im Verzierungswahn des 18. Jh., als ganze Schiffsladungen mit Gold aus Brasilien eintrafen, mit blattgoldüberzogenem Schnitzwerk ausgekleidet. Die Franziskanermönche, ein Bettelorden, weigerten sich daraufhin, die Kirche weiter für ihre Gottesdienste zu nutzen. So blieb es bis heute – nur weltliche Veranstaltungen und Konzerte werden hier veranstaltet.

Der linke Seitenaltar ist ein ganz bemerkenswertes Werk, ein fein geschnitzter Stammbaum von Jesus Christus. Von der in einem Schrein darunter aufgebahrten Figur der heiligen Maria erbitten sich die Gläubigen eine gute Reise in die Ewigkeit.

Gegenüber vom Haupteingang der Kirche ist im **Haus des Dritten Ordens** der Franziskaner (Ordem Terceira de São Francisco) eine Ausstellung sakraler Gegenstände zu sehen, im Untergeschoss stößt man auf eine sehenswerte Krypta. Das Haus plante der italienische Architekt Niccoló Nasoni, der die ganze Stadt mit seinen Barockbauten verschönerte.

Im Sommer tägl. 9–20 Uhr, im Winter bis 18 Uhr. Eintritt ca. 7 €; Tickets für die Kirche im „Haus des Dritten Ordens". Rua Infante Dom Henrique, ☏ 0351-222-062125, www.ordemsao francisco.pt.

Zeit der Entdecker

Casa do Infante

Das stattliche Gebäude wurde 1325 unter König Afonso IV. als Zollhaus erbaut. Es war damals das einzige königliche Gebäude in der Stadt und diente Angehörigen bzw. Bediensteten des Hofes vermutlich auch als temporäre Unterkunft. Berühmt ist aber in erster Line deswegen, weil hier einer frühneuzeitlichen Chronik zufolge am 4. März 1394 der *Infante Dom Henrique, o Navegador*, zu Deutsch: Heinrich der Seefahrer (→ S. 88), geboren wurde.

Heinrich, der vierte Sohn des portugiesischen Königs João I und seiner Frau Philippa von Lancaster, war Initiator und finanzieller Förderer der portugiesischen Entdeckungsfahrten, was ihm später seinen berühmten Beinamen

Porto im Kasten

Companhia Aurifíca

Das Handwerk zur Herstellung von Blattgold, um damit Holzaltäre oder auch Hauhaltsgegenstände wie Schalen oder Besteck zu überziehen, wurde durch die Companhia Aurificía ab 1864 industrialisiert. Fast 150 Jahre, bis 2010, existierte diese Fabrik in der Rua dos Bragas, gegenüber der juristischen Fakultät, wenn auch zum Ende hin dort mehr ordinäre Schrauben und Nägel produziert wurden – auf dampfbetriebenen Pressen aus dem Jahre 1897!

Das 1,6 Hektar große Gelände wurde 2013 für 10 Millionen Euro an einen Immobilieninvestor verkauft, eine Wohnanlage soll hier entstehen. 2019 konnte man durch den Zaun noch das alte bordeauxfarbene Bürogebäude sehen.

Farbenpracht statt grauem Granit

eingebracht hat (und nicht etwa der Umstand, dass er selbst in großem Stil als Seefahrer aktiv gewesen wäre).

Die Ausstellung informiert in einem chronologischen Rundgang über die Zeit der Entdeckungsfahrten und den Werdegang des Prinzen nüchtern und ungeschönt (Schautafeln auf Portugiesisch und Englisch). Treibende Kraft war von Anfang an die Suche nach neuen Vorkommen von Silber und Gold.

Der erste Raum der Ausstellung widmet sich der Münzprägung. Eine gewisse Menge an Edelmetallen war damals für eine florierende Ökonomie lebensnotwendig. Doch die Silberminen in Böhmen und Serbien waren fast erschöpft und um neue Vorkommen zu erschließen, musste man erst Ceuta an der Meerenge zu Gibraltar unter Kontrolle bringen. Die späteren Fahrten führten die Flotte Heinrichs bis nach Brasilien und Indien.

In den modern gestalteten Ausstellungsräumen rechts des Eingangs sind jähr-lich wechselnde Themenausstellungen zu sehen.

Di–So 9.30–13 und 14–17 Uhr, Mo Ruhetag. Eintritt 2,50 €, Stud. und über 65 J. frei, Sa/So frei für alle. Rua da Alfândega 10, ✆ 351-222-060400, casadoinfante@cm-porto.pt.

Museum mit Probierbar
Museu do Vinho do Porto

Um den Portwein (→ S. 73) geht es in diesem kleinen „Museum für Lokalgeschichte" nur ganz unten, in der Portwein-Probierbar mit Blick zum Fluss. Im 1. Stock sind Konstruktionszeichnungen und Holzmodelle von *Rabelo*-Transportbarken zu sehen, auf denen der schwere Süßwein flussab geschifft wurde. Ein Stockwerk höher sind alte Gewichte und Maßeinheiten aus dem Eichamt zu sehen, und der Raum ganz oben widmet sich den Inspektoren, die früher u. a. die Lebensmittelaufsicht innehatten.

Tägl. 10–17.30 Uhr, Mo geschlossen. Eintritt 2,50 €, Rua da Reboleira 37. Man kann von der Straße aus durch die Portweinbar zur Flussbalustrade gehen, ohne Eintritt zu zahlen.

Sehen und gesehen werden

Cais da Ribeira

Auf der Flaniermeile der Porto-Besucher herrscht von Mittag bis in die Nacht ein großes Kommen und Gehen.

In den Bögen der Arkaden, ursprünglich waren es Lagerräume, haben sich heute Restaurants mit großflächiger Bestuhlung davor breitgemacht. Preise und Qualität der Gerichte sind ganz okay, und wer den Trubel nicht scheut, kann hier beim Essen die prächtige Aussicht genießen.

In Richtung Brücke Ponte Dom Luís I – neben dem Haus Nr. 20 – findet sich eine rußgeschwärzte Reliefdarstellung der Französischen Invasion von 1808. Damals floh die Bevölkerung in Panik über den Fluss, denn Napoleons Soldateska kam aus dem Norden. Die Schwimmbrücke aus miteinander vertäuten Booten konnte die Menschenmasse nicht tragen und brach, die halbe Stadt drängte nach und schob die Flüchtenden in die Flut – etwa 4000 Menschen ertranken.

Dem Relief werden übrigens Wundertaten zugeschrieben. Eine Kerzenspende oder gar das Einwerfen eines 10-Euro-Scheins in den Opferstock soll lang gehegte Hoffnungen erfüllen. Die Einheimischen nennen das Bild heute noch wehmütig *as alminhas,* „die Seelchen".

In der Arkade dahinter hatte der „Herzog vom Kai", Deocleciano Monteiro Duque da Ribeira (1902–1996), sein Kontor. Er war Flusswächter und ein hoch geachteter und über Porto hinaus bekannter Mann, der auch schon mal mit dem Staatspräsidenten Eanes zu Mittag aß und vom Autor dieses Buchs bei früheren Reisen regelmäßig besucht wurde. Seine Arbeit beschränkte sich freilich nicht auf den Verkauf der Kerzen.

Nach eigenem Bekunden war er in seiner 60 Jahre langen Laufbahn fünf- zigmal Lebensretter und fünfhundertmal Leichenfischer. Ein kleines Denkmal hat die Stadtverwaltung dem *Duque* wenige Schritte entfernt, nahe „seiner" Brücke errichtet. Es war über Jahre sein ausdrücklicher Wunsch, dass es noch zu seinen Lebzeiten aufgestellt würde …

Rua de Cima do Muro: Ein hübscher Blick bietet sich von dieser „Straße auf der Mauer", die auf den Arkaden, hinter der Freifläche am Fluss verläuft.

Für müde Füße

Ascensor da Ribeira (Elevador da Lada)

Dieser Aufzug, etwas hinter dem Cais da Ribeira, findet sich eine moderne Miniausführung des berühmten „Eiffel-Aufzugs" in Lissabon. Seit 1994 ist er in Betrieb und verbindet die Ribeira mit dem **Paço Episcopal,** dem Bischofssitz (nur Mo–Fr 8–19.30 Uhr, Eintritt frei). Oben angekommen, sind es allerdings noch ca. 80 Treppenstufen zur **Sé do Porto,** der Kathedrale.

Als Alternative für etwas Fußlahme bietet sich die Fahrt mit der ultramodernen Standseilbahn **Funicular dos Guindais** an, die am Beginn der Avenida Gustavo Eiffel gleich hinter der Bücke hinauf zur Praça da Batalha fährt (Fahrpreis etwa 2,50 €).

Eisernes Wahrzeichen der Stadt

Ponte Dom Luís I

Die Stahlbrücke mit zwei Etagen ist Portos berühmtestes Bauwerk. Auch wenn sie so aussieht – sie stammt nicht von Gustave Eiffel, sondern vom belgischen Architekten Théophile Seyring, einem Schüler des französischen Meisters. Revolutionär für die damalige Zeit war die Statik des Bauwerks: Das Gewicht der Konstruktion ließ Seyring auf nur drei Punkten lagern.

Die Brücke Dom Luís I und ehemalige Barken der Douroschiffer

Die Eisenbahnbrücke **Ponte D. Maria Pia**, etwas flussaufwärts, hatte Gustave Eiffel neun Jahre zuvor selbst geplant. Eigentlich sollte die Ponte Dom Luís I ein Gemeinschaftswerk von Eiffel und Seyring werden, doch Eiffel wollte sich nicht reinreden lassen und verließ das Projekt.

Die 172 m lange Brücke wurde 1886, nach fünf Jahren Bauzeit, eingeweiht und 2004 umfassend restauriert. Die untere Ebene soll zudem noch verbreitert werden, zurzeit schiebt sich der zweispurige Autoverkehr über die Brücke, und die schmalen Gehsteige zu beiden Seiten sind dem dichten Fußgängerverkehr nicht mehr gewachsen. Auf der oberen Etage, 50 m über dem Fluss, fährt die Metro im Schleichtempo: Oben ist eine Art Fußgängerzone, und wenn's bimmelt, muss man an die Seite ausweichen.

Übrigens: Auch auf der Ponte Dom Luís I gibt es noch jugendliche Brückenspringer, die sich von der unteren Ebene in den Fluss stürzen. Der Partner sammelt Geld, der Hauptdarsteller steht auf dem Geländer und kündigt seinen Sprung an. Das kann allerdings eine Viertelstunde dauern. Vor Jahren warfen die Touristen noch Geldstücke in den Fluss, die die Springer dann heraustauchen mussten.

Zu den Portweinkellereien auf der anderen Flussseite in Vila Nova de Gaia → S. 73 f.

Praktische Infos

→ Karte S. 25

Essen & Trinken

Das Essen in den Restaurants an der Kaimauer unten am Fluss ist nicht teuer und auch nicht schlecht. Unter den Sonnenschirmen stehen die Tische dicht an dicht, man fühlt sich wegen der Enge etwas an ein Bierzelt erinnert. Die Lage ist aber in jedem Fall einmalig, und oft sorgen Straßenkünstler für Unterhaltung. Wer es ruhiger haben will, findet 50 m flussaufwärts des Ponte Dom Luis I einige Cafés und Restaurants, in denen ein kleiner Teller mit Steak und Beilagen nicht weniger kostet als auf der Touri-Meile 300 m flussab. Dort lassen sich die Wirte eben auch für ihre Authentizität bezahlen ... Die richtigen Genießer allerdings suchen sich ihren Platz in der zweiten Reihe. Etwas oberhalb vom Kai, in der Rua de Cima do Muro, finden sich ausgezeichnete Weinbars mit super Sortiment und kleinen Häppchen zum Brotzeit-machen und zum Aussichtgenießen.

Casario ⚫25, das Restaurant für Gourmets im Gran Cruz House (eine Etage über dem Praça da Ribeira). Ein ganz kleines Lokal, bei dem man auch draußen auf dem Balkon sitzen kann. Das 4-gängige Mittagsmenü kommt dort auf ca. 32 €, das exklusivere 6-gängige am Abend wird teurer. Viele der Weine auf der Karte bekommen man auch im Glas (5 €). Rua de Cima do Muro 61, ✆ 351-227-662270, www. grancruzhouse.pt.

Grupo Desportivo Infante Dom Henrique ⚫27, diese „Sportgaststätte" abseits der Besu-cherströme wirkt sympathisch aus der Zeit gefallen. Als Deko dienen in der Hauptsache Erinnerungsstücke des Stadtteilfußballclubs. Serviert werden typisch portugiesische Gerich-te zu günstigen Preisen, draußen stehen auch ein paar Tische im schmalen Gässchen mit freiem Blick zum Fluss. Tägl. geöffnet. Cais da Estiva 153, ✆ 0351-223-246893.

Casa da Horta ⚫24, nette, etwas abenteuer-liche Lage in einem reich dekorierten einstigen Lagerkeller im Ribeira-Viertel. Auf der Karte stehen nur ein paar frisch zubereitete Gerichte. Betrieben wird das Lokal von einem alterna-tiven Verein, der auch Kurse (z. B. Sprachkurse) und Veranstaltungen organisiert (siehe www. casadahorta.pegada.net). Di–Sa 12.30–24 Uhr. Rua São Francisco 12 A, ✆ 0351-222-024123.

Gion ⚫23, diese Sushi-Bar gehört zu den bes-ten der Stadt. Sehr liebevoll und verspielt wer-den die feinen Stücke serviert, auch eine Him-beere kann den Genuss von rohem Fisch und

Reis verfeinern. Mo Ruhetag. Rua Comércio do Porto 197, ✆ 0351-938-334479, ✆ 0351-221-124391.

Cafés

Café Brasileira ⚫13, das prächtige Kaffeehaus, 1903 im Jugendstil errichtet, war anfangs nur ein Kaffeegeschäft, in dem die Kunden beim Kauf der frisch gerösteten Bohnen als Drein-gabe eine schwarzen Bica hingestellt bekamen. Dieses neue Ritual bereitete der Kaffeehaus-kultur in Portugal den Weg. Doch das Vorzeige-kaffeehaus gammelte erst einmal Jahrzehnte vor sich hin, bis 2018 die Pestana-Hotelkette in den Obergeschossen ein Luxushotel einrich-tete. Der Cafétempel im Erdgeschoss sowie ein Restaurant mit der Originalausstattung von 1903 erstrahlen nun wieder im alten Glanz. Rua de Sá da Bandeira 75.

McDonald's ⚫16, mindestens mal reinschau-en, denn einstmals war das Haus mit seinen herrlichen Glasmalereien eines der spektaku-lärsten Kaffeehäuser. 1936 bis 1995 nannte es sich „Art-déco-Café Imperial", der imperiale Bronzeadler wacht bis heute über dem Ein-gang. Man erzählt, dass sich hier gerne die Größen der Opposition trafen und in Gedanken die Revolution gegen Salazar vorwegnahmen. Praça Liberdade 126.

Guarany ⚫11, ebenfalls ein Art-déco-Café. Doch nur wenige Tische stehen für Kaffeetrin-ker und Schaulustige bereit, denn an den weiß gedeckten Tischchen wird zur Essenszeit erwar-tet, dass der Gast speist. Das Guarany wurde als Musikcafé konzipiert und ist dies auch heute noch. Die verbotene Liebe der Portu-giesin Cecília zu dem Indianerhäuptling aus dem Stamm der Gurani gab die Vorlage zu einer Oper und dem Café seinen Namen. Die Oper war das Werk des brasilianischen Kompo-nisten Antônio Carlos Gomes, das 1870 in Mailand uraufgeführt wurde. Auch heute gibt es regelmäßig ein musikalisches Abendpro-gramm, es wechselt zwischen Fado, Cuba und Klassik, Näheres auf www.cafeguarany.com. Avenida dos Aliados 89/85.

Com Cuore ⚫18, kleines Café mit überschau-barer Auswahl an süßem, glutenfreiem Gebäck. Rua Trindade Coelho 16 (bei der Einfahrt zur Tiefgarage).

Einkaufen

Weinhandlung/Garrafeira A. M. Santos ⚫2, großartige Räumlichkeiten, alle vier Wände sind bis zur Decke mit Flaschen dekoriert, etwa

Flussrestaurants am Douro

Rua do Mirante
Rua de M. Bombarda
R. D. Brandão
T. do Carregal
Travessa de Cedofeita
Rua de Cedofeita
Rua de Gen. Silveira
Rua do Pinheiro
Rua da Conceição
Largo Mompilher
Rua de Ricardo Jorge
Cinema Trindade
Praça Trindade
Rua de Almada
Rua dos Bragas
Rua de Ceuta
Rua de José Falcão
Teatro Carlos Alberto
Rua de Nordesa de Oliveira

Rio Douro

Tour 8: siehe S. 75

Tour 1:
Centro Histórico

75 m

1000 verschiedene Weine stehen zur Wahl. Jede Woche wechselnd werden 12 weiße und 12 rote Weine zur glasweisen Verkostung angeboten, für ca. 2–4,50 € pro Glas. Zur Verkostung gibt es die typischen portugiesischen „Petiscos": Sardinen, Pasten, Oliven, Käse, Schinken. Rua da Conceicao 38, ✆ 0351-222-083571.

Mercado de Porto Belo 9, Kunst, Schmuck und Textilien (auch Secondhand), überschaubar präsentiert, nette Atmosphäre. Jeden Samstag 10–18 Uhr auf der hübschen Praça de Carlos Alberto.

Loja da Burel 19, Isabel Costa lässt die traditionelle „Burel-Weberei" wieder aufleben. Aus der Wolle der *Ovelhas Bordaleiras,* einer alten Schafsrasse aus der Serra da Estrela, werden zuerst dicke Wollstoffe gefertigt, die beim anschließenden Kochen stark schrumpfen und dadurch sehr fest und praktisch wasserundurchlässig werden, also verfilzen. Aus diesem Material wurde früher das wetterfeste Cape der Schäfer gefertigt. In der Fabrik im Dorf Manteigas werden inzwischen auch sehr modische Stücke gefertigt, gerne auch Handtaschen, Rucksäcke und Hüte in auffälligen Farben, die sich der Kunde bei Vorbestellung aus einem Farbkatalog aussuchen kann. Rua de Mouzinho da Silveira 83, ✆ 915-174710, www.burelfactory.com.

Ecolã Portugal 21, ein kleiner Mitbewerber, der ebenfalls in Manteigas produziert. Hergestellt werden einfachere Sachen wie hübsche Pullover und Wolljacken für ca. 90 €. Der Laden liegt gleich gegenüber in der Quergasse, Travessa da Bainharia 37, ✆ 919-204440, www.ecolaportugal.com.

La Paz 26, ein kleines und feines portugiesisches Label (Hemd ca. 100 €) mit hochwertigen, etwas ausgefallenen Designs, meist maritim inspiriert. Auch der Laden in einer früheren Apotheke in einer engen, dunklen Gasse am Fluss ist eine Sehenswürdigkeit. Rua da Reboleira 23, ✆ 0351-222-025037, https://lapaz.pt.

Ferragens Fermoura 20, dieser Eisenwarenladen nicht weit von der Börse wird schon in dritter Generation geführt. Neben den vielen Krimskrams-Läden der Gegend, die erst für die Touristen eröffnet wurden, ist dieser ein echtes Unikat, in dem man noch das Ölpapier riecht, in dem rostanfällige Gegenstände ursprünglich eingewickelt waren. Doch die Öl-/Essigspender-Garnitur im alten Design ist heute nicht mehr aus verzinktem Blech gefertigt, sondern aus rostfreiem Edelstahl. Originell sind auch die Mausefallen. Largo São Domingos 40.

Loja das Tábuas 22, Spezialgeschäft für Schneidbretter, viele Formen und Größen, nur aus Kiefernholz. Largo São Domingos 20.

Porto im Kasten
Ein Deutscher, der die portugiesische Küche revolutioniert?

Miguel Castro e Silva (* 1961) ging in Porto auf die deutsche Schule und spricht akzentfrei Deutsch – Miguels Mutter kam aus Deutschland. Er selbst hat zwar die portugiesische Küche nicht neu erfunden, doch in seiner Heimatstadt Porto schon einiges auf den Weg gebracht, Kochbücher publiziert und vieles mehr. Sein Anspruch ist es, die Küche des Landes zu modernisieren. Zum Beispiel durch neue Beilagenkombinationen oder durch das langsame Garen des Bacalhau, der vakuumverpackt bei 66° C im Topf zieht. Vor ein paar Jahren hat sich Miguel mit dem französischen Portweinhersteller Gran Cruz zusammengetan und betreibt auf beiden Seiten des Douro jeweils ein Restaurant (Casario und De Castro Gaia).

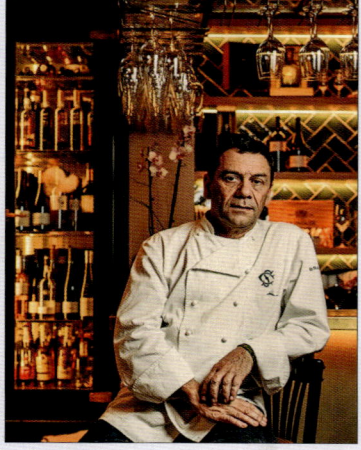

Die mit Azulejos ausgeschmückte Bahnhofshalle

Im Zickzack bergab

Tour 2

Der Glockenturm der Igreja dos Clérigos ist so etwas wie der Fixpunkt in der Altstadt, an dem man sich gut orientieren kann. Unser Spaziergang führt von hier hinunter zum Douro. Zunächst aber einige Sehenswürdigkeiten im direkten Umkreis des Torre dos Clérigos.

Parque das Virtudes, auf dem Weg der Tugenden, S. 30

Miragaia, ursprüngliches Altstadtviertel, S. 31

World of Discoveries, moderne Erlebniswelt, S. 32

Vom Zentrum in ruhige Nachbarviertel

Vom Torre dos Clérigos hinunter nach Miragaia

Ausblick auf zwei Ebenen

Torre dos Clérigos

Der mit 75 m höchste Kirchturm des Landes ist ein barockes Kunstwerk aus Granit, wegen seines massigen Sockels erscheint er fast ein wenig kegelförmig. Gebaut wurde er zwischen 1754 und 1763, die zugehörige Kirche, die Igreja dos Clérigos, war bereits 1750 fertiggestellt worden. Der ganze Komplex ist ein Werk des aus der Toskana stammenden Architekten Niccoló Nasoni, der auch das ausgefallene ovale Kirchenschiff mit der eindrucksvollen eiförmigen Kuppel entwarf.

Im Gebäudeteil zwischen Kirche und Turm lagen früher das Altersheim und die Krankenstation der Priesterbruderschaft, sozusagen ein Hilfswerk für Geistliche, das heute als Museum zu besichtigen ist. Einige Räume sind für Besucher zugänglich und zeigen auf großformatigen Gemälden einige Ehrwürdige der Priesterbruderschaft.

Im Turm windet sich eine schmale Treppe nach oben zu einem rundum laufenden Aussichtsbalkon auf zwei Ebenen. Schubweise werden die Besucher in kleinen Gruppen über die Treppe geschleust. Täglich um 12 und 18 Uhr musiziert ein mechanisch gesteuertes Glockenspiel im Turm. Einmal im Jahr, kurz vor Weihnachten, kommt ein „Glockenist", der das Carillion live bespielt.

Tägl. 9–19 Uhr, im Sommer bis 23 Uhr. Der Eintritt in die Kirche ist frei, der Aufstieg auf den Turm (240 Treppenstufen!) kostet 5 € (50 % Nachlass mit Porto Card). Jeden Mittag gibt es ein 35-minütiges Orgelkonzert. Die gespielten

Stücke werden auf einem Handzettel bei der Eintrittskasse des Turms angekündigt. Der Besuch ist kostenlos.

Einkaufszentrum mit Grün-Dach

Von der Spitze des Torre dos Clérigos genießt man den tollen Blick über die Stadt. Direkt unter der Nordseite des Turms sieht man auf den **Jardim das Oliveiras,** das begrünte

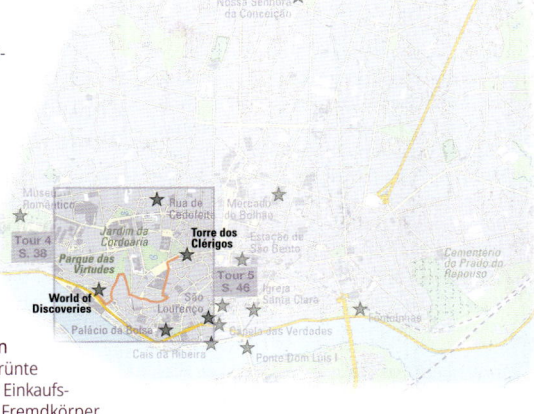

Dach eines eingeschossigen Einkaufszentrums, ein einladender Fremdkörper in der Stadt. Auf dem Rasen, der fast schon unnatürlich gepflegt wirkt, treffen sich Studenten und Stadtbesucher zum Chillen unter den knorrigen Olivenbäumen, die hier eingepflanzt wurden. In der Passage darunter finden sich exklusive Modeboutiquen und das Café Costa, der Galão kostet hier stolze 2,75 € mit Selbstbedienung!

Anstehen vor dem Büchertraum

Buchhandlung Lello (Livraria Lello)

Eine Buchhandlung, die Eintritt verlangt – zu Recht: Die altehrwürdige Ausstattung mit gewundener Treppe, schwindelerregend hohen Regalen und dem farbigen Oberlicht ist eine einzigartige Sehenswürdigkeit! Besonders seit die Räumlichkeiten als Quelle der Inspiration für Joanne K. Rowlings Harry-Potter-Romane gelten – die schwingenden Treppen des Zauberinternats Hogwarts sollen hier ihr Vorbild haben –, bilden sich am Eingang der Buchhandlung lange Schlangen. Rowling lebte eine Zeitlang in der Stadt und unterrichtete dort Englisch.

Die Buchhandlung liegt 100 m unterhalb des Torre dos Clérigos in Richtung Innenstadt. Untergebracht ist sie in einem Gebäude mit auffälliger neugotischer Fassade. Als Livraria Lello wurde sie 1906 eröffnet, die namensgebende Familie betreibt die „Kathedrale des Buchhandels" heute in der fünften Generation.

Tägl. 9.30–19 Uhr, Eintritt 5 €. Heute bezahlen täglich 1500 bis 3000 Besucher für das bibliophile Erlebnis. Tickets gibt es drei Häuser weiter oben an der Ecke, in einem speziellen Check-in. Eintrittspreis wird beim Einkauf angerechnet. Rua das Carmelitas 144.

Fotografenkunst hinter Gittern

Centro Português de Fotografia

Für den weiteren Rundgang gehen wir den Berg wieder ganz nach oben und zweigen beim Jardim de Cordoaria nach Süden in die **Rua São Bento da Vitória** ab. Gleich an der Ecke steht ein palastartiges Gebäude, früher das Stadtgefängnis von Porto. Heute werden hier wechselnde Kunstausstellungen ausgerichtet, 2018 war eine umfangreiche Ausstellung zu der Malerin Frida Kahlo zu sehen. Dafür werden 8 € Eintritt verlangt. Für die unglaublich vielfältige Sammlung historischer Kameras und fotografischer Utensilien ist der Eintritt frei.

Die Granitfassade des einstigen Stadtgefängnisses zeigt sich mit massiv vergitterten Fensteröffnungen. In der untersten Etage waren die Gemeinschaftszellen, die nur durch eine Falltür vom Geschoss darüber zugänglich waren. Im obersten Stockwerk wohnten die Bessergestellten in Einzelzellen, teilweise hatten sie sogar Freigang. An den Innenhof war eine hölzerne Kapelle wie ein Balkon angebaut. So konnten die Delinquenten durch die Gitter hindurch an der Sonntagsmesse teilnehmen. Das Gefängnis wurde im April 1974, nur wenige Tage nach der Revolution, geschlossen.

Mo–Fr 10–18, Sa/So 15–19 Uhr. Largo Amor de Perdição, www.cpf.pt.

Der Platz vor dem Gefängnis wurde nach einem Roman des Dichters Camilo Castelo Branco benannt. 1861 saß er 14 Tage wegen Ehebruchs im Gefängnis und begann dort sein Hauptwerk „Amor de Perdição" (Fatale Leidenschaft) zu schreiben. Ein fast schon anzügliches Denkmal dieser Leidenschaft aus Bronze ziert den Platz.

In der berühmten Buchhandlung Lello

Blick hinter die Kulissen

Convento/Mosteiro de São Bento da Vitória

Ein paar Häuser weiter steht das ehemalige Kloster Convento de São Bento da Vitória. Das Gebäude ist heute eine Außenstelle des Nationaltheaters São João. Hier werden Kulissen gebaut und auch Proben abgehalten. Auf einer kleinen Bühne im Kreuzgang finden gelegentlich Aufführungen statt. Zu besichtigen ist das Gebäude nur im Rahmen einer etwa 30-minütigen Führung (Mo–Sa 10.30 und 12.30 Uhr).

Rua de São Bento da Vitória 45.

Schöne Aussicht

Der Rua São Bento da Vitória folgen wir, bis sie einen Knick nach links macht. Genau dort erreicht man geradeaus einen staubigen, etwas vernachlässigten Aussichtspunkt, den Miradouro da Bataria da Vitória. Leider ist die dort wachsende Palme dem Palmrüsselkäfer zum Opfer gefallen, aber das Panorama der Altstadt ist großartig.

Wehrhafte Kirche

Igreja de Nossa Senhora da Vitória

In der frisch gekalkten Mauer der Kirche vor dem Aussichtspunkt ist sorgfältig eine Kanonenkugel konserviert. Hier befand sich eine wichtige Verteidigungsstellung der liberalen Kräfte um König Dom Pedro, die sich im Sommer 1833 gegen die angreifenden Truppen von Miguel auf der anderen Flussseite zur Wehr setzten. Die Kirche ist meist verschlossen.

„Guck, da geht die Sonne unter!"

Passeio und Parque das Virtudes

Wir folgen der Rua da Vitória weiter nach unten und erreichen den Passeio das Virtudes (Weg der Tugenden). Hier trifft man sich besonders am Abend, um den Sonnenuntergang zu genießen. Man kann dann auf einer der wenigen Bänke sitzen oder es sich auf dem gepflegten Rasen des baumbestandenen Grünstreifens bequem machen. Eine mit Eisenzaun bewehrte Balustrade sichert nicht nur vor ungewollten Abstürzen: Besonders im 19. Jh. war dies ein beliebter Ort, um seinem Leben ein Ende zu bereiten.

An der Straßenecke gibt es eine Bar sowie ein Restaurant, das berühmt war für seinen Reis mit Bohnen, als Beilage zu Fisch oder Fleischgerichten. Doch nur noch selten sieht man Essensgäste im musealen Speiseraum mit Fernseher, der sich an den Barraum anschließt. Vielleicht ist das den dubiosen Dealern geschuldet, die sich an der Bar nebenan herumtreiben und gewisse Rauchwaren anbieten?

Hier in den Gassen sieht man immer wieder Marterstöcke in den Hauswänden, ein besonders auffälliger ist sogar in Giebelhöhe angebracht. Etwas barock mutet die Capela de Nossa Senhora da Silva in der Rua dos Caldeireiros 104 an. Sie ist die Schutzheilige der Schwangeren – ein paar Almosen in den Schlitz der sauber polierten Messingtafel geworfen, verhindern pränatales Unheil, heißt es.

Unterhalb des Parque das Virtudes folgen wir der schmalen Rua São Pedro de Miragaia hinunter zum Fluss.

Einst das jüdische Viertel
Miragaia

Das einstige jüdische Viertel (→ Jüdische Gemeinde(n), S. 86) liegt etwas außerhalb der ursprünglichen Stadtmauern am Fluss und ist heute das vielleicht traditionellste Viertel von Porto. In den Tascas sitzen die Nachbarn noch ungestört beisammen, und wie seit Jahrhunderten flattert am

Miragaia – „schau auf Gaia"

Sonntag die Wäsche zum Trocknen auf den Balkonen. Der Name „Mir a Gaia", „Schau auf Gaia", entstammt einer Zeit, als das mächtige Gebäude der Alfândega (Zoll) noch nicht die Sicht versperrte.

Rua de Miragaia.

Zoll im Fluss
Alfândega / Centro de Congressos da Alfândega

Der neoklassizistische „Zollpalast" aus der Mitte des 19. Jh. wurde auf Holzpfeilern in den Fluss gestellt. In den Hallen im Erdgeschoss wurden die Waren, die ins Land kamen oder verschifft wurden, zwischengelagert. Im Boden sieht man noch die Schienen, auf denen die Waggons rangierten. Im ersten Obergeschoss ist noch einiges an Büroausstattung aus einer Zeit zu sehen, als die Buchhalter noch mit Ärmelschonern an ihrem Schreibtisch arbeiteten. Heute dient das Gebäude in der Hauptsache als Veranstaltungsort für Kongresse.

Rua Nova de Alfândega.

Vom Torre dos Clérigos hinunter nach Miragaia → Karte S. 33

Der Präsident fährt vor

Museu dos Transportes e Comunicações (MTC)

In dem Museum in der Alfândega sind die Präsidentenfahrzeuge seit dem Beginn der Republik im Jahre 1919 ausgestellt. In diesem Kontext werden die jeweiligen Politiker und ihre Aktivitäten dargestellt.

Di–Fr 10–13 und 14–18, Sa/So 15–19 Uhr. Eintritt 3 €. Rua Nova de Alfândega, www.amtc.pt.

Reisen in die Vergangenheit

World of Discoveries / Museo Interativo & Parque Temático

Diese Erlebniswelt ist sozusagen das Mini-Disneyland von Porto – und ein Erlebnis ist es schon, hier in einem fünfsitzigen Boot durch eine schmale Wasserstraße gezogen zu werden, vorbei an Meeresungeheuern, Nilpferden, Tigern und Eingeborenen.

In prächtigen Dioramen mit den mannshohen Protagonisten des Zeitalters der Entdeckungen werden die glorreiche Vergangenheit Portugals und die damit ausgelösten Umwälzungen der Menschheitsgeschichte dargestellt. So war die industrielle Revolution in England nur durch einen Überfluss an Nahrungsmitteln möglich – die unter anderen von den Portugiesen aus Amerika eingeführte Kartoffel war sozusagen einer der Impulsgeber der modernen Zeit.

Im Eingangsbereich des Museums werden die wichtigsten Navigationsinstrumente wie Astrolabium, Jakobstab oder Kompass erklärt, die in Verbindung mit einer exakten Kartographie die weiten Entdeckungsfahrten erst ermöglichten.

Mo–Fr 10–17.30 Uhr (letzter Einlass), Sa/So 10–18.30 Uhr. Eintritt 14 €, Kind 8 €. Die Seefahrt dauert ca. 22 Min., der Audioguide spricht auch Deutsch. Rua de Miragaia 106.

Praktische Infos

Essen & Trinken

O Calhanbeque **1**, ein typisches portugiesisches Restaurant alter Schule. Das sieht man an der Karte, auf der – wie früher fast überall üblich – auch halbe Portionen zu angeboten werden. Lecker als Beilage für verschiedene Gerichte ist der Bohnenreis. So Ruhetag. Rua do Carmo 19, ℡ 0351-223-322611. In der angrenzenden Gasse finden sich versteckt noch ein paar nette Restaurants für Tapas und Sushi.

O Oriente no Porto **8**, wer *Francesina,* die moderne Spezialität von Porto, mal vegetarisch probieren möchte, kann das in diesem Hare-Krishna-Lokal tun – ein Selbstbedienungsrestaurant mit kleinem Garten und Blick in Richtung Fluss. Rua de São Miguel 19, ℡ 0351-222-007223.

Arvore **5**, einmalig ist die Lage auf einer Terrasse über dem Park das Virtudes, im Schatten von alten Bäumen, toll die Aussicht auf den Fluss. Besonders mittags lohnt ein Besuch, dann wird für weniger als 10 € ein kleines Menü mit Getränk serviert. Abends wird es teuer, Hauptgericht um die 18 €. Das Lokal wird von einer Kunstkooperative betrieben, entsprechend launisch kann mal der Service ausfallen. Im Obergeschoss gibt es regelmäßig Ausstellungen. Tägl. 12.30–23 Uhr. Rua Azevedo de Albuquerque 2, ℡ 351-914-638560.

Cafés

Café Armazém **9**, eine alte Lagerhalle am Fluss wurde in einen sehenswerten Hipster-Spot verwandelt, eine Mischung aus Flohmarkt und Bar/Kneipe. Man kann es sich zwischen all den ausgefallenen Antiquitäten (z. B. Fahrrädern) auf Hockern bequem machen oder sich draußen in Polstergarnituren räkeln. Preise und Musik sind ebenfalls „cool". Jedes dritte Wochenende kommen noch zusätzlich Flohmarkthändler mit Wertvollem im Gepäck oder auch ausgefallene Marmeladenhersteller aus Aveiro, z. B. mit einer Kürbis/Zitronenmarmeladenmischung. Mo–Do 14.30–20, Fr 14.30–23, Sa 11–23, So 11–20 Uhr. Rua da Miragaia 93.

Gelateria mo mo **6**, nicht weit vom Gewimmel der Buchhandlung Lello und des daneben liegenden, teuren Amorino-Eispalastes. Hier ist

Essen & Trinken (S. 32)
1 Rest. O Calhanbeque
5 Rest. Arvore
8 O Oriente no Porto

Cafés (S. 32/33)
6 Eisdiele mo mo
9 Café Armazém

Nachtleben
7 Lottus After-Hours (S. 123)
10 Mirajazz (S. 122)

Einkaufen (S. 33)
2 Garrafeira do Carmo
3 Armazén do Castelo
4 Fábrica e Armazén das Carmelitas

Tour 2:
*Vom Torre dos Clérigos
hinunter nach Miragaia*

75 m

die Kugel hausgemacht und kostet fast nur die Hälfte. Ein paar Tischchen stehen davor, aber man kann gut über die Straße in den grünen Jardim de Cordiaria gehen und sich auf eine Bank setzten. Campo Mártires de Pátria 171.

Einkaufen

Armazén do Castelo 3, hier werden die Tickets für die Buchhandlung Lello verkauft. Der Eckladen mit dem Schick eines ehemaligen Kaufhauses für Heimtextilien und Bekleidung wird seit 2016 von der Libraria Lello betrieben, verkauft werden schöne Dinge, die oft noch in Portugal hergestellt sind. Ein Spaziergang durch die luftigen Räumlichkeiten ist ein Erlebnis. Rua das Carmelitas 166.

Garrafeira do Carmo 2, auch dieser traditionelle Laden gegenüber der Carmo-Kirche ist bis zum letzten Zentimeter mit Weinflaschen gefüllt – u. a. mit einer großen Auswahl an Portweinen. Rua do Carmoi 17, ☎ 0351-222-003285.

Fábrica e Armazén das Carmelitas 4, in diesem Laden einige Häuser unterhalb vom Armazén do Castelo werden viele nostalgische Produkte verkauft, oft mit Bezug zu Portugal, z. B. Kinderspielzeug, Puzzles, Kleider etc. Aber schon die Räumlichkeit dieses zweigeschossigen „Kaufhauses" mit viel Holz und extrem hohen Decken sind einen Besuch wert. Rua das Carmelitas 108, facebook fernadesmattos1886 (facebook).

Treppenlauf
Tour 3

Der Stadthügel, auf dem die Kathedrale erbaut wurde, erschließt sich durch ein Trepp-auf-Treppab in mittelalterlichen, engen Gassen. Zum Rio Douro sind es viele Treppenstufen, bequemerweise aber meist abwärts.

Die älteste Ansiedlung
Rund um die Kathedrale

Außen grauer Granit, innen Silber
Sé do Porto – die Kathedrale

Die Kathedrale thront auf einem Hügel über dem Tal des Douro. Im 12. Jh. wurde sie als Wehrkirche geplant, was heute noch unschwer zu erkennen ist – ursprünglich war sie von einem Mauerring umschlossen. In dieser Schutzzone durfte damals interessanterweise auch eine Synagoge errichtet werden. Der großzügige Vorplatz wurde erst im letzten Jahrhundert angelegt, eine ganze Häuserzeile musste dem Umbau weichen. Die hohe spätbarocke Säule ist ein **Pelourinho**, ein historischer Pranger, an dem Verurteilte zur Schau gestellt wurden.

Das im Inneren etwas kahl wirkende Gotteshaus stammt aus dem Jahr 1120 und zeigt noch seine romanische Grundstruktur. Der Hauptaltar wurde im 17. Jh. im Stil der Renaissance modernisiert. Besonders sehenswert ist der **Silberaltar in der Sakramentskapelle** im Querschiff links vom Chor, an dem genau hundert Jahre lang (1632–1732) gearbeitet wurde. Eine Legende erzählt, dass die Franzosen bei ihren Plünderungen im Jahr 1808 den Altar unbehelligt ließen, nachdem der Küster die aus 800 kg Silber geschmiedete Kostbarkeit unter einer Gipsschicht versteckt hatte.

An einem Seitenaltar ebenfalls links vom Chor steht die bemerkenswerte Figur des heiligen Pantaleon von Nikomedia. Nach der Eroberung von Konstantinopel überbrachten armenische Flüchtlinge, die den Osmanen entkommen waren, dem Bischof von Porto eine Reliquie des Heiligen zum Dank für ihre Aufnahme.

Am Seitenaltar rechts steht die Muttergottesfigur der verehrten Stadtheiligen, Vandoma genannt. Ungewöhnlich ist, dass sie aus Kalkstein geformt und anschließend farbig bemalt wurde. Eine Gesandtschaft aus dem französischen Städtchens Vendôme landete 1025 in Porto, mit dabei waren der Bischof Nonego und die Figur der Heiligen. Nonego wurde anschließend der dreizehnte Bischof von Porto.

Kreuzgang: Gegen eine Eintrittsgebühr kann man die Capela de São Vicente und der Kreuzgang aus dem 14. Jh. besichtigen. Unterhalb der Kapelle liegt die Krypta mit den Ruhestätten aller Bischöfe der Stadt, bis heute bekleideten einhundert dieses hohe Amt. Der klar gestaltete Kreuzgang zeigt im 1. Obergeschoss Azulejogemälde mit Szenen aus dem Hohelied und den Metamorphosen des Ovid.

Rechts vom Haupteingang ist in der Domfassade eine längere Einkerbung zu erkennen, diese stand als „geeichte", amtliche Maßeinheit für eine Elle. Auf dem Vorplatz des Doms fanden früher Märkte statt, und Tuchkäufer konnten sich so sichergehen, nicht durch ein falsches Maßnehmen übervorteilt zu werden.

An der **Nordseite des Doms** hat sich Portos Barockarchitekt Niccoló Nasoni mit einer üppigen Loggia verewigt; auf

Kathedrale und Bischofspalast erheben sich über die Altstadt

Tour 1: siehe S. 25 ▲
Tour 5: siehe S. 51

R. de Mouzinho da Silveira
R. da Bainharia
Rua Escura
Rua de São Sebastião
Rua Afonso Henriques
Rua Cha'
C. da Rua Cha'
T. de Aveiro
T. de S. Sebastião
Casa da Câmara
Torre Medieval
Pelourinho
C. do Beco dos Redemoinhos
Mur. Primitiva
Arqueossítio
R. S. de Carvalho
Sé Catedral
Casa-Museu Guerra Junqueiro
L. do Colégio
L. Doutor P. Vitorino
M. de Arte Sacra da Sé
Fundação M. I. Guerra Junqueiro
Santa Clara
Museu de Arte Sacra e Arqueologia
Paço Episcopal
Escadas do Codeçal
São Lourenço dos Grilos
Rua de Dom Hugo
R. da Senhora d. Verdades
Muralha Fernandina
Azulejos Ribeira Negra
Capela Nossa Sen. d. Verdades
Ascênsor da Ribeira
Av. G. Eiffel
Torre do Barredo
As Almínhas
Largo dos Arcos da Ribeira
Pilares da Ponte Pênsil
Ribeira
EN 12
Rua do Cais da Ribeira
Cais de Ribeira
Ponte D. Luís I.

Rio Douro

Tour 2: siehe S. 33
Tour 4: siehe S. 44/45
Tour 6: siehe S. 59/61
Tour 7: siehe S. 64/65

Tour 8: siehe S. 75 ▼

Mosteiro da Serra do Pilar

Tour 3: Rund um die Kathedrale

70 m

einem hohen Sockel davor thront das erst 1998 aufgestellte Reiterstandbild von *Vimara Peres*, einem galizischen Adeligen, der im Jahre 868 die Stadt für die Reconquista zurückerobern konnte.

Neben der Kathedrale steht der großzügige **Paço Episcopal** (Bischofspalast), einer der schönsten Barockbauten in Porto.

Kathedrale: April–Juni und Okt. tägl. 9–12.30 und 14.30–19 Uhr, Nov.–März bis 18 Uhr, Juli–Sept. tägl. 9–19, So 9–12.30 und 14.30–19 Uhr. Eintritt frei.

Kreuzgang: April–Juni und Okt. Mo–Sa 9–12.15 und 14.30–18.30 Uhr, Nov.–März nur bis 17.30 Uhr, Juli–Sept. 9–18.30 Uhr, am So nur nachmittags. Eintritt 3 €, 20 % Rabatt mit Porto Card. Keine Besichtigung während der täglichen Messe von ca. 11 bis 12 Uhr!

Bischofspalast: 9–13 und 14–18 Uhr, geschlossen So und Mi. Eintritt 5 €. Durch den Palast ist auch eine Führung möglich (engl./span., ca. 30 Min.). Besonders eindrucksvoll ist der barocke Treppenaufgang.

Hinter dem Dom

Rua de Dom Hugo

Vom Vorplatz der Kathedrale geht es linker Hand zu ihrer Rückseite, wo nach Osten die Rua de Dom Hugo abzweigt. Diese Gasse ist nach Bischof Dom Hugo benannt, der erste Bauherr der Kathedrale, und führt im Bogen um die Sé do Porto herum. Gleich zu Beginn wurden in dem Eckhaus (Nr. 5) die wohl ältesten Gemäuer der Stadt freigelegt (Di–Fr 10–18 Uhr).

Wenige Meter weiter ist in einem Herrschaftshaus (**Casa-Museu Guerra Junqueiro**) die Kollektion des Politikers und Poeten Abilio Manuel de Guerra Junqueiro (1850–1923) untergebracht. Junqueiro brachte es zu beachtlichem Wohlstand und sammelte mit Vorliebe Silbergeschirr und andere Wohnutensilien. Eine Vorliebe hatte er für sogenannte „Contatore" – mobile, ausklappbare Bürosekretäre, mit denen die königlichen Steuereintreiber übers Land fuhren. Es handelte sich dabei um hochwertige Holzarbeiten mit vielen Schubfächern und mindestens einem Geheimfach. Neben der Sammlung gibt es regelmäßig Sonderausstellungen, 2018 war Günther Grass das Thema.

Nett ist das kleine **Café im Innenhof.**

Di–So 10–17.30 Uhr, Mo geschlossen. Eintritt 2,20 € (Sa/So frei). Rua de Dom Hugo 32, ☏ 351-222-003689.

Wahrheiten, nichts als Wahrheiten

Capela Nossa Senhora das Verdades

Bei der **Capela das Verdades** nehmen wir von der Rua de Dom Hugo links die Stufen hinunter zum Fluss. Zu dem Namen (Verdades – Wahrheiten) kam es, weil sich auf dem Treppchen die Leute aus der Nachbarschaft trafen und schwätzten, dabei wurden naturgemäß auch gerne auch Gerüchte verbreitet. Da passte es, dass man in der „Kapelle der Wahrheiten" Abbitte dafür leisten konnte … Die Kapelle zeigt sich seit 2017 wieder in frischer barock-manieristischer Pracht. Pilger, die den portugiesischen Part des Jakobswegs absolvieren, bekommen hier ihren Stempelnachweis (So/Mo geschlossen.).

Rua de Dom Hugo.

Für Turmbezwinger
Igreja de São Lourenço (Convento dos Grilos)

Direkt unterhalb der Kathedrale, mitten im Labyrinth der Altstadtgassen, wurde diese Kirche von den Jesuiten im 16. Jh. erbaut. Den Spitznamen „Die Grillen" bekam das Gotteshaus, als nach der Vertreibung der Jesuiten unter Minister Pombal Augustinermönche aus Lissabon in das angegliederte Kloster (Convento) einzogen – ihr Stammkloster in der Hauptstadt liegt an der Grillenstraße.

Ursprünglich im Stil des spätbarocken Manierismus erbaut, wurde der Kirchenraum neoklassizistisch modernisiert. Der Hauptaltar zeigt Figuren des hl. Augustin, des hl. Ignatius, der hl. Monica und des hl. Laurenz, dem Letzteren ist die Kirche geweiht.

Der Klosterbau, links an die Kirche angebaut, zeigt eine Sammlung sakraler Kunst und Archäologie. Der gefliste Wassergraben am Eingang war eine Idee des Architekten, der in den 1950er-Jahren das Museum konzipierte. Es sollte den Typus eines römischen Bürgerhauses verkörpern und da durfte im Innenhof keine Wasserfläche fehlen. Ein Ausstellungsraum ist der Bildhauerin *Irene Vilar* (1930–2008) gewidmet und zeigt die zum Teil abstrakt modernen Arbeiten der Künstlerin.

Die Kirchtürme können erklommen werden. In den einen führt eine Zick-Zack-Treppe hinauf, in den anderen eine ebenso enge, spiralförmige Konstruktion nach unten.

Tägl. 10–19 Uhr, So geschl. Largo do Colégio, ℡ 351-223-395020.

Vielfältige Stadtansichten

Schöne Plätze und viel Grün
Tour 4

Das Stadtviertel nördlich der Universitätsverwaltung mit der Fußgängerzone Rua de Cedofeita als zentraler Achse wird teils durch kerzengerade Straßen in große Planquadrate unterteilt. Es war die erste größere Stadterweiterung, die im letzten Drittel des 18. Jh. begann und diesen Teil der Stadt bis heute prägt.

Sie verlassen den touristischen Sektor
Vom Jardim da Cordoaria zum Museo Romântico

Wir beginnen die Tour beim Jardim da Cordoaria, der an den mächtigen Bau der Rektoria (Universitätsverwaltung) aus dem 20. Jh. grenzt und nur ein paar Schritte vom Wahrzeichen der Stadt, dem Torre dos Cléricos, entfernt ist.

Zurück zum Ausgangspunkt kommt man mit dem Eléctrico ab der Rua da Restauração.

Grüne Oase
Jardim da Cordoaria

Der Jardim ist eine großzügige Parkanlage mit kleinem Teich und altem Baumbestand. Bemerkenswert ist die Platanenallee an der Westseite: Die Bäume haben nach unten mächtig ausgebauchte Stämme, die an afrikanische Affenbrotbäume erinnern. Man rätselt noch immer, wie dieser Fehlwuchs zustande kam, am wahrscheinlichsten ist wohl eine Infektion der Bäume, als diese noch ganz klein waren. Auffällig sind die *Treze a rir uns dos Outros* („Dreizehn sich anlachenden Männer), mehrere zusammengehörige Bronzegruppen des spanischen Künstlers Juan Muñoz (1953–2001). Die Männer turnen auf treppenartigen Gestellen herum und werden von den Einheimischen gerne auch mal als Betrunkene verspottet.

Imposante Fassade
Igreja dos Carmelitas, Igreja do Carmo

Die beiden Kirchen etwas nördlich des Jardim de Cordoaria wurden nebeneinander gebaut, getrennt nur durch das wohl schmalste Wohnhaus der Stadt, die Casa Escondita (siehe unten). 1628 entstand links davon das schlichte Gebetshaus des Bettelordens der Karmelitinnen, die nebenan ihr Kloster hatten. Rechts steht die Carmo-Kirche mit einer dekorativen Azulejowand an der rechten Seitenfassade. Die Kirche wurde von der Laienbruderschaft der Karmeliten in der zweiten Hälfte des 18. Jh. in Auftrag gegeben und 1912 komplett mit Azulejoes verkleidet. Diese zeigen Szenen der Ordensgründung auf dem Berg Karmel im Heiligen Land.

Im Inneren präsentieren sich beide Kirchen in üppigstem Barock und sind mit goldverzierten Altarschnitzereien geschmückt.

Karmelitenkirche: 9.30–17.30 Uhr. Messe um 15.30 u. 17 h. Rua do Carmo 1, ☎ 351-220-050 276, igrejadoscarmelitas (facebook).

Das versteckte Haus
Casa Escondita

Eingezwängt zwischen den beiden Kirchen und seit 40 Jahren nicht mehr bewohnt, ist sie das wohl kleinste Haus der Stadt und erst seit 2018 für Besucher der Carmo-Kirche zugänglich (siehe oben). Die nur einen Meter breite Fassade mit dem Treppenhaus weitet sich weiter hinten auf insgesamt drei Meter. Das Innere besteht aus einer Drei-Zimmer-Wohnung auf drei Ebenen: 1. Stock Schlafzimmer, 2. Stock Wohnzimmer, ganz oben das Esszimmer mit Kochnische und einem Spirituskocher. Es bietet damit wohl alles, was früher ein Küster an Wohnfläche benötigte.

Der eigentliche Grund für den Bau des Hauses war allerdings das Verbot des Vatikans, direkt neben eine bereits existierende Kirche eine weitere zu setzen. Durch das Wohnhaus wurde diese Bestimmung übergangen.

10–18 Uhr, Mo ab 11 Uhr, Eintritt für Carmo-Kirche und Casa Escondita 2 €.

Der netteste Platz der Stadt
Praça de Carlos Alberto

Die Carmo-Kirche bildet auch den Beginn dieses spitz zulaufenden Platzes mit hübsch verzierten Bürgerhäusern, Cafés und Restaurants. Ursprünglich hieß der Platz Largo dos Ferradores (Platz der Hufeisenschmiede). Seine Umbenennung hat er dem einstigen König von Sardinien-Piemont *Carlo Alberto Amadeo* zu verdanken, der nach seiner Abdankung nach Porto ins Exil ging und in dem Palast mit den angedeuteten Zinnen an der Ostseite der Praça vorübergehend sein Domizil hatte.

In der Mitte des begrünten Platzes steht ein Denkmal zur Erinnerung an den Ersten Weltkrieg und vor dem Restaurant Luso eine Statue vom General Humberto Delgado. Der oppositionelle General wurde 1965 von Agenten des Salazar-Regimes in einen Hinterhalt gelockt und ermordet. Unter dem Platz befindet sich eine große Tiefgarage.

Bank of Materials, in einem überschaubaren Raum sind verschiedenste

Wandkacheln aus den unterschiedlichen Jahrhunderten zu sehen. Eintritt frei, Praça de Carlos Alberto 70.

Portugiesisch einkaufen

Rua de Cedofeita

Die Straße, heute eine hübsch gepflasterte Fußgängerzone, war wohl die erste Wohnstraße außerhalb der alten Mauern (*cedo feita* = früh fertiggestellt). Hinter den Häuserzeilen tun sich mitunter große Gärten auf, in denen die Bewohner gerne noch ein paar Hühner frei laufen lassen und wilde Katzen auf der Jagd sind. Nach der Rua Santa Catarina ist die Cedofeita die zweitwichtigste Einkaufsstraße Portos. Hier gibt es noch eine gesunde Mischung aus Alltagsgeschäften und einfachen Cafés – die Einheimischen sind hier noch in der Überzahl.

Straße der Galerien

Rua de Miguel Bombarda

Diese Straße scheint wie mit dem Lineal gezogen. Sie biegt als zweite Straße nach der Praça de Carlos Alberto von der Rua Cedofeita links ab. Die Straße ist bekannt für ihre Galerien und Kunsthandwerk. Sechsmal im Jahr veranstalten die Galerien zeitgleich Ausstellungseröffnungen, was fast schon zum Straßenfest ausartet.

inauguracoes.simultaneas (facebook).

Palast mit Kunstsammlung

Museu Nacional de Soares dos Reis

Das Nationalmuseum zeigt heute auf zwei Ebenen portugiesische Kunst des 19. und 20. Jh. Der mächtige Palast wurde Ende des 18 Jh. von den Adeligen Maria de Castro in Auftrag gegeben und im neoklassizistischen Stil erbaut. Namensgeber war der Bildhauer Soares dos Reis (1847–1889), der im Museum

mit vielen seiner bedeutendsten Statuen vertreten ist.

1. Etage: Die ersten Säle zeigen vor allem Porträts großer Persönlichkeiten, später kommen Landschaftsmalereien dazu. Reine Fiktion ist ein Gemälde, auf dem sich Menschen über zwei am Boden liegende Leichen beugen. Das Bild soll das Auffinden des Kindkönigs Dom Sebastião zeigen, ein Trauma der Portugiesen, denn der König blieb seit seinem ersten Kreuzzug verschollen. Dem Maler Henrique Pousão (1859–1884) sind zwei ganze Säle gewidmet, seine Bilder zeigen eindrucksvolle Gesichtsausdrücke, einschließlich eines genialen Selbstportraits.

Auf einem großen, dreiteiligen Schirm zeigt ein japanisches Werk die Ankunft der Portugiesen in Japan (1543) – sie waren ja die ersten „Langnasen" aus dem Westen, die die Japaner zu sehen bekamen. Die „Yakitori"-Spießchen mit Fleisch/Fisch und auch das „Pão de Lo", die fluffige Gebäckspezialität aus Porto, haben die Japaner übernommen, dort heißt der Kuchen „Castello".

Am Ende des Rundgangs in der 1. Etage werden Bilder aus der ersten Hälfte des 20. Jh. bis zu einigen kubistischen Werken aus den 1960er-Jahren präsentiert.

2. Etage: Die zweite Etage zeigt dekorative Kunst, darunter bemalte Keramiken, Porzellanfiguren und Silberarbeiten. Witzig ist die Broschensammlung – ausgehend von 1760 zeigt sie chronologisch die Geschmacksrichtungen bis zur Picassophase.

Wegen Bauarbeiten geschl., sonst Di–So 10–18 Uhr. Eintritt 5 €, am So bis 14 Uhr gratis. Rua de Dom Manuel II 44, ℡ 351-223-393770, www.museusoaresdosreis.gov.pt.

Toller Park, toller Blick

Jardins do Palácio de Cristal

Hält man sich am Ende der Rua de Miguel Bombarda links, stößt man geradewegs auf diesen großen Park. Der in Berlin geborene Émile David hat ihn Mitte des 19. Jh. geplant. In der grünen Oase mit breiten, von mächtigen Linden gesäumten Wegen kann der Besucher Pfauen bewundern, manchmal finden auf einer kleinen Bühne Konzerte statt. Namensgeber des Parks war ein prächtiger Stahl-Glas-Palast im viktorianischen Stil aus dem Jahr 1865. Der wurde 1951 abgerissen, um einer Sporthalle Platz zu machen, ein merkwürdiger Kuppelbau in Form einer überdimensionierten Biogasanlage.

Freundlicher wirkt die benachbarte großzügige **Biblioteca Municipal Almeida Garrett**, wo jedes Jahr im September im Garten eine Buchmesse abgehalten wird. Im Winter ist die Stadtbibliothek ein willkommener Ort, um den oft ungeheizten eigenen vier Wänden zu entkommen und zu lesen. Im Untergeschoss gibt es ein kleines Café mit günstigem Mittagstisch unter der Woche.

Hinter der Bibliothek beginnt das steil abfallende Parkgelände mit altem Baumbestand und einigen hübschen Brunnenanlagen. Der Weg führt an einem Kinderspielplatz vorbei den Hang hinunter zum Museo Romântico an der Westseite des Parks.

April–Sept. 8–21 Uhr, Okt.–Aug. 8–19 Uhr. ☏ 351-226-081000, https://bmp.cm-porto.pt/bmag.

Zu Gast bei feinen Leuten

Museu Romântico

Das frisch renovierte Haus versetzt den Besucher in die Epoche der Romantik und führt ihn in die Wohnung einer wohlbetuchten Familie aus der Zeit um den Beginn des 19. Jh. Ein Audioguide erläutert die Einrichtungsstücke, eine frisch gedeckte Tafel suggeriert, ein geladener Gast zu sein. Der kleine Palast war ursprünglich im Besitz der Fabrikantenfamilie Pinto Basto, die das bis heute bestehende Porzellan-Traditionsunternehmen Vista Alegre gegründet hat.

Porto im Kasten

Der Kamelienbaum – ein japanisches Mitbringsel

Die Kamelie, das ist der Baum, der als Strauch beschnitten immer wieder aufs Neue austreibt, und dessen Blätter grünen Tee und – fermentiert – schwarzen Tee hervorbringen. Schon früh brachten portugiesische Seefahrer die ersten Setzlinge der *camellia japonica* (Japanische Kamelie) aus Japan mit, auch in den **Jardins do Palácio de Cristal** gibt es davon schöne Exemplare zu bewundern.

Der Kamelienbaum ist schlichtweg der Baum von Porto, seit Jahrhunderten wird er an vielen Ecken der Stadt gehegt und gepflegt. Er blüht nur einmal im Jahr und dies meist im Dezember, dann zeigt sich die Stadt an vielen Stellen als Farbenmeer in den verschiedensten Tönungen. Ganze Reisegruppen aus Japan kommen dann nur deshalb in die Stadt.

Tee aus Porto: Nina Niepoort begann 2013 auf einer Quinta etwas außerhalb der Stadt, mit Setzlingen aus einer Mini-Teeplantage im Tessin eine pestizidfreie Pflanzung anzulegen. Inzwischen können die ersten bescheidenen Mengen von der einen Hektar großen Anbaufläche geerntet werden, denn erst nach etwa 10 Jahren wird eine Teeplantage richtig produktiv. Durch den engen Austausch mit einem familiengeführtem Teeproduzenten in Japan, der sich ebenfalls den biodynamischen Anbaumethoden verpflichtet hat, erfüllt das Produkt hohe Standards. Auch „Matcha", der oft etwas herbe, pulverisierte Tee, der in Japan bei Zeremonien verwendet wird, ist neben naturreinen und aromatisierten Sorten erhältlich (www.chacamelia.com).

Vom Jardim da Cordoaria zum Museo Romântico ↓ Karte S. 44/45

Der in Porto im Exil lebende König von Sardinien-Piemont *Carlo Alberto Amadeo* (1798–1849) verbrachte hier seine letzten Lebensmonate. Das Schlafzimmer mit Sterbebett ist noch zu sehen. Bemerkenswert im Wohnzimmer ist die großflächig bemalte Canvas mit Motiven aus den damals wichtigsten Hafenstädten der Welt.

Di–So 10–17.30, So 10–12.30 und 14–17.30 Uhr, Eintritt 2,20 €, Sa/So frei. Rua de Entre-Quintas, ✆ 351-226-057033.

Vom Museum geht es weiter bergab, zwischen hohen Mauern führt die enge Rua de Entre Quintas hinunter zur Rua da Restauração. Hinter den Eingrenzungen verstecken sich kleine Quintas und die Reste der Keramikfabrik Massarelos.

An der Hauptstraße angekommen, findet sich etwa 200 m weiter links eine Straßenbahnhaltestelle, mit der man bequem wieder zurück zur Carmo-Kirche und zum Jardim da Cordoaria fahren kann.

Wer der Straße rechts folgt, erreicht nach ca. 700 m das Straßenbahnmuseum.

Abstecher zum Straßenbahnmuseum

Museu do Carro Elétrico (S.T.C.P.)

Das Museum residiert standesgemäß im alten Straßenbahndepot. Weil fast alle Linien in der Stadt eingestellt wurden, wurde im alten Bahndepot Platz für dieses Museum. In der Halle stehen noch fahrtüchtige Exemplare auf Schienen, eine kleine Ausstellung vermittelt Einblicke in das soziale und wirtschaftliche Leben im 19. und 20. Jh.

Mo 14–18, Di–Fr 10–18, Sa/So 14–19 Uhr. Eintritt 8 €, 6–25 und über 65 J. 4 €, mit Porto Card 15 % Nachlass. Alameda de Basílio Teles 51, ✆ 351-226-158185. Anfahrt mit Bus 500, Tram 1E und 18E.

Vom Museum zurück zum Jardim de Cordoaria geht es mit der Nostalgiebahn bis zur Haltestelle Carmo (alle 30 Min.) oder flussaufwärts zum Cais da Ribeira (Haltestelle Infante, alle 20 Min.).

Praktische Infos
→ Karte S. 44/45

Essen & Trinken

Solar do Vinho do Porto, in einem nicht minder romantischen Gebäude neben dem Museu Romântico befand sich lange eine Portweinverkostungsstätte. Seit einiger Zeit ist sie das Feinschmeckerlokal **Antiqvvm** **27** – mit einer großen Auswahl an Portweinen. Tägl. 12.30–15 und 19.30–22.30 Uhr, So/Mo Ruhetag. ✆ 351-226-000445, www.antiqvvm.pt.

Cultura dos Sabores **19**, modernes vegetarisches Restaurant mit Frühstück und Mittagsbuffet. Hübsch sind die Sitzgelegenheiten beim Schaufenster, die an der Decke mit Seilen als eine Art Schaukelstuhl befestigt sind. Tägl. ab 8 Uhr durchgehend bis 23 Uhr, Do–Sa bis 2 Uhr. Rua de Ceuta 80, ✆ 351-222-010556, fb/CulturadosSabores.

Siktak **4**, das ehemals japanische Minirestaurant serviert inzwischen koreanisch. Die liebevoll kredenzten Gerichte werden von einem Pär-chen zubereitet. Das kleine Menü ca. 15 €. So/Mo Ruhetag. Rua dos Bragas 346, ✆ 2426081.

BBGourmet 1858 **3**, man sitzt im kleinen, modern gestylten Gastraum oder draußen im Garten, serviert werden hervorragende Kreationen mit Fisch, Fleisch oder rein vegetarisch. Zum Beispiel Stockfisch mit knusprig gebackener Haut auf Spinatblättern und Kichererbsenpüree als Beilage. Mit diesem Gericht können Sie sich mit dem Bacalhau bestimmt anfreunden. Professioneller Service, gehobene Preise; Hauptgericht ca. 17 €. Rua Cedofeita 377, ✆ 351-223-295524.

Lagostim **21**, eine von mehreren kleinen Snack-Bars/Restaurants, die nebeneinanderliegen und mittags von Einheimischen zum schnellen Menü besucht werden. Oft gibt es ein paar typische Gerichte auf der Tageskarte, z. B. Bacalhau com Natas, frisch aus dem Ofen. Sa Ruhetag. Praça D. Filipa de Lencastre 200, ✆ 351-222-056141.

O Marinheiro **20**, neben dem Lagostim, hier überzeugt die täglich wechselnde Auswahl der Tagesgerichte. Teuerstes Fleischgericht ist „Bife de Vaca à Chefe" für 11 €, ein gegrilltes Beefsteak mit einer Scheibe Serra da Estrela Käse obenauf. Man sitzt draußen an einem der wenigen Tische oder drinnen mit Klimaanlage. So Ruhetag. ✆ 351-222-058760.

Tascö **25**, in einem langen Raum auf zwei Ebenen werkelt ein junges Team. Es gibt „Tapas" in Schälchen, eine Portion reicht unter Umständen für einen weniger Hungrigen aus. Sehr gut ist „Arroz de Polvo" (Tintenfischreis), etwas mehr für Portugiesen ist „Pica-Pau", was Specht heißt – der Gast pickt sich aus dem Schälchen die Wurst- und Fleischstückchen aus der Marinade. Rua do Almada 151a, ✆ 351-222-010763.

Padaria Ribeiro **26**, diese Bäckerei mit Bestuhlung auf der kleinen Praça de Guilherme Gomes Fernandes ist berühmt für ihre Brötchen und das Blätterteiggebäck.

Frida **8**, mexikanisches Lokal, erinnert im Namen an die berühmte Malerin Frida Kahlo. Die bunten Kunstwerke kommen an den schwarzen Wänden besonders zur Geltung. Aus der Küche kommen Köstlichkeiten, z. B. eine Entenspezialität mit der Molozarzamora-Soße (18 €), die aus 27 Zutaten besteht. Rua Adolfo Casais Monteiro 135, ✆ 351-226-062286, www.cocinamestiza.pt.

Adega Figueiroa **1**, genau so stellt man sich ein gut bürgerliches portugiesisches Speiselokal vor. Auf der Karte kommt man eine Auswahl, wie sie in Portugal üblich ist. Gemütliche, etwas altertümliche Einrichtung und Preise wie vor 10 Jahren. Rua Sacadura Cabral 33, ✆ 351-224-450530.

Viet View **2**, kleiner Familienbetrieb, die Wirtin kommt aus Vietnam, er ist Brasilianer. Kleine Auswahl mit typischen Gerichten. Hauptgericht ca. 10 €. Geschlossen Mo Mittag. Rua Cedofeito 502. ✆ 964-109354

Pizza gibt es vor allem im Studentenviertel um die Praca Alberto:

Mr. Pizza **23**, fast jeden Abend bilden sich Schlangen vor dem Lokal, um einen Platz zu ergattern oder mit einer riesigen Pappschachtel im Arm nach Hause zu gehen. Es gibt auch kleinere Pizzastücke zum Mitnehmen (2 €). Praça de Carlos Alberto 105, ✆ 351-222-011240.

Nicht weit von hier, im Tarantino **18**, bekommt man für etwas mehr als das Doppelte eine ganze Pizza auf den Tisch serviert. Das un-

scheinbare Lokal hat draußen nur ein paar Tische stehen, drinnen verbirgt sich ein eng bestuhltes Restaurant mit emsigem Treiben und jungem Publikum. Die Pizza kostet hier 5 €. Auch der Galão mit Bedienung auf dem Platz ist mit 95 Cent günstig. So geschl. Praça de Carlos Alberto 61, ✆ 916-797145.

Café Flor de Tapioca **11**, leckere und leichte Crêpes aus dem Teig der Maniokwurzel kommen hier auf den Teller, belegt mit Käse, Pilzen, Thunfisch und nach Wunsch, garniert mit grünem Salat. So Ruhetag. Im CC Bombarda (s. o.) ✆ 914-159745.

Capela Incomum **17** („ungewöhnliche Kapelle"), Kleine Weinstube in einer ehemaligen Kapelle. Man kann auch draußen an der ruhigen Gasse sitzen. 14–22 Uhr, So geschl. ✆ 936 129050, Travessa do Carregal 77.

Cafés

Âncora d'Ouro **28**, jeder nennt das Café bei seinem Spitznamen: Weil Dichter und Denker Stammgäste waren und sich beim Sinnieren gern das Haupthaar kraulten, heißt es treffend „Piolho" (Kopflaus). Der unscheinbare Musentempel neben dem mächtigen Palast des Rektorats der Universität ist in Porto eine Institution – auf der mittlerweile gepflasterten Fläche davor ist es schwierig, einen Platz zu bekommen. Hier bestellt man einen „cimbalino" (Espresso), benannt nach der ersten Siebträgermaschine der Stadt, ein Import aus Italien. Die Kopflaus war auch das erste Lokal mit Elektroanschluss, weshalb der Fernseher, wie er heute in allen traditionellen Lokalen präsent ist, hier seinen Siegeszug antrat. Geöffnet Mo–Sa. Praça Parada Leitão 45.

Aviz **24**, das repräsentative Kaffeehaus wurde 1947 eröffnet und war damals insofern seiner Zeit voraus, als hier auch Frauen ohne Begleitung zum Kaffeetrinken vorbeikamen – wenn es sie nicht störte, dass im Hintergrund des Saals eine halbnackte Dame aus Bronze auf ihrem Sockel kauerte. An Wochenenden ist hier abends zur Essenszeit oft viel los. Rua de Aviz 27.

Rota do Chá **14**, hier im schattigen Garten zu sitzen ist ein Traum. Neben Kaffee stehen 300 verschiedene Teesorten zur Wahl. Besonders lohnenswert ist der Mittagstisch, für 8 € gibt es ein komplettes, kleines Menü, Fisch, Fleisch oder Veggi. Ist mittags etwas übrig geblieben, wird auch abends noch aufgetischt. Tägl. 11–21 Uhr. Rua Miguel Bombarda 457, ✆ 351-220-136 726, www.rotadocha.pt.

Vom Jardim da Cordoaria zum Museo Romântico ↓ Karte S. 44/45

Essen & Trinken (S. 42/43)

1 Rest. Adega Figueiroa
2 Rest. Viet View
3 Rest. BBGourmet 1858
4 Rest. Siktak
8 Rest. Frida
11 Café Flor de Tapioca
17 Capela Incomum
18 Pizzeria Tarantino
19 Rest. Cultura dos Sabores
20 Rest. O Marinheiro
21 Rest. Lagostim
23 Pizzeria Mr. Pizza
25 Rest. Tascö
26 Café Padaria Ribeiro
27 Antiqvvm

Cafés (S. 43)

14 Rota Do Chá
24 Cafe Aviz
28 Café Âncora d'Ouro (Piolho)

Nachtleben

7 Catraio - Craft Beer Shop (S. 121)
22 O Boteko (S. 123)

Einkaufen

Antiquitätengeschäfte **5**/**6** findet man allerorten in der Stadt, besonders in der Rua da Torrinha und der Rua dos Mártires da Liberdade, beide im Stadtteil Cedofeito. Auffällig ist hier die große Auswahl an aufwendig gearbeiteten Leuchtern.

Moldursant **9**, Künstlerbedarf & Galerie, die Wände sind voll mit Werken lokaler Künstler, im Original oder als limitierte Kunstdrucke, hier finden sich viele hübsche Motive aus der Stadt. Rua de José Falcão 2130.

Pedemeia **16**, eine solch große Auswahl an Socken in tollen Farben in sehr guter Qualität (meist Baumwolle) werden Sie anderswo schwerlich finden. Der schmale Laden am Anfang der Rua Cedofeita (Nr. 27) ist leicht zu übersehen. Eine weitere Verkaufsstelle der in der Stadt Braga ansässigen Maschinenstricker gibt es in der Rua Santa Catarina 209. ℘ 351-253-672181, www.pedemeia.pt.

🌿Quintal Bioshop **10**, kleiner Laden ohne Ladenschild mit Mini-Café und Verköstigung im hinteren Bereich. Rua do Rosário 177.

🌿Masseira **13**, Bio-Bäckerei, schon das Reinschnuppern lohnt sich – es riecht köstlich! Die Backstube ist zugleich Verkaufsraum. Es gibt ganz leckeres Brot, gebacken mit Natursauer-

Tour 1: siehe S. 25
Tour 2: siehe S. 33
Tour 3: siehe S. 36

Tour 4: Vom Jardim da Cordoaria zum Museo Romântico

100 m

Tour 5: siehe S. 51
Tour 6: siehe S. 54/55

teig. An unterschiedlichen Backtagen gibt es Weizen-, Dinkel- oder Roggenbrot. Das einzige Süßgebäck ist Brioch. Rua de Diogo Brandão 69.

CC Bombarda 12, Einkaufsgalerie und Mini-Shoppingcenter mit netten Kunsthandwerksgalerien. Die diversen Self-Service-Restaurants werden mittags von Studenten gern frequentiert. Rua de Miguel Bombarda 285.

Obst- und Gemüsemarkt 12, kleiner Markt jeden Samstag von 9–20 Uhr im CC Bombarda (s. o.). An den Ständen regionale Erzeuger, Brot- oder Käsespezialitäten.

L* de Luz 15, ein Laden auf drei Etagen voller Kronleuchter – eine ungewöhnliche Sammlung wertvoller Stücke. Auch Restaurierungsarbeiten werden erledigt oder aus Fragmenten neue Stücke kreiert. Die Betreiberin ist die Enkelin von Ilse Losa, einer Berlinerin, die 1934 als 19-Jährige wegen ihrer jüdischen Herkunft Hals über Kopf Deutschland verlassen musste und in Porto ihre zweite Heimat fand. Sie fing früh mit dem Schreiben an, ihr Werk „O Mundo Em Que Vivi" („Die Welt, in der ich lebte") ist bis heute Lektüre für portugiesische Oberstufenschüler. Darin beschreibt sie ihr Leben auf der Flucht und ihr Exil in Portugal (auf Deutsch erschienen 1990 bei Beck & Glückler (vergriffen). Di–Sa 15–19 Uhr. Rua Miguel Bombarda 469, www.ldeluz.com.

Neues und Altes
Tour 5

Ein Spaziergang vom ruhigen Randbereich der Altstadt ins quirlige Zentrum um die Haupteinkaufsstraße Santa Katharina und weiter zur Praça da Batalha. Dem in den letzten Jahrzehnten vernachlässigten Platz geben heute einige moderne Hotels in alten Gemäuern neuen Glanz.

Nossa Senhora da Conceição, prachtvolle Kirche aus der Zeit des Estado Novo, S. 46

Mercado do Bolhão, einkaufen und staunen, S. 47

Igreja Santa Clara, Gold und noch mal Gold, S. 48

Immer geradeaus zurück ins Zentrum
Vom Jardim do Marquês zur Kirche Santa Clara

Mit der U-Bahn erreicht man von der zentralen Station „Trindade" oberhalb des Rathauses nach zwei Stationen den Jardim do Marquês (Station „Marquês"), den Ausgangspunkt unserer Tour. Wer die Tour kürzer gestalten will, beginnt sie einfach an der Rua Formosa neben dem Rathausplatz.

Grüne Oase mit Architekturperlen
Jardim do Marquês

Der Jardim do Marquês ist ein schöner Fluchtpunkt außerhalb des Zentrums. Der hübsche, kleine Park mit Platanen und Kamelienhecken hat einen Springbrunnen und zwei kleinen Teiche. Er liegt an der Nordgrenze der Altstadt. An der rechten Seite steht der Palast des Portuenser Architekten *José Marques da Silva* (https://fims.up.pt), der hier 1947 starb. Von ihm stammen die Entwürfe für den Bau des Bahnhofs São Bento, der Casa de Serralves und vieler weiterer Gebäude, die Porto bis heute prägen.

Westlich des Platzes steht die bemerkenswerte Kirche **Nossa Senhora da Conceição,** die man schwerlich einer Epoche zuordnen kann, weil es solch aufwendige Sakralbauten in der Neuzeit selten gab. Das Gotteshaus entstand zwischen 1939 und 1947 und ist vom Zeitgeschmack des Art déco geprägt. Ursprünglich hatte ein Mönch den Entwurf geliefert, professionelle Baumeister übernahmen dann die Umsetzung. Der Bau zeigt romanische und gotische Stilelemente, die in die Spitzbögen aus Stahlbeton im Hauptschiff einfließen. Eindrucksvolle Fenster mit Glasmalereien und ein Freskenzyklus lassen staunen.

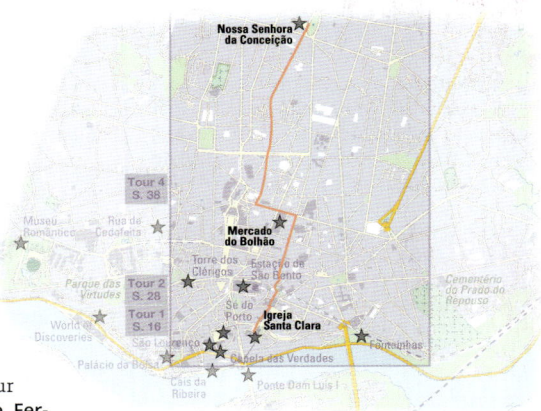

Um vom Jardim do Marquês zurück in die Niederungen des Zentrums zu kommen, wählt man am besten die wenig befahrene und abwechslungsreiche **Rua do Bonjardim** bis zur Querung mit der **Rua de Fernandes Tomás** (ca. 1,2 km). Dort nach links erreicht man nach zwei Querstraßen den Nordausgang des riesigen Mercado do Bolhão.

Alles wird neu (schade)
Mercado do Bolhão

Der riesige Markt mitten im Zentrum hat lange überlebt, obwohl Pläne zu seiner Umgestaltung lange in der Schublade lagen. Aber 2018 war es so weit – alles ist nun eine große Baustelle, und man darf vermuten, dass es bis 2021 dauern wird, bis der Betrieb wieder aufgenommen wird. In Lissabon hat man aus der alten Markthalle einen gigantischen, lärmenden Food Court gemacht, in dem in etwa fünfzig Gastrobetrieben gekocht wird. Hier in Porto sollen aber später auch die Marktfrauen wie eh und je Gemüse, Blumen, Fisch oder Fleisch anbieten, natürlich zusammmen mit einem Food Court. Mal sehen, was dann aus den kleinen Bewirtungsstätten **Pintainho** und der Cafetaria **Fernanda Dias** wird, dort gab es einen Teller Arroz de Marisco für 5 €.

Mercado Temporário do Bolhão

Für die Zeit der Renovierungsarbeiten konnten die Händler im Untergeschoss des Einkaufszentrums in der Rua de Fernandes Tomás eine Bleibe finden, das nur zwei Ecken vom alten Platz entfernt ist (**8** → Karte S. 51).

Einkaufsmeile und blaue Kapelle
Rua de Santa Catarina

Wendet man sich vom Nordende des Mercado do Bolhão nach Osten, erreicht man an der nächsten Ecke die Haupteinkaufsstraße Rua de Santa Catarina. Ins Auge fällt hier die Anfang des 18. Jh. erbaute **Capela das Almas da Santa Catarina,** eines der hübschesten Gotteshäuser der Stadt. Die die Fassade zierenden tiefblauen Azulejos wurden erst 1929 angebracht, sie empfinden den Stil des 18. Jh. nach. Dargestellt werden Episoden aus dem Leben der heiligen Franziskus von Assisi und Katharina. Bemerkenswert ist, dass neben der heiligen Katharina von Siena auch die heilige Katharina von Alexandria, die von der katholischen und der orthodoxen Kirche als Märtyrerin gleichermaßen verehrt wird, dargestellt ist. Auch im Inneren der Kapelle, die im neoklassizistischen Stil gestaltet ist, wiederholt sich die Doppelung der beiden Katharinen. Katharina von Alexandria kämpfte gegen die drohende Kirchenspaltung, und sie war es wohl auch, die 1377 Papst Gregor XI. dazu brachte, von Avignon nach Rom zurückzukehren.

Wo die Rua de Santa Catarina die Rua de Passos Manuel kreuzt, beschallt ein

Glockenspiel am heutigen C&A/Fnac-Kaufhaus die ganze Straße mit einer hellen Glockenmelodie: um 9, 12, 135 und 18 Uhr). Dazu bewegen sich im 1. Stock Figuren: der Stadtheilige São João, Heinrich der Seefahrer, Almeida Garrett (Romanschriftsteller und Politiker) und Camilo Castelo Branco (Schriftsteller). Wer mit der Rolltreppe einen Stock höher fährt, kann das mechanische Werk durch Glasscheiben betrachten.

Greller Farbklecks
Marcolino

Ein auffällig restaurierter Bau mit lachsfarbenem Anstrich steht gleich gegenüber am Eck von Rua de Santa Catarina/Rua de Passos Manuel. Den Namen bekam das Gebäude erst mit dem Einzug des Uhrenfachgeschäfts.

Stadtpfarrkirche Ildefonso

Vorher stand der Bau lange halb leer, ursprünglich war er ein historisches Kaufhaus.

Rua de Santa Catarina 84.

Art-déco-Palast und hübsche Kirche
Praça da Batalha

Nach dem Kreuzen der Rua de Passos Manuel steigt die Rua de Santa Catarina leicht an und führt zur Praça da Batalha. Die Pfarrkirche **Santo Ildefonso** aus der ersten Hälfte des 18. Jh. steht dort erhöht am Rand. Sie zeigt eine Fassade aus dunklem Granit, was einen kontrastreichen Rahmen für die tiefblaue Azulejoverkleidung abgibt.

Das großdimensionierte **Cinema Batalha** ist derzeit noch verwaist. Der Art-déco-Bau aus dem Jahr 1947 wurde bereits frisch gestrichen Ins Innere kommen mehrere Säle eines Programmkinos. Am anderen Platzende steht das **Teatro National São João** von 1910, dort werden auch Führungen (6 €) angeboten und zwar von Mittwoch bis Sa um 10.30 und 12.30 Uhr, (✆ 0351-223-401900, www.tnsj.pt).

Leise Gotik, lauter Barock
Igreja Santa Clara

Gut 200 m südlich der Praça da Batalha in Richtung Fluss steht eine der bedeutendsten Barockkirchen von Porto. Hinter der schlichten gotischen Fassade versteckt sich ein Inneres voll überbordender vergoldeter Holzschnitzereien aus dem 17. Jh.

Links des Gotteshauses gelangt man zu einem Hof mit schönem Blick über die Überreste der fernandinischen **Stadtmauer** aus dem 14. Jh. und auf den Douro (leider kann man die Stadtmauer nicht begehen).

Zur Zeit wg. Bauarbeiten geschl. sonst Mo–Fr 9.30–12 und 15.30–18, Sa 15–18, So 10–11 Uhr. An Feiertagen geschl. Eintritt frei. Largo 1° de Dezembro.

Praktische Infos

→ Karte S. 51

Essen & Trinken

Fumeiro 1, kleine Pasteleria mit freundlicher Einrichtung und sehr guter Auswahl an Gebäck aus eigener Herstellung. Auch Mittagstisch gibt es hier. So geschl. Rua de João Pedro Ribeiro 595, ℡ 0351-225-500364.

Dom Castro 3, der Wirt dieses kleinen Lokals ist gleichzeitig der Küchenmeister, der direkt hinter dem Tresen die Speisen zubereitet. Kleine Auswahl an Hauptgerichten, ein Genuss ist die Fischsuppe mit frischem Koriander. So/Mo Ruhetag. Rua do Bonjardim 1078, ℡ 0351-222-084143.

Casa Nanda 5, ein Nachbarschaftsrestaurant, die Trophäen des Lokals hängen in Form von Zeitungsartikeln an der Wand, die die gute regionale Küche loben, auch frischen Fisch gibt es meist. So abends geschl., Mo Ruhetag. Rua da Alegria 394, ℡ 0351-225-370575.

Die leckersten Bifanhas

Die Schweinefleischscheiben namens Bifanhas mit würzigem Sud im Brötchen sind das klassische Snackgericht Portugals. Man kann es in einem dieser beiden urtypischen Lokale probieren:

Conga 10, in den funktionalen Räumlichkeiten geht es fast den ganzen Tag über geschäftig zu, die Bifanhas hier sind sehr würzig und saftig. ℡ 0351-222-000113, Rua do Bonjardim 314.

mein Tipp Churrasqueira Lameiras 6, hier ist es uriger, man kann auch am langen Bartresen mit den Einheimischen zusammenhocken. Bifanhas und ein kleines Glas Bier kosten hier ca. 2,70 €. So Ruhetag. ℡ 0351-222-009117, Rua do Bonjardim 546.

Maus Hábitos 20, eine „Schlechte Gewohnheit" ist es nicht, hier immer wieder vorbeizuschauen. Denn in dem riesigen, unterteilten Obergeschoss eines Art-déco-Parkhauses ist ein alternatives Kulturzentrum entstanden. Das geräumige Restaurant bietet einen tollen Blick über die Stadt und auf das gegenüberliegende Konzerthaus Coliseu. Serviert werden gute Pizza und viele vegetarische Gerichte, empfehlenswert ist auch der Brunch an Sa/So. Unscheinbarer Eingang neben der Parkhauseinfahrt, ein enger Lift fährt in den 4. Stock. Fr/Sa 12–4, So bis 17, sonst meist bis 2 Uhr, Mo Ruhetag. Rua de Passos Manuel 178, ℡ 937-202918, www.maushabitos.com.

Sai Cão 4, ein Lokal, so versteckt, dass es fast nur von Nachbarn besucht wird. Probieren Sie einmal die Vitela Assada, so ein zartes Stück Fleisch bekommen Sie oft nicht mal in der gehobenen Gastronomie. Mit Pommes, Reis und ein bisschen Salat kostet es ca. 6 €. So Ruhetag. Rua do Bonjardim 635A, ℡ 0351-224-013839.

Letraria 12, Craft-Bier-Garten, über 20 verschiedene Biere aus dem Zapfhahn, vor allem von der Brauerei Letra aus Braga. Das schönste an dem Lokal ist allerdings der große Biergarten mit dünner Bestuhlung. Rua da Alegria 101, ℡ 0351-223-235186, https://cervejaletra.pt.

Rei dos Qeijos 16, ein alter Feinkostladen, neu renoviert, aber noch mit der Originalausstattung. Hier kann man die Vielfalt der portugiesischen Käsehersteller verkosten. Neben Käse aus Kuhmilch gibt es köstlichen Schafs- oder Ziegenkäse, für den Portugal bekannt ist. Aufgetischt werden aber nicht nur Käseplatten, auch kleine Gerichte werden in der Küche zubereitet. Mo geschl. Rua do Bonjardim 154, ℡ 0351-223-163838, www.reidosqueijos.com.

Feinkost und mehr
rund um den Mercado Bolhão

Confeitaria do Bolhão 11, 1896 gegründete Konditorei, die hohe Decke ist mit nackten Frauen und Blumenmotiven bemalt. Die „Teigschälchen" *(Pastel de Nata)* sind gefüllt mit

Delikatessen

einer Masse aus Ei und Mandelmehl und genauso gut wie das Original aus Lissabon. So geschl. Rua Formosa 339, ☎ 0351-223-395220.

A Pérola do Bolhão 13, an der Fassade schönster Jugendstil, die Azulejos der „Perle" von Bolhão zeigen am Eingang zwei indigene Brasilianerinnen, die jeweils eine Tee- bzw. Kaffeepflanze in Händen halten. Neben Tee und Kaffee gibt es alle Spezialitäten zum Thema Portugal: Würste, Schinken, Wein und süßes Gebäck. So geschl. Rua Formosa 279, ☎ 0351-222-004009.

A Favorita do Bolhão 7, nicht weniger ein Augenschmaus! So geschl. Rua de Fernandes Tomás 783, ☎ 0351-222-001624.

Casa Chinesa 9, nicht ganz so antiquiert, aber ein bunt gemischter Kolonialwarenladen; hier gibt es Würste, Käse, Trockenobst und Bohnen in allen Variationen. So geschl. Rua de Sá da Bandeira 343, ☎ 0351-222-006578.

Blickfang: A Pérola do Bolhão

Cafés

Majestic 17, das bekannteste, reich ausgeschmückte Jugendstilcafé der Stadt findet sich in der Einkaufsstraße und Fußgängerzone der Rua Santa Catarina. J. K. Rowling ließ sich der Legende nach dort zu ihrem Welterfolg „Harry Potter" inspirieren. Heute ist das Majestic ein hundertprozentiger Touristentempel und entsprechend teuer. Der Milchkaffee kostet hier so viel wie in einem normalen Café ein kleines Mittagsmenü (4,50 €). Fehlt nur noch, dass man, wie in der Buchhandlung Lello (→ S. 29), Eintritt zahlen muss. Rua Santa Catarina 112.

Maus Hábitos 20 (Schlechte Gewohnheiten), Café/Restaurant im 4. Stock über einer Garage der Zwanzigerjahre (an der Straße nicht ausgeschildert). Regelmäßig kleine Kulturveranstaltungen und zeitgenössische Ausstellungen. Rua de Passos Manuel 178 → „Essen & Trinken".

Gelataria La Copa 23, verstecktes kleines Eiscafé mit Patio zum Draußensitzen, hinter dem Verkaufstresen kann man einen Blick in die Eisküche werfen. Es gibt frische Sahne! Av. de Rodrigues de Freitas 366 (zwischen Rua de Passos de Manuel und Jardim de Lázaro).

Gelataria Portuense 18, eine Neugründung, die seit 2016 bemerkenswerte Eigenkreationen kreiert, z. B. „Cereja e Chocolate" (Kirsche mit Schokolade) und „Porto Tawny", eine Variante für Portweinliebhaber. Rua do Bonjardim 136, ☎ 0351-222-423223.

Gelataria Neveiros 2, Portos älteste Eisdiele findet sich etwas außerhalb vom Zentrum in der Rua da Alegria 930, ☎ 0351-225-370005.

Einkaufen

Pingo Doce 21, das zentrale Geschäft der Lebensmittelkette ist bestens sortiert und hat ein Self-Service-Restaurant mit Sitzbereich. Rua de Passos Manuel 211.

La Portuguese Porto Market 15, in einem Gebäude mit Marktständen von kleinen Anbietern, darunter brasilianische Schmuckhersteller und portugiesische Spezialitäten zum Anziehen oder zum Essen. Wurde 2019 eröffnet, liegt 100 m abseits der Einkaufsstraße Santa Catarina. Rua Formosa 209.

Leica Store 22, der noble Flaggschiff-Laden des legendären deutschen Kameraherstellers – Leica will Flagge zeigen in Portugal. Die Firma hat in Lousado bei Guimarães ihre zweitgrößte Fabrikationsstätte. Rua de Sá da Bandeira 48, ☎ 0351-227-664428.

Durch Arbeiterviertel
Tour 6

Das Stadtgebiet im Osten, zwischen der Baixa und dem Bahnhof Porto-Campanhã, hat nur wenige Highlights. Hier liegen das Arbeiterviertel Fontaínhas, das Stadion und das Gelände des einstigen Schlachthofs. Die Wohlstandsviertel von Porto wuchsen schon immer westwärts in Richtung Meer.

Fontaínhas, sonntags ist Vogelmarkt, S. 54

Museo Nacional da Imprensa, Drucktechnik und Liebe, S. 55

Porto abseits des Touristenhype
Im Osten
der Stadt

Sehenswert im Osten ist der Friedhof **Cementério do Prado do Repouso**, von dort kann man einen Spaziergang zurück durch ein Arbeiterviertel machen, das direkt an die Kante des Douro-Tals gebaut wurde.

Wir starten auf der **Praça dos Poveiros** am östlichen Ende der Rua Passos Manuel. Interessant ist das von der Praça nach Osten führende kurze Teilstück der **Rua Ildefonso**, wo bis heute eine Vielzahl an traditionellen Geschäften überlebt hat. Es gibt Juweliere, Friseure, Werkzeugläden, Herrenschneider, ein paar Bekleidungsgeschäfte sowie das Käsefachgeschäft **Queirjaria Amaral** und gleich nebenan ein Fachgeschäft nur für Bacalhau.

Anschließend biegen wir gleich die erste Seitenstraße rechts ab und laufen am kleinen Park **Jardim de Lázaro** vorbei, einer der ältesten der Stadt. Hier treffen sich regelmäßig die älteren Herren, um das in der Stadt populäre Kartenspiel Sueca zu spielen.

Von hier geht es nach Osten weiter auf der Av. Rodrigues de Freitas bis zum Kulturzentrum Stop.

Kultur statt Geheimpolizei
Stop

Aus diesem ehemaligen Einkaufszentrum unweit des großen Friedhofs tönen dumpfe Musikgeräusch bis auf die Straße. Seit 1995 können in diesem als öffentliches Projekt geförderten Umfeld Bands und kleine Studios Ihrer Arbeit nachgehen. Man kann hineingehen und im Café Platz nehmen oder über die stillgelegten Rolltreppen oben noch tiefer in die „Höhle" eindringen. Ironie der Geschichte: Im Militärmuseum unmittelbar rechts neben dem „Stop" residierte früher die Zentrale der Geheimpolizei PIDE, wo politisch Andersdenkende verhört und gequält wurden.

Rua de Heroísmo 333.

Die letzte Ruhe
Cementério do Prado do Repouso

Neben dem Friedhof Agramonte im Westen ist der Cementério do Prado der zweite große Friedhof von Porto. Hier ruhen nicht wenige bekannte Persönlichkeiten der Stadt und des Landes. Der Friedhof wurde 1839 angelegt. Die alten Baumbestände auf dem 10 Hektar großen Gelände bilden schattige Alleen; zahlreiche Grabmäler und Mausoleen im neugotischen Design oder aus dem harten Granit gemeißelt sind Kunstwerke für sich.

Geschmückt mit einer Marmorstatue des heiligen Franziskus liegt in Reihe 33 *Dona Henriqueta Emília da Conceição* (1845–1874), eine Art Maria Magdalena von Porto. Das junge Waisenmädchen diente sich reichen Geschäftsleuten an und konnte sich durch die Einnahmen ihres Gewerbes sogar eine Kutsche leisten. Im Alter von 20 Jahren hatte sie genug von diesem Leben und verliebte sich in die viel jüngere Teresa Maria, die bald an Tuberkulose starb. Vor der Beerdigung schnitt sie der Leiche den Kopf ab und brachte diesen heimlich nach Hause, um ihn unter einer Glasglocke aufzubewahren. Die Sache kam ans Licht, Henriqueta wurde angeklagt, erstaunlicherweise aber freigesprochen, wegen nicht steuerbarer Leidenschaft! Bemerkenswert ist die Ehrerbietung, die ihr bis heute entgegengebracht wird, täglich brennen Kerzen und liegen frische Blumen an ihrem Grab.

Tägl. 8–17 Uhr.

Ruhestätte für weniger Berühmte – Cementério do Prado do Repouso

Essen & Trinken (S. 56)

1 Rest. Suribachi
2 Rest. O Macrobiótico
3 Rest. Venham mais 5
4 Rest. Queirjaria Amaral
5 Rest. Casa Guedes

Nachtleben (S. 122)

7 Hot Five Jazz & Blues Club (downtown)

Einkaufen (S. 56)

6 Feira dos Passarinhos

Tour 6: Im Osten der Stadt

90 m

Vogelmarkt und kleine Häuschen

Fontaínhas

Unser Spaziergang führt an das untere Ende des Friedhofs und dann wieder zurück nach Westen in Richtung Stadtmitte. Schauen Sie einmal in eines der Tore, die oft zwischen zwei Häusern angebracht sind, hier gibt es noch etliche sogenannte „Islas" – Wohninseln also mit kleinen, dicht an dicht gebauten Häuschen.

Eine aussichtsreiche Straße ist die **Alameda das Fontaínhas.** Von hier geht der Blick weit über den Douro. Getrübt wird die Stimmung bei Bewohnern zurzeit wegen der geplanten oder schon im Bau befindlichen Häuser am Hang, deren Dächer die Balustrade der Avenida überragen und dadurch den Flaneuren die Sicht rauben.

Jeden Sonntag von 7–13 Uhr findet hier – noch ein Stück weiter flussab, hinter der Ponte do Infante – im Passeio das Fontaínhas der Vogelmarkt **Feira dos Passarinhos** statt, für uns eine der interessantesten Sehenswürdigkeiten von Porto. Der Markt erinnert an eine noch nicht lang vergangene Zeit, in der

entfernt. Die von zwei Fotografen gegründete Stiftung versucht, durch das Zentrum etwas mehr Leben in das lange vernachlässigte Viertel zu bringen. In den über Jahrzehnte dem Verfall preisgegebenen Schuppen, in denen früher Fischernetze gefertigt wurden, ist heute Raum für regelmäßige Ausstellungen moderner Kunst und Fotografie, für Buchvorstellungen, Konferenzen, Konzerte und Theaterinszenierungen.

Di–Sa 15–19 Uhr. Rua de Miraflor 159, ℘ 351-929-145191, www.miragalerias.net.

Druck & Liebe
Museu Nacional da Imprensa

Der Ausflug zum Museum ist eine nette kleine Fahrradtour, die etwa 3 km die wenig befahrene Uferstraße entlangführt. In der alten Fabrikhalle einer ehemaligen Brikettfabrik wurden Druck- und Setzmaschinen aus verschiedensten Epochen zusammengetragen: von Holzsatz-Druckstöcken aus Korea, die aus der Epoche vor Guttenberg stammen, bis zur Zeitungsrotationsmaschine aus dem 20. Jh.

Im Untergeschoss geht es um nichts Geringeres als die Liebe: Unerfüllte Leidenschaften illustrieren alte Buchausgaben der „Portugiesischen Briefe", eine Originalausgabe der Übersetzung von Rainer Maria Rilke steht hinter Glas. Und in einem Nebenraum wird die Fleischeslust des Kamasutra thematisiert.

Die Hauptmission des Kurators des Museums, Prof. *Luiz Humberto Marcos*, ist das jährlich veranstaltete **Porto Cartoon Festival,** das internationale Künstler zu einem Wettbewerb über ein vorher festgelegtes Thema einlädt. Das Werk des Gewinners dient als Vorlage für eine Skulptur, die später in der Altstadt von Porto einen Platz bekommt. Das Publikum ist eingeladen, mit abzustimmen: In der Ankunftshalle des Flughafens ist ab Juni eine Wahlurne aufgestellt, um den Publikumspreisträger zu bestimmen.

Im Osten der Stadt → Karte S. 54/55

die Gassen im Land mit Käfigen voller Piepmätze behängt waren. In der Johannisnacht am 23. Juni sind hier beim großen Stadtfest von Porto Budenzauber und Menschentrauben angesagt.

Abseits des Spaziergangs

Feiner Kulturschuppen
Espaço MIRA

Das kleine, feine private Kulturzentrum ist nicht weit vom Bahnhof Campanha

Mo–Fr 10.30–12.30 und 14.30–18.30 Uhr, Sa/
So nur nachmittags, Eintritt 2 €. Estrada Nacional 108, ☎ 351-225-304966, http://museuda

imprensa.pt. Unterhalb des Museums liegt ein
Sporthafen mit einem Ausflugslokal, das an
Wochenenden brechend voll ist.

Praktische Infos

→ Karte S. 54/55

Essen & Trinken

Venham mais 5 **3**, soll heißen: „Bring noch
fünf" – gemeint sind Pregos, die mit frisch ge-
bratenen Schweinefleischscheiben und Käse
belegten Brötchen. Hier sind sie besonders lecker und im geräumigen Patio auf zwei Ge-
schossen ist es meist ordentlich voll. Tägl. 12–
22.30 Uhr, So/Mo bis 22 Uhr. Rua de Santo
Ildefonso 219, ☎ 0351-223-195983.

Queirjaria Amaral **4**, ein super sortiertes Kä-
segeschäft mit Sorten aus den verschiedensten
Landesteilen. Es gibt auch Snacks. Rua de Santo Ildefonso 190.

Casa Guedes **5**, kleine Snack-Bar mit überschaubarer Bestuhlung vor dem Lokal mit Blick
auf den Jardim de São Lázaro. Berühmt sind
auch hier die Brötchen mit Spanferkel (3,50 €),
als Variation gibt es noch eine Scheibe Bergkä-
se dazu. Meist muss man ein wenig anstehen.
Mo–Sa 8.30–22 Uhr. Praca dos Poveiros 130,
☎ 0351-222-002874.

Suribachi **1**, eines der ersten Veggi-Restaurants der Stadt. Der Mini-Restaurantbetrieb
mit wenigen Tischen befindet sich im Hinter-
zimmer eines Ladengeschäfts mit Gesundheits-
produkten. Mo–Do 10–20, Fr/Sa 10–24 Uhr.
Tägl. 9–22 Uhr, So Ruhetag. Rua do Bonfin 134,
☎ 0351-225-106700.

O Macrobiótico **2**, das 2018 eröffnete Lokal ist klar und hell und bietet jeweils zwei Menüs zu 3,50 und 7,50 €. Abends gibt es nur die
kleine Menüvariante sowie Toast und Veggi-
Burger. Tägl. 10–18, Sa 10–23.30 Uhr, So Ruhetag. Rua do Bonfim 63, ☎ 964-246130.

Einkaufen

Antiquitätenmarkt, Schmuck, alte Bücher und
Dekorationsgegenstände. Jeden 3. Samstag im
Monat auf der Praça de Francisco Sá Carneiro.

Feira dos Passarinhos **6**, der Vogelmarkt an
der Alameda das Fontaínhas ist die ausgefallenste Sehenswürdigkeit von Porto. Auf etwa
150 m Länge stehen rechts und links der Straße Händler mit Käfigen voller Kanarienvögel
und anderen gefiederten Haustieren. Der Markt
ist ein Überrest einer portugiesischen Tradition, als fast jedes Haus einen Vogelkäfig am
Haus hängen hatte und die Gassen üppig mit
Pflanzentöpfen verziert waren. Jeden Sonntag
7–13 Uhr. Alameda das Fontaínhas.

Flohmarkt, die „Feira da Vandoma" ist *der*
Flohmarkt in Porto. Er wurde anfangs im klei-
nen Rahmen von Studenten initiiert, die dort
ihre alten Bücher und Klamotten verkauften.
Jeden Samstag 8–13 Uhr in der Avenida 25 de
Abril (Stadtteil Campanha).

Porto im Kasten

Matadouro Da Corujeira – vom Schlachthof zur Kulturzentrum

Der riesige stillgelegte Schlachthof Matadouro Da Corujeira, ein imposanter Gebäudekomplex aus dem Jahre 1910, soll zum „Centre Pompidou" von Porto werden
– versprechen zumindest die Planer. Der japanische Architekt Kengo Kuma ge-
wann die Ausschreibung für das 40-Millionen-Projekt. Insgesamt 20.500 m² Nutz-
fläche sind vorhanden, zum Teil noch in der spektakulären alten Bausubstanz,
alles überschattet von einer (ebenfalls noch geplanten) eleganten Dachkonstruk-
tion. Ein breiter Pavillon soll dann von der U-Bahn Station Estádio do Dragão, dem
Fußballstation, über die Autobahn hinüberführen.

Geplant sind nicht nur Veranstaltungen und Ausstellungen, neben einem Indus-
triemuseum soll ein Gründerzentrum angesiedelt werden, das der New Economy
mit Internetportalen und Softwareschmieden ein Zuhause bieten soll. Bereits 2021
soll es soweit sein. www.porto.pt/noticias/projeto-revolucionario.

Blick auf das Kloster Serra do Pilar über dem Douro-Tal (von der Alameda das Fontaínhas)

Das moderne Porto
Tour 7

Eine abwechslungsreiche Tagestour führt uns zum Meer nach Foz do Douro, dem alten Badeort an der Mündung des Douro-Flusses. Von dort verläuft eine breite Promenade oberhalb des Strandes, parallel zur Straße ins 5 km entfernte Matoshinhos, der Stadt der Sardinenfischer. Von dort geht es mit der U-Bahn wieder zurück nach Porto.

Serralves, moderne Kunst und großer Park, S. 62

Foz do Douro, die Douromündung, privilegierte Wohnlage, S. 63

Matosinhos, Sardinenmetropole am Meer, S. 67

Von Porto bis ans Meer
Durch den Westen der Stadt nach Matosinhos

In den letzten 50 Jahren hat sich das einstmals landwirtschaftliche geprägte Gebiet zwischen dem alten Porto und dem Badeort Foz do Douro an der Flussmündung zur besseren Wohngegend gewandelt. Einige Ziele hier lohnen den Besuch besonders. Zum Beispiel das spektakuläre Konzerthaus **Casa da Música** und die **Fundação de Serralves** mit ihrer modernen Kunst. Die Casa da Música (eigene U-Bahn-Station) kann man auf dem Hinweg oder Rückweg von Matosinhos besuchen. Der riesige Kunstpark der Serralves-Stiftung liegt auf halbem Weg zwischen Foz do Douro und Casa Música. Für das hier vorgeschlagene Tagesprogramm ist das aber eigentlich zu ambitioniert. Besser ist es, Serralves als eigenständigen Besuchspunkt einzuplanen.

Tourenplanung

Fahrt direkt nach Foz do Douro: Ab Praça da Liberdade (vor Café Avenida) mit Doppeldeckerbus Nr. 500 alle 28 Min. am Fluss entlang nach Foz. Zurück mit demselben Bus oder mit der Straßenbahn (Eléctrico Linie 1)

Mit dem Fahrrad: Die Tour nach Foz do Douro am Fluss entlang kann man (mit Ausnahme des Innenstadtbereichs) auch gut mit dem Fahrrad machen.

Ab Rotunda da Boavista (Casa da Música, U-Bahn Station): Mit dem Bus Nr. 203 in Richtung Mercado da Foz.

Rückfahrt: Wer die Tour in Matosinhos (s. u.) abschließt, kommt mit der U-Bahn (Haltestelle Mercado) bequem zurück in die Innenstadt.

Fliegender Würfel
Casa da Música

Die 2005 eröffnete, imposante Konzerthalle der Stadt steht an dem riesigen

Kreisverkehr **Rotunda da Boavista,** der einen regelrechten kleinen Park umschließt. Der martialische Obelisk in der Mitte huldigt den Kämpfern, die 1814 die napoleonischen Besatzer besiegten und aus dem Land warfen. Der grimmige Löwe an der Spitze symbolisiert die englischen Verbündeten, deren Heldentaten dem napoleonischen Adler den Garaus machten.

Die Casa Música ist ein wuchtiger Koloss mit Kanten und Flächen aus hellem Beton, der auf dem großzügigen, wellenförmigen Platz aus hellem Travertin wie ein mächtiges Schiff dahinzuschwimmen scheint. Geplant wurde er vom Rotterdamer Stararchitekten *Rem Koolhaas.*

Die Casa Música wurde als Haus für alle Generationen konzipiert: Bei den Konzerten am frühen Abend können Kinder zur Betreuung abgegeben werden. Die Kleinen können dann von einem Raum mit vollflächiger Glaswand zur Konzerthalle ihre Eltern und die Künstler aus der Höhe betrachten. Die doppelwandigen, wellenförmigen Glaswände des Gebäudes sind nicht nur stilbildende Elemente, die beim Vorbeigehen eine irritierende Durchsicht verschaffen, sie erfüllen selbstverständlich auch höchste Anforderungen an die Akustik.

Für Teens und Twens gibt es in unregelmäßigen Abständen Techno-Partys als Großveranstaltung. In diversen Räumlichkeiten und im Foyer spielen dann verschiedene DJ's auf, während im Konzertsaal Livemusik gespielt wird. Bis zu 3000 Besucher werden an solchen Abenden gezählt.

Lohnend sind die einstündigen Führungen durch das Gebäude (englischsprachig um 11, 12 und 16 Uhr), Preis ca. 10 €. Avenida da Boavista, ✆ 351-220-120220, www.casadamusica.com.

Kunst in der Mietskaserne

Casa-Museu de Marta Ortigão Sampaio

Das in einem schmucklosen Haus aus den 1950ern untergebrachte Museum ist der Malerin *Aurélia de Sousa,* (1866–1922) gewidmet. Sousa gehörte zu einer Gruppe von sechs Frauen, die an der Akademie von Porto als Erste Kunst studieren durften. In Paris war dies erst ein paar Jahre später möglich, worauf sie sich dort an der Académie Julian einschrieb. Bei Ausbruch des Ersten Weltkriegs kehrte sie nach Portugal zurück. Sousas Selbstportraits zeigen eine ernste Person, die nicht nur sich selbst gegenüber streng war. Früh begann sie mit der Kamera zu arbeiten, die ihr ein wichtiges Hilfsmittel war, um die unzähligen Personen vorher abzulichten, deren Porträts die Ausstellung prägen.

Im Obergeschoss des Museums werden großbürgerliche Wohnwelten aus dem Biedermeier bis zum Jugendstil präsentiert. Farbenfrohe impressionistische Werke der Malerin mit Landschafts- oder Familienszenen sind übrigens auch in der Quinta de Santiago in Leça da Palmeira (in Matosinhos) zu sehen.

Di-Sa 10–17.30, So 10–12.30 und 14–17.30 Uhr, Mo zu. Eintritt 2,20 €, am Wochenende Eintritt frei. Rua de Nossa Senhora de Fátima 291, ✆ 351-226-066568.

E ssen & Trinken (S. 69/70)
1 Essenência
3 Toca D'Avenida
4 Restaurante Casa da Música
5 Em Carne viva
6 Favo de Mel
10 Clube Universitário do Porto
13 Capoeira

C afés (S. 70)
11 Café Tavi

N achtleben (S. 123)
9 Casa Agrícola
14 Casa Piedale

E inkaufen
2 IdealBio (S. 119)
7 Mercado do Bom Sucesso (S. 70)
8 Shopping Cidade do Porto (S. 119)
12 go natural (S. 71)

Ü bernachten
20 Seminário de Vilar/
   Albergue do Peregrino (S. 128)
21 Jugendherberge (S. 125)

Tropische Fülle

Jardim Botânico

Der Garten, der von der Universität unterhalten wird, ist rund vier Hektar groß. Am Eingang steht die repräsentative Villa Andreson, in der regelmäßig Ausstellungen zu sehen sind. Dort arbeitete eine Zeitlang *Sophia de Mello Breyner Andresen*, wohl die bedeutendste portugiesische Schriftstellerin des 20. Jh.

Der Garten gliedert sich in drei Bereiche, nahe der Villa trennen Hecken aus uralten Kamelien die Parkwege. Im mittleren Teil stehen tropische Gewächshäuser mit Orchideen (meist nicht geöffnet). Im unteren Teil, „Xisto" (Schiefer) genannt, liegen hübsche Teiche mit Seerosen, an den Böschungen wachsen Kakteen.

Tägl. 9–19 Uhr. Eintritt 5 €, erm. und Porto Card 2,50 €, Familie 14 €. Rua do Campo Alegre 1191, ℡ 351-220-408700, www.jardimbotanico.up.pt.

Tour 2: siehe S. 33 / Tour 4: siehe S. 44/45

Tour 7: Durch den Westen der Stadt nach Matosinhos

210 m

Jüdisches Gebetshaus, Baujahr 1937

Sinagoga Kadoorie Mekor Haim

Die sephardischen Juden, die in zwei Verfolgungswellen 1492 und 1513 von der Iberischen Halbinsel vertrieben wurden, unterhalten hier ihre weltweit größte Synagoge. Die Gemeinde ist in den letzten Jahren wieder stark gewachsen, denn Portugal gewährt jedem

Juden, der nachweisen kann, dass seine zwischen 1492 und 1821 vertriebenen Vorfahren in Portugal wohnten, die portugiesische Staatsbürgerschaft.

Besonders aus Griechenland und der Türkei, aber auch vom Balkan kommen Zuwanderer, denn seit den Vertreibungen gibt es in Smyrna und Thessaloniki große Gemeinschaften, auch in Hamburg gründete sich damals eine Diaspora. Wegen der wieder häufigeren Anfeindungen lassen sich aktuell auch

Juden aus Frankreich und Holland in Porto nieder. Grotesk mutet heute an, dass in der Nazizeit die deutsche Schule direkt neben der Synagoge stand, getrennt nur durch eine Hecke. Heute ist der Neubau mit fast 700 Schülern ein paar Häuser weit entfernt.

Rua de Guerra Junqueiro 340, 📞 351-911-768 596, www.comunidade-israelita-porto.org.

Besser als Tagesausflug geeignet

Fundação de Serralves

Museu de Arte Contemporânea: Der aus dem Stadtteil Mathosinhos stammende Stararchitekt Álvaro Siza Vieira realisierte für die Serralves-Stiftung 1999 diesen spektakulären Neubau in der Rua de Dom João de Castro, im benachbarten Stadtteil Foz do Douro. Ganz in Weiß und in dem für Vieira typischen minimalistischen Stil schuf er kubische Räume auf verschiedenen Ebenen mit riesigen Fensterflächen, die den Blick nach draußen in den Park in die Ausstellungen der hochkarätigen Künstler integrieren.

Parque de Serralves: Umgeben wird der Kunsttempel von einer großzügigen, im französischen Stil angelegten 18 ha großen Parkanlage, eine erhabene Kulisse für die darin verteilten modernen Skulpturen, wie z. B. *Claes Oldenburgs* überdimensionierte Schaufel. Anlegen ließ den Park in den 1930er-Jahren der Textilfabrikant Carlos Alberto Cabral. Seine Begeisterung für den Stil des Art déco lebte er im Bau seiner Villa aus, die man im Rahmen der Ausstellungen besichtigen kann; Highlights sind dabei die beiden fast ballsaalartigen Badezimmer.

Ein Genuss ist auch ein Rundgang durch den üppigen Park. Das **Teehaus** mit der von Japanischem Blauregen überwucherten Pergola ist inzwischen wieder bewirtschaftet. Weiter unten im Park gibt es ein landwirtschaftliches Gut, auf dem alte portugiesische Rinderrassen und Esel gemeinsam weiden.

Öffnungszeiten/Eintritt: April–Sept. Di–Fr 10–19, Sa/So 10–19 Uhr, Okt.–März Di–Fr 10–18, Sa/So 10–19 Uhr. Eintritt für Museum und Park 12 €, inkl. Villa 20 €; erm. für Stud., unter 18 J. und über 65 J., mit Cartão Jovem und Porto Card 50 % Rabatt. Rua Dom João de Castro 210, 📞 0351-226-156500, www.serralves.pt.

Anfahrt: Mit Bus Nr. 203, 200, 201, 502, ab Haltestelle Rotunda da Boavista nahe Metro Casa da Música.

Im Park der Fundação de Serralves

Herrenhäuser mit Weitblick

Foz do Douro

Das noble Stadtviertel an der Mündung des Douro entstand erst im 19. Jh. in seiner heutigen Form. In den repräsentativen Villen an der Avenida ließen sich gerne englische Kaufleute nieder; reich wurden sie nicht nur mit dem Portweingeschäft, sie handelten auch mit Textilien und importierten Maschinen. Sogar einen bescheidenen Badetourismus gab es damals, und noch heute heißt ein Strandabschnitt **Praia dos Ingleses**, Strand der Engländer. Die Wasserqualität ist wegen der Nähe zur Flussmündung zumindest etwas dubios. Im alten Ortskern bestimmen nette Sommerhäuschen das Bild, doch inzwischen säumen auch moderne siebenstöckige Apartmenthäuser die Küstenstraße, sobald man an die Peripherie kommt.

Ursprünglich war Foz do Douro ein Fischernest mit einer Handvoll Häusern. Der in Portugal hochgeschätzte Journalist und ein wenig heimattümelnde Dichter Raul Brandão (1867–1930) wurde hier geboren, ein stattliches Denkmal im Jardim do Passeio Alegre (s. u.) am Fluss neben der Fortalezza erinnert an ihn. 1923 veröffentlichte er den Roman „Os Pescadores", in dem er bereits die skrupellosen Methoden der Großfischerei kritisierte (auf Deutsch: „Die Fischer", Elfenbein Verlag, Berlin).

Jardim do Passeio Alegre: Der von hohen Palmen gesäumte Park heißt wört-

Bahnfahrt entlang des Rio Douro

lich übersetzt „Garten des glücklichen Spazierens". Hier findet von Frühjahr bis Herbst jeden Sonntag der **Mercado de Alegria** statt, kleine Stände mit Schmuck, Kunsthandwerk und Leckereien stehen dann entlang des Wegs.

Eine kleine Sehenswürdigkeit ist die **öffentliche Bedürfnisanstalt** des Parks. Besonders die mächtigen, fast mannshohen Porzellanpissoirs, die mitten in dem Raum angeordnet sind, wirken heute etwas kurios. Durch eine Glasscheibe abgetrennt, also nur zu besichtigen, ist eine Toilettenausstattung mit Schüssel und Porzellanwaschbecken im Azulejostil. Und es gibt eine eigene Damenabteilung.

Am Meer flanieren

Von Foz do Douro nach Matosinhos

Von der Douro-Mündung nach Norden erstreckt sich bis zum Hafenort Matosinhos eine bis zu 50 m breite **Esplanade** mit großzügigem Fußgänger- und Fahrradbereich. An Sonntagen, wenn

Tour 7:
Matosinhos

210 m

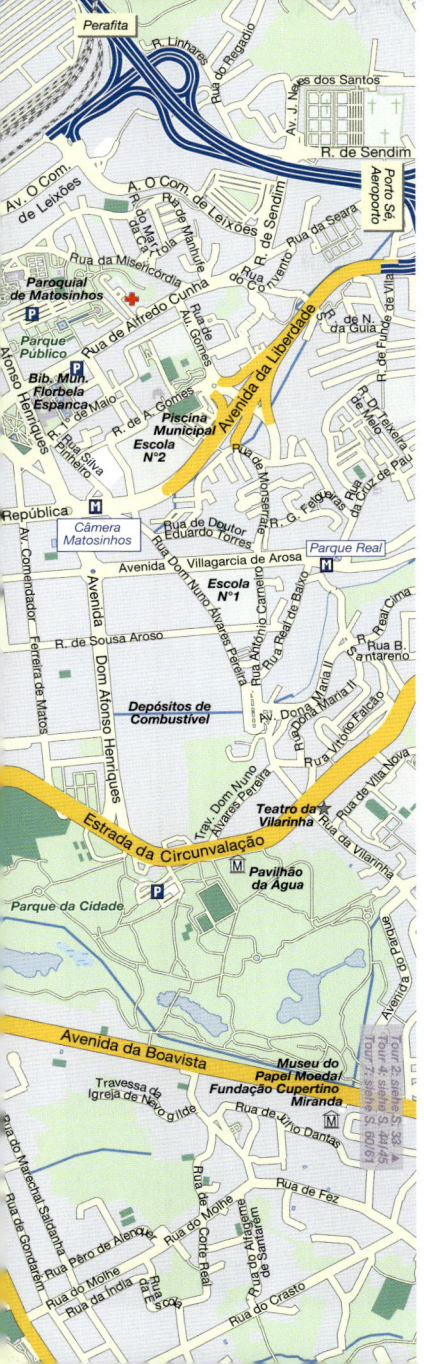

gefühlt halb Porto hier spazieren geht, herrscht fast Volksfeststimmung. An den Sandstränden, die von felsigen Passagen unterbrochen sind, wird gebadet, und bei hoher Brandung können Surfer bei ihren Wellenritten beobachtet werden. In der Saison sind diese Strände bewacht, trotzdem sollten Schwimmer stets auf der Hut sein.

Parque da Cidade do Porto: Der etwa 83 Hektar große Park mit 10 km langen Spazierwegen reicht bei Matoshinhos fast bis ans Meer – weitläufige Rasenlandschaften wechseln ab mit kleinen Wäldchen, Seen und einer vielfältigen Vegetation. Am Nordeingang steht der auffällige, „frei schwebende" Kubus **Pavilhão da água,** der 1998 zur hier stattfindenden Expo 98 erbaut wurde.

Di–So 9.30–12.30 und 13.30–17.30 Uhr. Estrada da Circunvalação 15443, ℰ 351-225-190888, https://pavilhaodaagua.pt.

Meeresfauna hinter Glas
Sea Life

Auch Porto hat sich ein großes Meeresaquarium bauen lassen, am westlichen Ende des Parque da Cidade, neben dem großen Kreisverkehr am Meer. Im großen Becken, um das man herumspazieren kann, tummeln sich Haifische, Seerochen und andere spektakuläre Meeresbewohner. Im oberen Bereich sind unter anderen die Schildkröten beheimatet.

Tägl. 10–18, Sa/So bis 19 Uhr. Eintritt ca. 14 €, Kind bis 12 J ca. 9,50 €. In den Tourist Büros sind verbilligte Tickets erhältlich. Onlineticket 10 % günstiger. Rua Particular 1, ℰ 351-226-190400, www.visitsealife.com.

Fadenscheiniges Luftgebilde
She Changes Anémona

Diese riesige, den Kreisverkehr überspannende „Seeanemone" aus Fischernetz ist spektakulär. Ein 20 Tonnen schwerer Stahlring mit 45 Metern Durchmesser trägt ein Netz aus verschiedenfarbigen Fäden. Wenn der

Durch den Westen der Stadt nach Matoshinos → Karte S. 60/61

Wind bläst, scheint das Kunsttierchen lebendig zu werden und wabert durch die Luft – She Changes, besonders nachts wirkt das „Tier" magisch. Die Amerikanerin *Janet Echelmann* ist Spezialistin für solche Luftgebilde, und für die Fischerstadt Matosinhos ist ihr hier ein eindrückliches Werk gelungen. Dabei waren die Vorgaben bei der Ausschreibung interessant: „Create a sculptural symbol that unified the waterfront redevelopment of two cities at their border 2) Be visible from 1 km in all directions 3) Not block out the view of the Atlantic Ocean 4) Withstand high winds, sun, harsh salt air, and pollution 5) Require minimal maintenance."

So ganz erfüllt werden konnten die Forderungen freilich nicht. 2004 erbaut, machte das Material schon 2008 schlapp und musste ersetzt werden. Diesmal mit einem besseren Faden, der bis dato gehalten hat. Ab und an muss auch die Stadtreinigung gerufen werden, um angewehte Plastiktüten und anderen Unrat aus dem Netz zu entfernen.

Praça da Cidade do Salvador, an der Meeresesplanade beim Eingang nach Matosinhos.

Kunstvoller Kreuzfahrtbahnhof
Terminal de Cruzeiros

Das Kreuzfahrtterminal schiebt sich wie die Zange eines Hummers aus Beton und Glas ins Meer. Und von oben schraubt es sich wie ein Schneckengehäuse in den Himmel. Nicht nur aus der Ferne wird man sich der Funktion des Gebäudes gar nicht recht bewusst, und auch innen wird man immer wieder von neuen Perspektiven überrascht. Für die ankommenden Kreuzfahrer zeigt sich bei der Zollkontrolle die Decke als Fischgrätengerippe aus Neonröhren mit einem chinesischen Lampion als stilisiertem Fischkopf am Ende. Stolze 54 Millionen Euro hat das Kunstwerk gekostet, ausgelegt ist es für eine jährliche Kapazität von 800.000 Passagieren.

Geführte Rundgänge gibt es jeden Sonntag zwischen 9.30 und 12 Uhr (falls gerade ein Schiff abgefertigt wird, fallen sie aus). Eintritt 5 €, erm. für Stud. und Familien. ☏ 351-229-990 700, www.apdl.pt.

Die breite Douro-Mündung neben Foz do Douro

Fisch vom Grill

Matosinhos   28.000 Einw.

Auf den ersten Blick wird das Stadtbild durch die Hafenanlagen des **Port of Leixões,** von Fischfabriken und Kühlhäusern dominiert. Bis zu dem zum Hafenbecken verbreiterten Flüsschen Leça dehnen sie sich aus, das hier ins Meer mündet. Doch der Hafen hat auch eine Sonnenseite: Matosinhos zeigt sich geschäftig, viele kleine Geschäfte beleben das Zentrum, darunter Obst- und Gemüseläden, aber auch Bekleidungsgeschäfte mit etwas aus der Zeit gefallenen Ladeneinrichtungen. Entlang der Rua Heróis de França reiht sich ein Fischrestaurant ans nächste. Der frische Fisch wird dort auf Holzkohlegrills gleich an der Straße gegrillt, dichte Schwaden von Bratfischduft ziehen durch die Luft. Leider schlägt sich der kurze Weg des Fischs vom Kutter zum Grill nicht im Preis nieder. Eine Portion mit Kartoffeln, ein bisschen Entrada und Salat schlagen mit gut 25 € aufs Portemonnaie, nur Sardinen sind noch vergleichsweise günstig.

Information an der Uferstraße Av. General Norton de Matos, Praia do Titan. Mo 13–19, Di–Sa 9.30–19 Uhr. ✆ 351-229-392412.

Polizei: ✆ 351-229-383427, Hospital: ✆ 351-229391000, Taxi: ✆ 351-229-396900, ✆ 351-229-382128.

World's Best Fish – W'sBF: Was für einen originellen Slogan hat sich das Stadtmarketing von Matosinhos ausgedacht – und gleich inklusive einer griffigen Abkürzung! Doch es stimmt ja auch irgendwie: Die Trawler landen täglich tonnenweise Fisch im Hafen an, dieser wird anschließend meist durch Kühllaster über halb Europa verteilt. Ein Teil der Fische, insbesondere Sardinen, werden allerdings vor Ort in einer der beiden großen Konservenfabriken eingedost.

Was allerdings derzeit am Image von Matosinhos kratzt, ist die Initiative

Aufregend, das neue Kreuzfahrtterminal

„Diz Não ao Paredão!" (Nein zum Wellenbrecher). Die Stadt plant nämlich, einen langen Wellenbrecher ins Meer zu setzen, um der ansässigen Raffinerie den Ausbau eines Flüssiggasterminals zu ermöglichen – und dann fehlen den Surfern die Wellen …

Casa da Arquitectura: Die Bauten um den Innenhof der ehemaligen Weinkellerei Real Vinícola sind ein Werk des Stararchitekten *Álvaro Siza,* der aus Matosinhos stammt. Sie umfassen eine Galerie, Tagungsgebäude und ein umfangreiches Archiv. Im Empfangsgebäude kann man in Büchern zum Thema Architektur stöbern.

Tägl. 10–19, Sa/So bis 20 Uhr. Eintritt 5 €, Av. Menéres 456, ✆ 351-222-404663, www.casada arquitectura.pt.

Manifesto: An der Ecke der Markthalle von Matosinhos sind im Untergeschoss regelmäßig Fotoausstellungen zu sehen, die thematisch nicht nur mit Porto zusammenhängen. Man kann Platz nehmen und in einer der über 100 englischsprachigen Zeitschriften blättern, die sich fast ausschließlich mit Reisethemen befassen, wird doch die Galerie von dem Portuenser Reiseveranstalter

„nomade" unterhalten. Zum Trinken gibt es Filterkaffee, soll ja der neueste Trend sein.

Di–Sa 10–13 und 14–19 Uhr, So/Mo zu. Rua França Junior 1, ℘ 351-223-242142, www. omanifesto.pt.

Strände, endlos

Umgebung von Matosinhos

Leça da Palmeira: Den nördlichen Küstenabschnitt mit dem Ortsteil Leça erreicht man über die Ponte móvel de Leça, eine moderne Hebebrücke über den Leça-Fluss. Hier beginnen wieder breite Sandstrände mit moderner Apartmentbebauung. Nicht weit im Hinterland sieht man die mächtigen Anlagen der Erdölraffinerie von Petrogal, neben Sines im Süden des Landes der einzige Betrieb in Portugal, der Erdöl verarbeitet.

Casa de Chá da Boa Nova (❶ → Karte S. 64/65): Das 1958 von *Álvaro Siza Vieira* geschaffene Teehaus – etwa 2,5 km von Leça da Palmeira – ist die erste eigenständige Arbeit des portugiesischen Meisterarchitekten. Das niedrige Gebäude schmiegt sich dezent in die felsige Küstenszenerie. Auf eine spontane Tasse Tee in feinem Ambiente dürfen Sie sich aber leider nicht freu-

en: Nach dem Klingeln an der Tür werden nur Gäste eingelassen, die sich für ein Komplettmenü (ca. 90–120 €) bei dem hervorragenden Restaurant angemeldet haben, das sich mit einem Michelinstern schmückt.

Di–Sa 12.30–15/19.30–23 Uhr, So/Mo geschl. Av. Da Liberdade, ℘ 351-229-940066; nach Anmeldung gibt es auch um 10 Uhr englischsprachige Führungen (mind. 10 Pers.). ℘ 0351-222-404663, www.casadechaboanova.pt.

Piscinas de Marés: Das Meerwasserschwimmbecken etwa auf halbem Weg von Leça da Palmeira zum Boa-Nova-Teehaus ist ebenfalls ein Werk von Álvaro Siza. Mit seinen niedrigen Betonmauern fügt es sich dezent in die Umgebung aus Granitfelsen und Sand ein.

Eintritt ab 12 J. unter der Woche 6 €, Sa/So 8 €. Reduzierte Preise für halbtägige Besuche.

Farol da Boa Nova: Mit 57 Metern ist er nach dem in Barra/Aveiro der zweithöchste Leuchtturm Portugals. Im Nebengebäude ist ein kleines Museum untergebracht, um 16 Uhr und an Sonntagen kann der Leuchtturm besichtigt werden, 200 Treppenstufen führen hinauf in die Spitze.

Nur Mi/Do geöffnet: Mi 14–16 Uhr, Do rund um die Uhr. ℘ 351-229-951835, www.amn.pt.

Porto im Kasten

Tödlicher Schiffbruch

Das eindrucksvolle Mahnmal „Tragédia do Mar" neben dem Touristenbüro, das eine Gruppe weinender, verzweifelter Frauen zeigt, erinnert an den 1. Dezember 1947: Die Sardinenfänger von Matosinhos hatten bereits tagelang keinen nennenswerten Fang mehr nach Hause gebracht, als das Gerücht von traumhaften Fischschwärmen in der Nähe die Runde machte. 60 Seemeilen südlich, so hieß es, sammelten sich riesige Sardinenschwärme zu Knäueln. Bald machten sich 108 „Traineiras", so hießen die damals noch dampfgetriebenen Boote, zur Jagd auf. Obwohl ein herannahender Sturm vorausgesagt war, waren mehr als 4300 Mann Besatzung an Bord. Es kam, wie es zu befürchten war: Etliche der Boote zerschellten an den Klippen, als sie versuchten, einen rettenden Hafen zu erreichen. 152 Fischer bezahlten den riskanten Fischzug mit ihrem Leben. Seit dieser Katastrophe gibt es in Portugal die Redewendung „Natal tinha que comer" („Weihnachten brauchte etwas zu essen", eine Anspielung auf die verbreitete Völlerei an den Weihnachtstagen).

Praktische Infos

→ Karten S. 60/61 und 64/65

Essen & Trinken
um die Casa da Música

Favo de Mel 6 → Karte S 60/61, am großen Kreisverkehr der Casa de Música. Ein typisches Restaurant, wie es sie in Portugal seit einem halben Jahrhundert gibt. Täglich wechselnde Karte, günstige Mittagsmenüs. Auch regelmäßig „Feijoada" nach brasilianischer Art mit schwarzen Bohnen. Praça de Mouzinho de Albuquerque 86, ☎ 351-226-093215.

Casa da Música 4 → Karte S 60/61, elegant-trendiges Restaurant im 7. Stock des Konzerthauses. Das Mittagsmenü für 14 € ist zu empfehlen (abends 20 €). Als Hauptgericht stehen Fisch, Fleisch und Vegetarisches zur Wahl. Ausblick auf die Stadt hat man leider nur von einer Terrasse, und dort stehen keine Tische. Wer es günstiger möchte: In der Cafeteria im Erdgeschoss gibt es einfache Menüs für 7 € (Selbstbedienung). Tägl. 9–24 Uhr, So Ruhetag, im Aug. geschl. ☎ 351-220-107160.

🍃 **Em Carne viva** 5 → Karte S 60/61, gutes Veggie-Restaurant mit provozierendem Namen: „Fleisch lassen wir leben". Kleine Räumlichkeiten mit Garten in einer Reihenhausvilla aus den 1920ern. Beliebt ist die Lasagne mit Sahne, Käse und Curry zwischen den Schichten, gar-niert mit einem appetitlichen Salat. Mittagsmenü ca. 9,50 €. So Ruhetag. Av. da Boavista 868, ☎ 351-932-352722, www.emcarneviva.pt.

Toca D'Avenida 3 → Karte S 60/61, kleines Lokal, unweit vom Kreisel, das besonders zur Mittagszeit überfüllt ist, ab 14 Uhr wird es ruhiger. Bis zum Abend gibt es dann nur Kleinigkeiten, doch ausgezeichnet schmeckt z. B. der Tintenfischsalat. Geöffnet bis 19 Uhr, So zu. Avenida da França 88, ☎ 351-224-084902.

mein Tipp **Essência** 1 → Karte S 60/61, eigentlich ein Veggi-Restaurant, doch auch Fleischliches ist nicht tabu und wird hervorragend zubereitet. Das „Bife de Seitan" in Mandel-Madeira-Wein-Soße (11,50 €) war perfekt. Preiswerte Mittagsmenüs. Moderne Einrichtung, auch ein Patio zum Draußensitzen. Das Lokal liegt in einer gepflegten Wohngegend am Rande der Innenstadt in einer früheren Hemdenfabrik – der Fabrikant wohnte im 1. Stock, in dem heute noch ein extra Speisesaal eingerichtet ist. So Ruhetag. Rua de Pedro Hispano 1190,   ☎ 351-228-301813,   www.essencia restaurantevegetariano.com.

mein Tipp **Clube Universitário do Porto** 10 → Karte S 60/61, in großbürgerlichem Ambiente bekommt man frisch zubereitete leckere

Auf dem Dachrestaurant der Casa da Música

Durch den Westen der Stadt nach Matosinhos ↓ Karte S. 60/61

Menüs zu normalen Preisen (kompl. Menü 12–14 €). Sehenswert ist der großzügige Garten der riesigen Villa mit uralten Bäumen. Nur Mittagessen von Mo bis Fr. In der Nähe des Botanischen Gartens. Rua da Campo Alegre 877, ☎ 351-226-059639, www.silvacarvalhocatering.com.

Essen & Trinken in Foz do Douro

Café Tavi 11 → Karte S 60/61, oberhalb der Uferstraße in einem modernen Anbau mit großem Fenster zum Meer. Gutes Gebäck, günstiger Mittagstisch. Brunch leider nur für Gruppen ab 12 Pers. nach Vorbestellung (17,50 €/Pers.). Auf der anderen Straßenseite findet sich die zeitgemäße Variante des Traditionscafés Tavi, hier ist Selbstbedienung und man sitzt auf einfachem, hellem Naturholzmobiliar. Rua da Senhora da Luz 363, ☎ 351-226-180152.

Capoeira 13 → Karte S 60/61, in dem Restaurant in einem unscheinbaren Fischerhäuschen werden seit Generationen typisch portugiesische Gerichte aufgetischt. Auffallend gut sind die Oliven mit leichtem Zitronengeschmack. Reservierung ist obligatorisch! So Ruhetag. Esplanada do Castelo 63, ☎ 351-226-181589.

Essen & Trinken zwischen Foz do Douro und Matosinhos

Strandbar Homem do Leme 8 → Karte S 64/65, in Boavista, ungefähr auf halber Strecke zwischen Foz do Douro und Matosinhos am Meer. Die „Steuermannbar" ist wohl die letzte ihrer unverschnörkelten Art. Entsprechend zivil sind noch die Preise, so kostet das Glas Wein 2 €. Auch (bezahlbarer) Mittagstisch. Avenida de Montevideu 88, ☎ 351-226-182963.

Einkaufen bei der Casa Música

Mercado do Bom Sucesso 7 → Karte S 60/61, Markthalle gleich neben dem großen Kreisverkehr Rotunda de Boavista ist in einem interessanten, lichtdurchfluteten Bauwerk aus dem Jahr 1951 zuhause. Nur ein kleiner Teil des täglichen Gemüsemarkts blieb erhalten, der größere Teil wurde ein „Food Court" mit teils ausgefallenen Angeboten, z. B. ein Stand mit Risotto, ein anderer mit Austern und Krebsen. Pizza, Tapas, Sushi etc. gibt es sowieso. Es geht angenehm beschaulich zu. Tägl. 10–23 Uhr. Praça Bom Sucesso 74-90.

Essen & Trinken in Matosinhos

26 Restaurants reihen sich am Fischereihafengelände Doca Pesca entlang der Rua Heróes de Franca dicht an dicht – und alle bieten die gleichen, über Holzkohle gegrillten Fische an. Der Preis der nach Gewicht verkauften Tiere beträgt im Fall des Robalo (Wolfsbarsch) um die 35 € fürs Kilo, in einigen Quergassen oder in zweiter Reihe ist es etwas billiger. Es empfiehlt sich, einen großen Fisch zu teilen, denn die portionsgerechten Kleinen kommen oft aus Aquakulturen und werden mit Futter aufgezogen,

Viel Licht und ein interessantes Farbenspiel im Mercado do Bom Sucesso

Porto im Kasten

Magerer Fang

Matosinhos ist neben dem Hafen von Peniche weiter südlich der wichtigste Fischereihafen des Landes. Von den alljährlich insgesamt rund 9000 Tonnen Sardinen in Gesamtportugal wird hier ein Drittel angelandet. Im Vergleich zu den neunziger Jahren, als allein in Matosinhos jedes Jahr bis zu 40.000 Tonnen Sardinen ankamen, ist das eine überschaubare Menge. Es gibt zwar keine reglementierten Fangquoten für diesen Fisch, aber aus wirtschaftlichen Gründen – früher gab es im Sommer für das Kilo Sardinen nur 50 Cent – hat man sich auf ein „Gentleman's Agreement" geeinigt. Etwa 30 Sardinenkutter sind in Matosinhos registriert, jedes der Boote hat bis zu 23 Mann Besatzung, und üblicherweise ist der Kapitän Eigner des Schiffes. Der erzielte Verkaufspreis eines Fischzugs wird nach alten Regeln zwischen Bootsbesitzer (40 %) und Besatzung (60 %) aufgeteilt. Normalerweise kann nur sechs Monate im Jahr gearbeitet werden, ein Fischer erhält dafür durchschnittlich 13.000 €. Den Rest des Jahres arbeitet er z. B. auf dem Bau oder streicht ein mageres Arbeitslosengeld ein.

Neben der Sardinenfangflotte sind in Matosinhos etwa 100 weitere Kutter registriert. Diese haben sich auf Tintenfische oder Schwertfisch spezialisiert und bleiben bis zu einem Monat auf hoher See.

Nur 10 % der Fische werden eingedost, und von den früher zahllosen Konservenfabriken haben ganze vier bis heute überlebt. Die größte und älteste „Conservas Ramirez" produziert pro Jahr 45 Millionen Konserven, erst 2015 bezog die Fabrik in der Nähe vom Flughafen neue Gebäude.

denen als kritisch eingestufte Wirkstoffe beigemischt wurden.

Teresa 5 → Karte S 64/65, praktisch das erste Restaurant am südlichen Ende der „Grillallee", alles frisch vom Grill, bemerkenswert ist hier die kleine Portion roher Bacalhau mit Olivenöl und Zwiebel vermischt als Dreingabe. Tägl. 12–15/19.30–22.30, So nur bis 15.30 Uhr, Mo Ruhetag. Rua Heróis de França 107, ☎ 351-222-423294, www.restauranteteresa.pt.

Palato 7 → Karte S 64/65, netten Service bietet der aufgeschlossene Wirt Nuno, auch bei unentschlossenen Gästen zeigt er Geduld und beherrscht gutes Englisch. Einfache Straßenbetischung, im Gegensatz zur eleganten Einrichtung im Lokal. Tägl. 11–23 Uhr. Matosinhos, Rua Heróis de França 487.

Marisqeira dos Pobres 3 → Karte S 64/65, „Meeresgetier für Arme" sagt der Name und tatsächlich kommt man hier in einer der weiter hinten gelegenen Parallelstraßen ein wenig preiswerter weg. Tägl. 11–23 Uhr, Mo Ruhetag. Av. Serpa Pinto 33, ☎ 351-229-380266.

Casa Chaves 4 → Karte S 64/65, eine kleine, unscheinbare Pinte mit ausgezeichneten „Arroz

de marisco" (2 Pers. ca. 24 €). Frisch gegrillte Sardinen gibt es natürlich auch. Tägl. 8–24 Uhr. Rua São Sebastião 26, ☎ 351-229-381570.

Einkaufen in Matosinhos

Wie aus dem Bilderbuch wirkt die **Markthalle 2** → Karte S 64/65, im Ort mit wenigen Obst- und Gemüseständen und einigen kleinen Restaurants.

Der **Bio-Supermarkt go natural 12** (→ Karte S. 60/61) unten an der Hauptstraße bietet ein gepflegtes Sortiment. Rua Senhora da Luz 238.

O Mar na Lata („Das Meer in der Dose") **6** → Karte S 64/65, in dem Laden im Fischerhafen Doca Pesca gibt es Konserven der lokalen Hersteller, die oft auch in guten Supermärkten nicht zu finden sind. In jedem Fall finden sich hier originelle Mitbringsel, nicht nur die klassische Sardine in Öl, sondern z. B. auch Paste aus Bacalhau. Man erreicht den Laden, wenn man etwa auf der Höhe des Restaurants Dom Peixe durch den Fußgängerzugang in Richtung Fischerhafen geht. Rua Heróis de França 241.

Auf der anderen Flussseite

Tour 8

An der südlichen Flussseite von Porto liegt dieser Ort, der fast gänzlich aus den Lagerschuppen von Portweinkellereien zu bestehen scheint, die sich den ganzen Hang hinaufstaffeln. In großem Stil gebaut wurden sie ab Anfang des 18. Jh., als der Vinho do Porto zum Export- schlager wurde. Pioniere des überseeischen Portweinhandels waren die Engländer, mit die längste Tradition hat „Taylor's Port Wine Company" von 1692.

Die Stadt geht auf zwei Siedlungs- kerne zurück: Vila de Gaia und Vila Nova de Rei, beide im 13. Jh. erst- mals urkundlich erwähnt. Zu Vila Nova de Gaia vereinigt wurden sie erst 1834, die Verleihung des Stadtrechts erfolgte 1841.

Portweinhersteller dicht an dicht

Vila Nova de Gaia

An der breiten, verkehrsberuhigten Uferpromenade herrscht inzwischen fast das ganze Jahr ein immenser Besucherauftrieb, ein Restaurant neben dem anderen buhlt um Kunden, und in der alten Markthalle ist inzwischen ein lärmender „Foodcourt" eingerichtet, in dem allerdings eine gute Auswahl der verschiedensten Spezialitäten feilge- boten wird – für den Nachtisch gibt's sogar einen Stand mit Torten …

14 der insgesamt 34 Portweinhersteller empfangen Besucher. Manche veran- stalten Führungen durch die Lager- hallen oder drücken den Gästen Audio- guides in die Hand, mit denen man durch die wohlriechenden Hallen ge- schickt wird. Wegen der langen Lage- rung in Holzfässern verdunstet ein nicht unerheblicher Teil des edlen Saftes, den man mit typisch englischem Humor „Angel's Share" (Engelsanteil) nennt. Der Besuch kostet meist 6 € (bei Gra- ham's und Taylor's 12 €) und beinhaltet eine anschließende Verkostung. Kos- tenlos kann man an der Flusspromenade z. B. **Porto Cruz** besuchen, hier werden in den Obergeschossen erklärende Aus- stellungsstücke und Kurzfilme gezeigt. **Croft**, eine seit 500 Jahren existierende Marke, bietet auch Picknickausflüge in die eigenen Anbaugebiete an.

Weinkäufer können sich die Flaschen nach Hause schicken lassen; Mindestmenge ist meist 3 Flaschen, Versand in Europa ca. 25 €.

Single Quinta Vintage Port (SQVP): Be- sonders am Oberlauf des Douro haben sich seit Mitte der 1990er-Jahre die sogenannten Single Port-Hersteller etabliert. Dies sind kleinere Winzer, die direkt vor Ort aus den Trauben ihrer Quinta (Gutshof) einen eigenen Port- wein herstellen, anstatt die Trauben an die großen Hersteller zu verkaufen.

Portwein-Betriebe

Taylor's (5 → Karte S. 75): Einer der traditionsreichsten Portweinhersteller, der schon im 17. Jh. mit der Weinherstellung begann. Im 18. Jh. erwarb er als Erster Land, um eigene Rebstöcke zu ziehen – heute sind es gut 600.000. Großzügige Gartenanlage mit tollem Blick auf Porto und mit eigenem Restaurant (Mittagsmenü ab 22 €, abends à la carte). Individueller Rundgang mit Audioguide, unterwegs zeigen Kurzfilme den Anbau der Reben und die Weiterverarbeitung.

Tägl. 10–19 30 Uhr, letzter Einlass 18 Uhr. Rua do Choupelo 250, ☏ 351-223-772956, www.taylor.pt.

Niepoort: Ein Hersteller mit holländischen Wurzeln, inzwischen in fünfter Generation. Dirk Niepoort, der jetzige Chef, ist ein Anhänger traditioneller Rebsorten und hat damit in den letzten Jahren auch Neues ausprobiert. So wurden Weingüter außerhalb der klassischen Douro-Anbaugebiete erworben, um rote und weiße Tafelweine herzustellen. Die ursprünglichen, alten Pflanzungen werden hier gehegt und gepflegt, insgesamt sind es 300 ver-

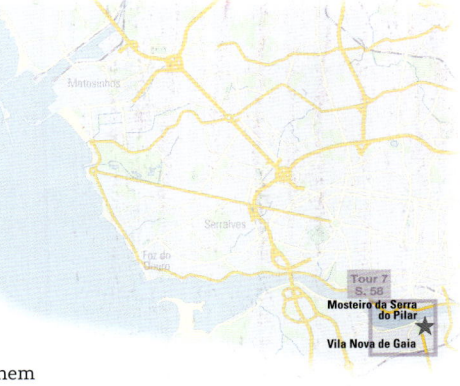

schiedene Rebsorten.

Damit gerade beim Portwein, der aus verschiedenen Lagen verschnitten wird, der spezielle Stil des Herstellers erkennbar bleibt, trägt der sog. Verschneider eine große Verantwortung; bei Niepoort kommt er seit fünf Generationen aus derselben Familie.

Bei Kennern besonders geschätzt ist der Rotwein „Niepoort Charme", die Flasche aus dem Spitzenjahrgang 2011 kostet rund 50 €. Erfolgreich werden auch die „Fabelhaft"-Weine (Rot, Weiß, Rosé) vermarktet. Das Motiv mit dem betrunkenen Raaben von Wilhelm Busch auf dem Etikett ist daran bestimmt nicht unbeteiligt.

Leider keine Führungen und Verkostungen. Rua Cândido dos Reis 670, ☏ 351-223-777770, www.niepoort-vinhos.com.

Porto im Kasten
Portwein: Die Süße der Beeren

Das trockene Klima des Douro-Tals lässt nur relativ kleine Trauben heranwachsen, die dafür ein umso reicheres Aroma enthalten. Die Trauben werden nach der Ernte in Bottichen zwei Stunden lang gestampft, bis die Beerenhüllen allesamt aufgeplatzt sind. Kleinere Traditionshersteller lassen die Trauben heute noch mit den nackten Füßen der Helfern quetschen – so bleiben die Traubenkerne unbeschädigt und ihr bitterer Geschmack gelangt nicht in die Maische.

Die Traubenmaische fängt sofort das Gären an, was nach zwei bis drei Tagen durch Zugabe von hochprozentigem Alkohol gestoppt wird, sodass ein hoher Restzuckergehalt erhalten bleibt – auf vier Teile Traubenmost kommt ein Teil Alkohol. Den Winter über wird der so gewonnene Port in Holzfässern eingelagert und verliert durch die Verdunstung durch das Holz auch etwas Alkohol, der sog. „Engelsanteil".

Seilbahn vom Kai hinauf zur Brücke D. Luís I – eigentlich für die Einheimischen gebaut

Porto Augusto's (4 → Karte S. 75): Der kleine, unabhängige Familienbetrieb liegt etwas versteckt in einer Nebengasse und arbeitet nun in dritter Generation. Erst in den 1970ern begann man mit der Produktion von Portwein, heute werden ca. 35.000 Flaschen pro Jahr abgefüllt. Empfehlenswert ist der 20 Jahre alte weiße Port (Probe 7 €).

Tägl. 11–18 Uhr, englischsprachige Führungen, manchmal auch auf Deutsch. Rua de França 10, ℘ 351-223-190614, http://portoaugustos.pt.

Portugals einzige Rundkirche
Mosteiro da Serra do Pilar

Das Ensemble des ehemaligen Klosters von 1672 oben am Hügel und die „Eiffel"-Brücke Dom Luís I gleich darunter gehören zum UNESCO-Weltkulturerbe. Der auffällige Kirchenbau ist die einzige Rundkirche des Landes, seit ihrer Säkularisierung wird das Gelände als Trainingscamp der Armee genutzt. Jeder Portugiese erhält zum 18. Geburtstag die Aufforderung, sich zu einer eintägigen Pflichtübung einzufinden – hier auf dem Gelände. Ansonsten besteht in Portugal keine Wehrpflicht.

Tägl. 10–17.30 Uhr, Mo geschlossen. ℘ 351-220-142425, www.culturanorte.gov.pt.

Sunset mit Musik
Jardim do Morro

Die großzügige Grünfläche oberhalb der Portweinkellereien ist ein beliebter Treffpunkt, um spektakuläre Sonnenuntergänge zu erleben. Hier finden besonders in der Saison immer wieder kostenlose Musikkonzerte statt.

Praktische Infos

Information

Turismo in einem (nicht beschrifteten) Glaskasten am Quai, Juni–Sept. 10–20 Uhr, Okt.– Mai 10–18 Uhr. Av. Diogo Leite 135, ℘ 351-223-758288.

Seilbahn (Teleférico de Gaia), von der Uferpromenade, dem Cais de Gaia, führt eine Seil-

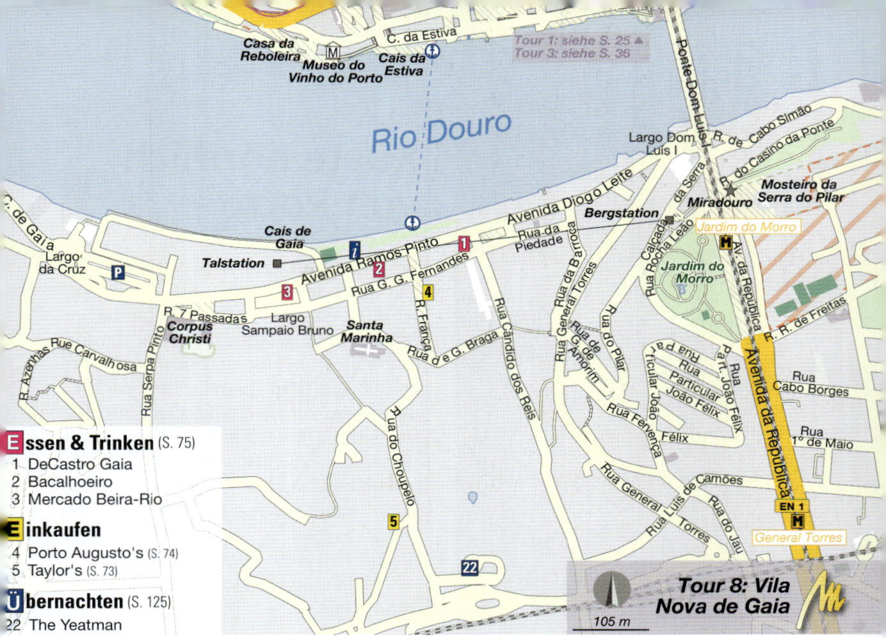
Casa da Reboleira
Museo do Vinho do Porto
C. da Estiva
Cais da Estiva
Tour 1: siehe S. 25
Tour 3: siehe S. 36
Ponte Dom Luís I
Rio Douro
Largo Dom Luís I
R. de Cabo Simão
R. do Casino da Ponte
Mosteiro da Serra do Pilar
Miradouro
Bergstation
Jardim do Morro
Avenida Diogo Leite
Cais de Gaia
Talstation
Avenida Ramos Pinto
Rua da Piedade
Rua G. G. Fernandes
Largo da Cruz
R. 7 Passadas
Corpus Christi
Largo Sampaio Bruno
Santa Marinha
Rue Carvalhosa
R. Azenhas
Rua Serpa Pinto
R. França
Rua de G. Braga
Rua Cândido dos Reis
Rua da Barroca
Rua General Torres
Rua de G. de Amorim
Rua do Pilar
Calçada da Serra
Rua Rocha Leão
Av. da República
Avenida da República
R. R. de Freitas
Rua Particular João Félix
Rua Cabo Borges
Rua 1º de Maio
Rua Fervença
Rua Luís de Camões
Rua General Torres
Rua do Jau
Rua do Choupelo
EN 1
General Torres
Essen & Trinken (S. 75)
1 DeCastro Gaia
2 Bacalhoeiro
3 Mercado Beira-Rio
Einkaufen
4 Porto Augusto's (S. 74)
5 Taylor's (S. 73)
Übernachten (S. 125)
22 The Yeatman
105 m
Tour 8: Vila Nova de Gaia

bahngondel den Hang hinauf fast bis zur oberen Ebene der Ponte Luis I (Jardim do Morro). Fahrpreis einfach 5 €, Betrieb 10–20 Uhr.

Essen & Trinken

Am Fluss reihen sich etliche Restaurants, auch Schnellrestaurants. Um den lärmenden Foodcourt **Mercado Beira Rio** **3** in der Gaia-Markthalle an der Avenida de Ramoa Pinto (bei der „Talstation des Seilbahn) gibt es einige einfache Lokale mit preiswertem Angebot. Gehobene Küche wird bei Taylor's serviert, Rua do Choupelo 250 (→ Portwein-Betriebe).

Bacalhoeiro **2**, hier haben Sie Möglichkeit, verschiedenste Kreationen des portugiesischen Nationalgerichts zu probieren – von traditionell bis modern, von geschmort bis gegrillt und als Carpaccio, alles in super Qualität. „Bacalhoeiros“, so heißen die Fischer, die monatelang im Nordmeer auf Kabeljaufang gehen. Das Restaurant ist bei Spaniern, Portugiesen und Italienern beliebt, die schon von klein auf ihren Bacalhau vorgesetzt bekamen. Vegetarier müssen sich leider mit ein paar Salaten begnügen, für Fleischliebhaber steht dagegen einiges zur Auswahl. Besser draußen sitzen, drinnen kann es ziemlich laut hergehen. Tägl. 12–23 Uhr. Av. Diogo Leite 74, ✆ 351-223-759408.

DeCastro Gaia **1**, im sogenannten „Espaço Gran Cruz-Haus“ kann man die Kreationen von Miguel etwas günstiger genießen, dort kostet ein Hauptgericht um die 18 €. Av. de Diogo Leite 162, 3. OG, ✆ 351-910-553559, www.grancruzhouse.pt.

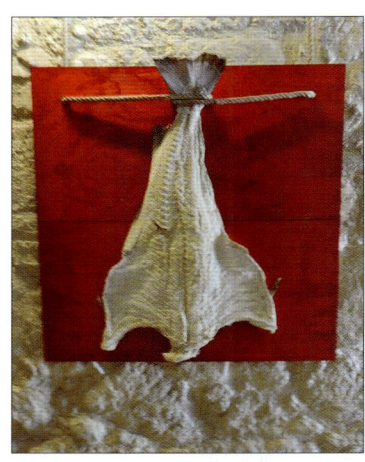

Bacalhau als Deko

Architektur und Meereskunde
Strandausflüge

Porto liegt zwar nicht direkt am Meer, die nächsten Atlantikstrände sind aber nicht weit entfernt und problemlos mit öffentlichen Verkehrsmitteln zu erreichen. Möglichkeiten zu baden bietet sich schon in **Foz do Douro**, das noch zum Gemeindegebiet Portos zählt und von der Innenstadt nur etwa 6 km entfernt ist. Dort gibt es ein paar kleinere, zwischen schroffen Felsnasen gelegene Strände wie die **Praia do Carneiro** oder die **Praia dos Ingleses**.

Die **Wassertemperaturen** im Atlantik sind gewöhnungsbedürftig: Sie erreichen selbst im Hochsommer in der Regel nicht mehr als **19 oder 20 Grad Celsius**, ein Bad im Meer ist also eine äußerst erfrischende Angelegenheit – beachtlicher **Wellengang** inklusive.

Stadtbadestrand
Küste nördlich von Porto

Bei den Portuensern sehr beliebt ist die **Praia de Matosinhos**, die ca. 10 km nördlich von Porto beim gleichnamigen Städtchen liegt (→ S. 67). Der Strand von Matosinhos ist ein typischer Stadtstrand mit Küstenstraße im Rücken, dabei aber sehr weitläufig und sauber, was ihm das begehrte Gütesiegel *Bandeira Azul* eingebracht hat. Und wer schon einmal in Matosinhos ist, kann sich nach einem ausgiebigen (Sonnen-)Bad in eines der hiesigen Fischrestaurants setzen, die allesamt für ihre hervorragende Qualität bekannt sind.

Will man für einen Tagesbadeausflug den unmittelbaren Einzugsbereich Portos verlassen, kann man sich weiter nach Norden Richtung **Vila do Conde** und **Póvoa de Varzim** orientieren. Die beiden nah beieinanderliegenden Städtchen verfügen jeweils über einen kilometerlangen Sandstrand mit badetouristischer Infrastruktur; außerdem bieten sie ein Stück abseits vom Meer noch recht ansehnliche historische Zentren.

Die Busse der Linie 500 starten direkt am zentralen Portuenser Bahnhof São Bento und benötigen für die Strecke nach **Matosinhos** etwa 20 Minuten. Auf dem Weg dorthin halten die Busse auch in **Foz do Douro**, wer an den dortigen Stränden baden will, steigt also einfach früher aus. Alternative zum Bus nach Matosinhos ist die blaue Metrolinie A, mit der man bis zur Station „Matosinhos Sul" fährt; von dort sind es dann ca. 5 Min. Fußweg bis zum Strand.

Vila da Conde und **Póvoa de Varzim** sind mit der roten Linie B an das Metro-System von Porto angeschlossen. Die Fahrt von Porto/Trinidade nach Vila da Conde dauert knapp eine Stunde, in Póvoa de Varzim (Endstation) ist man ein paar Minuten später.

Ausflüge mit der Metro
Vila do Conde

Die hübsche Kleinstadt liegt an der Mündung des Rio Ave in den Atlantik. Strandpromenade und historischer Kern sind knapp einen Kilometer voneinander entfernt, der Sporthafen wird von einer originellen, weiß gekalkten Kapelle mit einer auffälligen Kuppel überragt (17. Jh.). Die Straße zur Flussmündung ist rechts von Feldern mit senkrecht im Boden versenkten Granitsteinen gesäumt. Auf daran befestigten Drähten wurde früher der eingesalzene Kabeljau zum Trocknen aufgehängt. Nach Norden gibt es endlose Sandstrände, und nach Süden, auf der anderen Seite des Rio Ave, führen am Strand entlang Plankenwege und Strandpromenaden bis nach Matosinhos (ca. 18 km).

Auf einem Hügel direkt neben dem Zentrum thront der 1318 gegründete **Convento de Santa Clara (nicht zu besichtigen)**. Oberhalb des Klosters ist ein Anfang des 18. Jh. fertiggestellter, mächtiger Aquädukt zu sehen, der die Ordensgemeinschaft mit Wasser versorgte. Die insgesamt 999 gemauerten Bögen der 7 km langen Wasserleitung sind fast noch alle erhalten.

Essen & Trinken An der Flusspromenade Cais das Lavandeiras qualmen vor einem halben Dutzend Restaurants die Holzkohlefeuer. Guten, frischen Fisch bekommt man dort immer auf den Teller.

Fischer- und Badeort
Póvoa de Varzim

Der nur ein paar Kilometer nördlich von Vila do Conde gelegene Badeort lädt mit seiner langen Strandpromenade zum Flanieren ein. Zentrum ist der Kreisverkehr am Hafen mit dem Spielkasino im neoklassischen Stil der 1930er-Jahre. Ruhiger geht es in der hübschen Altstadt dahinter zu, die durch die Rua da Junqueira, eine lange Fußgängerzone, erschlossen wird.

Póvoa de Varzim war in früheren Zeiten das Fischereizentrum, noch bevor Matosinhos in den Mittelpunkt der Fischerei und Konservenherstellung rückte. An der Fischermole ist aber auch noch heute eine beträchtliche Anzahl stattlicher Kutter anzutreffen.

Essen & Trinken **O Firmino,** viele Stammgäste, die wegen der guten regionalen Küche kommen. Tagesgericht ab 7 €, sonstige Hauptgerichte ab ca. 12 €. Rua Dr. Caetano Oliveira 100, ☎ 252-684695. Auch empfehlenswert das Rest. **Estrela do Mar** neben dem O Firmino.

Per Bahn oder mit dem Fahrrad
Küste südlich von Porto

Der Küstenabschnitt südlich von Porto präsentiert sich im Grunde als einziger großer Sandstrand, erste Badegelegenheit eröffnet die Praia de Lavadores, die man sogar noch ohne viel Aufwand mit dem Fahrrad (inklusive Fährpassage über den Douro) erreichen kann (→ S. 134). Prominentere Adressen für einen Badeausflug südlich von Porto sind sicher die **Praia de Miramar** und vor allem die **Praia de Espinho** beim gleichnamigen Städtchen, dessen Karriere als beliebter Badeort der Portuenser bereits ab der zweiten Hälfte des 19. Jh. begann. Im Sommer ist der zentrale Teil des Strandes meist ein wenig überlaufen, doch dank der großen Ausdehnung der Praia de Espinho findet man immer problemlos seinen Platz.

Mirmar und **Espinho** erreicht man von den Bahnhöfen Porto/Campanhã und Porto / São Bento mit Regionalzügen Richtung Aveiro (Linha de Aveiro). Die Fahrt bis Mirmar dauert ca. 25. Min., bis Espinho ca. 40 Min.

Meeresbiologie aus erster Hand
Miramar

Vom Bahnhof ist es nur eine kurze Strecke zum breiten Sandstrand. Dort erkennt man rechts die **Capela do**

Strandausflüge → Karte S. 79

Senhor da Pedra, die fotogen auf einem Felsen ins Meer gebaut wurde. Dem Ort werden Wunderkräfte zugesprochen, hufenförmige Abdrücke im Felsen vom Teufel persönlich hat man ausmachen können – nächtens soll der Leibhaftige um die Capela herumtänzeln. Wer mag, kann von Miramar aus weiter nach Süden wandern, entlang des Strandes führt fast durchgehend ein Plankenweg. Der Weg führt an einem Golfplatz und „diskreter" Villenbebauung entlang, nach etwa einer Stunde ist der kleine Ort **Praia da Aguda** erreicht. Dort lohnt eine interessante Meeresforschungsstation den Besuch, die Estação Litoral da Aguda (s. u.).

Einige hundert Meter weiter südlich liegt ebenfalls direkt am Strand die **Piscina Granja,** eine Basdeanlage mit Freibad und Hallenbad, die mit aufgewärmtem Meereswasser befüllt ist. Von hier sind es nur 300 m bis zur Bahnstation **Granja,** von wo man nach Porto zurückfahren kann.

Estação Litoral da Aguda: Der Kieler Meeresbiologe Prof. Dr. Mike Weber begann Anfang der 1980er-Jahre, die lokale Meeresfauna zu erforschen, später erhielt er vom portugiesischen Staat die Möglichkeit, ein Institut für Forschung und Lehre zu gründen. Liebevoll gepflegt werden hier ein eigenes Meeresaquarium sowie ein Fischereimuseum. In den verschiedenen kleinen Becken tummeln sich etwa 1000 Meerestiere, von der Krabbe bis zur Felsmoräne. Erstaunlich: Fast alle Tiere werden mit aufgetauten Miesmuscheln gefüttert – Kosten pro Tag ca. 10 €!

Das pädagogische Programm umfasst Kurse für Kinder, Schüler und Erwachsene, aber auch für Studenten und Wissenschaftler der Meeresökologie. Prof. Weber ist nicht nur ein kompetenter Forscher und Lehrer, etliche der im Museumsshop erhältlichen Postkarten sind Reproduktionen seiner zeichnerischen Arbeiten. Und im Seminarraum, ein Stockwerk höher, kann man seine kunstvollen Keramiken aus der Welt der Fischerei bewundern.

Tägl. 10–13 und 14–19 Uhr. Eintritt 4 €, erm. 2 €. Rua Dr. Alfredo Dias, Arcozelo, ☎ 351-227-536360, www.fundacao-ela.pt.

Immer montags ein riesiger Markt

Espinho

In dem im Schachbrettmuster angelegten 20.000-Einwohner-Ort haben die Straßen keine Namen, sondern Nummern (die Nummer 13 sucht man vergeblich ...). Entsprechend wenig attraktiv ist das Stadtbild. Der Strand allerdings ist wirklich schön, und zum Surfen gibt es die richtigen Wellen. Man hat auch viel Geld in die Hand genommen, um die nahe an der Küste verlaufende Eisenbahnlinie „unter die

Capela do Senhor da Pedra   Ausstellungsstück – Estação Litoral da Aguda

Erde zu bringen": Auf einem ca. 500 m langen Teilstück ist nun eine Parkanlage statt der Schienen zu sehen.

Am Schwimmbad, das sich direkt an der Strandpromenade befindet, hat man eine großformatige Fotogalerie angebracht, welche die lange Tradition Espinhos als Badeort dokumentiert. Wie andernorts auch diente das Bad im Meer zunächst rein therapeutischen Zwecken. Die Annäherung an das fremde Element Meer nahm dabei bisweilen martialische Züge an: In voller Bekleidung wurde man von „Bademeistern", meist Fischerjungen, ins Meer geleitet, musste dort dreimal mit dem Kopf unter Wasser tauchen und sieben Wellen ertragen, bis man zurück an Land durfte. Für die einfachen Leute war die Badezeit zwischen 7 und 8 Uhr reserviert, danach kam das bessergestellte Bürgertum aus Porto oder Aveiro, das morgens mit dem Zug anreiste und abends nach „getaner Arbeit" wieder heimfuhr. So mach einer ließ sich aber auch eine stattliche Residenz vor Ort errichten.

Besuchenswert ist das **Museo Municipal** in der ehemaligen Fischkonservenfabrik Brandão. Vor dem auffällig rot gestrichenen Gebäude am südlichen Ortsende am Strand wurde ein Fischerboot gestellt. Im Inneren werden alte Maschinen ausgestellt, und viele Fotos dokumentieren den Fischfang vergangener Tage. Das Obergeschoss ist wechselnden Kunstausstellungen vorbehalten.

Täglich außer Mo 10–17 Uhr. Rua 41/Avenida João de Deus, www.museumunicipaldeespinho.blogspot.com.

Essen & Trinken Es gibt unzählige Restaurants, besonders entlang der Strandpromenade. Fast alle grillen frischen Fisch über Holzkohle. Außergewöhnlich: In dem relativ kleinen Ort gibt es inzwischen sogar vegetarische Restaurants, darunter **Grão de Soja**, dessen nette Inhaberin hervorragende Mittagsmenüs anbietet. Mo–Sa 12–15 Uhr, Rua 23 Nr. 760, ☎ 220-992253, fb/graodesojaespinho.

Ausflug: Die Küste südlich von Porto

1 km

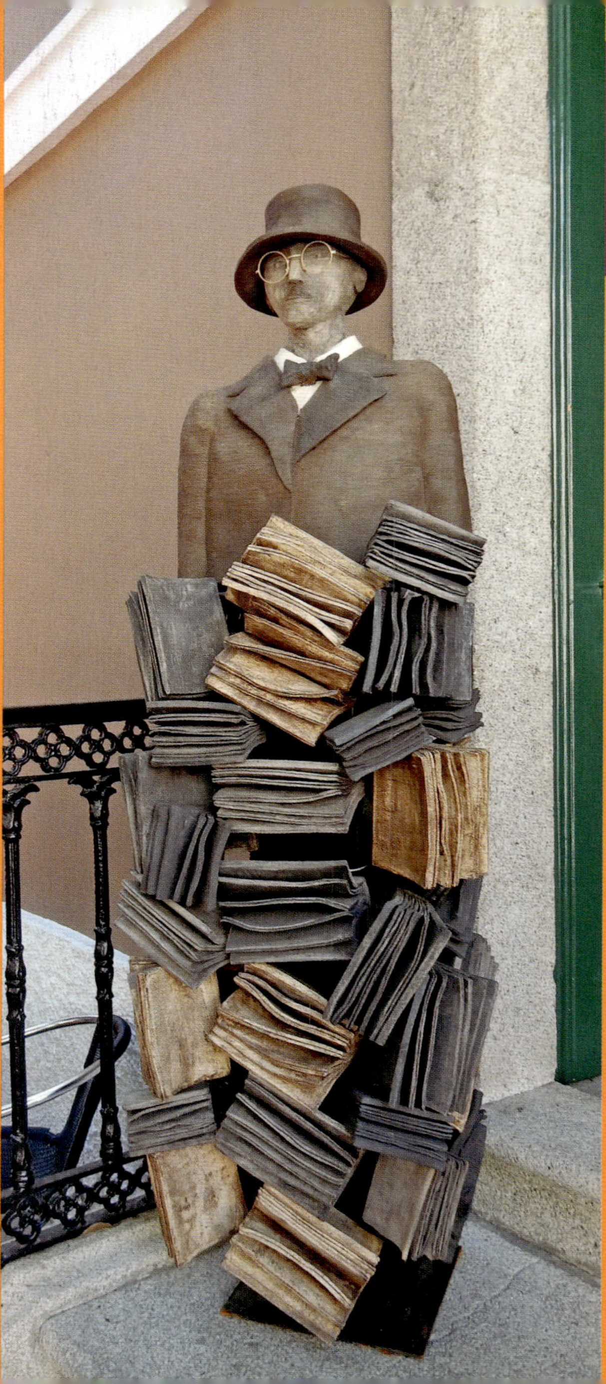

Dichter Fernando Pessoa als Türsteher

Nachlesen & Nachschlagen

Alte Stadtansicht (um 1830)

Stadt- und Landesgeschichte

Ein schöner Hafen

Das heutige Stadtgebiet Portos ist um 1000 v. Chr. besiedelt worden. Wie auch andernorts auf der nordwestlichen Iberischen Halbinsel lebten hier zunächst Menschen der sog. **Castrokultur**. Deren Siedlungen lagen erhöht auf Hügeln und waren von Steinwällen umgeben, daher rührt der Name der Kultur. In Porto sind Reste einer solchen Siedlung auf dem **Pena-Ventosa-Hügel** gefunden worden, dort, wo heute die Kathedrale steht.

Die Menschen der Castrokultur unterhielten Handelsbeziehungen mit keltischen und später auch phönizischen Seefahrern. Letztere gründeten um 700 v. Chr. eine Handelsniederlassung am Douro-Ufer, möglicherweise dort, wo sich heute die berühmten Portweinkeller von Portos Nachbarstadt Vila Nova de Gaia befinden. Die Phönizier oder vielleicht auch erst die um 500 v. Chr. ebenfalls aus merkantilen Gründen hierherkommenden Griechen nannten den Ort **Kalos** oder **Cale**, was so viel wie „schön" oder „lieblich" heißt – es muss ihnen hier also recht gut gefallen haben.

Im Verlauf des 2. Jh. v. Chr. entdeckten die **Römer** den „schönen Ort" für sich. Sie hatten sich gerade in heftigen Schlachten gegen ihre Widersacher um die Vorherrschaft im Mittelmeerraum, die Karthager, durchgesetzt und eroberten nun deren Machtbasen auf der Iberischen Halbinsel. Auch die vormals phönizisch-griechische Handelsniederlassung Cale geriet so unter römische

Herrschaft. Die Römer verbesserten die Infrastruktur, bauten Straßen und Häuser, befestigten die Hafenanlagen und errichteten eine erste Stadtmauer. Wie groß die Ansiedlung damals war, weiß man nicht. Bedeutend scheint sie aber nicht gewesen zu sein, weder die archäologischen Funde noch die Quellenlage deuten darauf hin. Immerhin aber waren es die Römer, die der Siedlung einen zukunftsweisenden Namen gaben: **Portus Calus** = „schöner Hafen". Unschwer zu erkennen, dass sich daraus der Name eines ganzen Landes bzw. einer Nation ableiten sollte.

Unter gotischer Herrschaft

Bis die Römer den Nordwesten der Iberischen Halbinsel komplett unter ihre Kontrolle gebracht hatten, vergingen gut hundert Jahre, einige kriegerische Auseinandersetzungen mit der (kelto)iberischen „Urbevölkerung" inklusive. Porto lag auf dem Gebiet der **Provinz Lusitania** und diente dem römischen Militär und den Handeltreibenden als Zwischenstation auf der Straße von Bracara (Braga) nach Olisipo (Lissabon).

Die römische Herrschaft über die Iberische Halbinsel währte bis zu Beginn des 5. Jh. n. Chr., dann begann sie zu bröckeln. In mehreren Schüben fielen Invasionstruppen von Sueben, Alanen und Vandalen ein, was die Römer dazu bewog, die **Westgoten** als militärische Verbündete zu rekrutieren, um den Machtverfall aufzuhalten. Der Schuss ging nach hinten los, denn die Westgoten marschierten zwar nominell unter römischer Flagge, agierten aber faktisch auf eigene Rechnung.

Um 540 fiel auch Porto an die Westgoten. Deren Truppen waren über die Quellregion des Douro immer weiter in den Nordwesten der Iberischen Halbinsel vorgedrungen. An der Douro-Mündung angelangt, bauten sie die dortige Siedlung festungsartig aus und erhoben sie zum Bischofssitz. Man darf vermuten, dass die neuen Herrscher auf dem Pena Ventosa ein dazugehöriges Kirchlein errichteten, archäologische Belege gibt es dafür aber nicht.

Maurische Invasion und Reconquista

Die Westgoten blieben bis zu Beginn des 8. Jh., dann wurden sie von den Mauren verdrängt, die in einem nur etwa acht Jahre dauernden Feldzug von Nordafrika aus nahezu die gesamte Iberische Halbinsel besetzt hatten. Die Mauren, die man sich als heterogene Truppe verschiedener nomadischer Berberstämme vorstellen muss, waren von den Arabern islamisiert worden und brachten ihre neue Religion mit nach Europa. Während die maurische Okkupation andernorts bisweilen recht unspektakulär verlief – man kam, sah und übernahm –, wurde in Porto um jeden Meter gekämpft. Am Ende blieb nicht mehr viel übrig von der kleinen Siedlung am Douro-Ufer – von einer kulturellen Blüte, wie sie andere Städte unter maurischer Herrschaft erlebten, kann definitiv nicht die Rede sein.

Auch das Glück der maurischen Eroberer selbst währte nicht lang. Im Norden der Iberischen Halbinsel und damit nicht weit von Porto entfernt hatte der gotisch-romanisch geprägte Adel das **Königreich Asturien** aus der Taufe gehoben, das sich mit aller Macht gegen die maurische Invasion zu Wehr setzte. Schon um das Jahr 720 gelang den Asturiern der erste militärische Coup, als sie in der Schlacht von Covadonga eine maurische Streitmacht besiegten. Covadonga gilt als der Beginn der christlichen Rückeroberung der Iberischen Halbinsel, die erst Jahrhunderte später komplett abgeschlossen sein sollte. Porto erlebte „seine" Reconquista um das Jahr 750, als die Truppen Alfons' I. von Asturien die Stadt zunächst belagerten und dann übernahmen. Es sollte allerdings nicht die einzige Reconquista bleiben: In den folgenden Jahrzehnten wechselte die Herrschaft über die Stadt und ihr Umland mehrmals, auf die christliche Rückeroberung folgte die maurische, auf die maurische die nächste christliche und so fort. In dieser Zeit der Instabilität etablierte sich für das gesamte **Gebiet um Porto** die Bezeichnung „**Portucale**". Ein paar bauliche Relikte aus der Zeit der „Portuenser Reconquista" sind in der Igreja de Cedofeita zu finden. Sie ist die älteste Kirche der Stadt, ihre heutige Gestalt erhielt sie im 12. Jh.

Portucale wird Königreich, Guimarães wird Hauptstadt

Anfang des 11. Jh. wurde Portucale zum territorialen Bestandteil des **Königreichs León** (dem Nachfolger Asturiens), das seinerseits gegen Mitte des 11. Jh. im **Königreich Kastilien** aufging. Als Grafschaft stand Portucale unter der Lehenshoheit des Königs, strebte aber schon bald nach Unabhängigkeit. Entscheidender Motor der Autonomiebestrebungen war **Heinrich von Burgund** (port. Dom Henrique de Borgonha), ein Spross aus dem französischen Königshaus der Kapetinger, der als Kreuzritter ins Land gekommen war. Anlässlich seiner Hochzeit mit Theresia von León war er zum Grafen von Portucale ernannt worden, setzte dann aber alles daran, sich von Kastilien zu lösen. Der Durchbruch gelang allerdings erst seinem Sohn **Afonso Henriques**, der 1139 die Unabhängigkeit Portucales von Kastilien erklärte und sich selbst zum ersten König von Portugal ausrief. Hauptstadt und Königssitz wurde … nein, nicht Porto, sondern Guimarães, ein Städtchen gut 60 km nordöstlich von Porto und vermutlich der Geburtsort des Königs. Deswegen steht heute dort mit großen Lettern auf der Stadtmauer geschrieben: „Aqui nasceu Portugal" – „Hier wurde Portugal geboren".

Und Porto?

Der Namenspatron des neuen Königreichs erlebte dessen Geburtsstunde als eine Art „bischöfliches Dorf": Zu Beginn des 12. Jh. hatte man unter Bischof Hugo, der zuvor im Domkapitel von Santiago de Compostela tätig gewesen war, mit dem Bau der **Kathedrale** begonnen. Außerdem war auf den Überresten der alten römischen Stadtmauer ein neuer Schutzwall errichtet worden, ein kleiner Teil davon konnte in den 1950er-Jahren zutage gefördert und rekonstruiert wurden. Der Befestigungsring, der von den Stadthistorikern lange fälschlicherweise **Muralha Sueva** (= suebische Mauer) genannt wurde und heute schlicht unter **Cerca Velha** (= alter Zaun) firmiert, hatte einen Umfang von nur knapp tausend Metern, der Zugang erfolgte über vier Tore, drei davon sind bis ins 19. Jh. erhalten geblieben.

Vom Kern des Dorfes führten nun auch ein paar verschlungene Pfade zu den gegenüberliegenden Hügeln, die sich inzwischen ebenfalls bevölkert hatten. Hinter den Häusern entstanden Gemü-

se- und Obstgärten, bisweilen auch kleinere Kastanien- und Olivenhaine. Zu Füßen der Hügel schlängelte sich der heute komplett zubetonierte Bachlauf des Rio Vila Richtung Douro. Entlang des Bachlaufs und am Douro selbst entstanden im Verlauf des 13. Jh. nach und nach vornehmlich einfache Fischerhütten und -häuser, die Keimzelle der heutigen **Ribeira**. Hügel und Tal waren über (Treppen-)Gässchen miteinander verbunden, die älteste Achse zwischen unten und oben führte über die beiden Treppengänge Escadas das Verdades und Escadas do Barredo zur Rua Detrás da Sé, die ziemlich genau dem Verlauf der heutigen Rua de Dom Hugo folgte.

Im 14. Jh. nahm die Einwohnerzahl Portos stetig zu. Als Bischofssitz zog sie Pilger, Mönche und überhaupt den Klerus an, darunter auch die Franziskaner, die um 1380 in der Ribeira nahe dem Douro-Ufer mit dem Bau der **Igreja São Francisco** begannen. Die meisten Menschen kamen aber, weil der sich entwickelnde Seehandel über den nahen Atlantik dauerhaft Arbeit versprach. Die Stadt füllte sich mit Schiff-bauern, Seeleuten, Schreinern, Schmieden, Wagenmachern, Händlern, Krämern usw., also mit allen, die direkt oder indirekt vom Seehandel profitieren wollten.

Neue Mauer und Neue Straße

Bevölkerungswachstum und Gebietsausdehnung machten den Bau einer neuen Stadtmauer erforderlich. Die **Muralhas Fernandinas** – begonnen 1355 unter König Afonso IV. und fertiggestellt 1370 unter seinem Nachfolger Fernando I. – umspannten ein Gelände von 44,5 Hektar Fläche und waren zusammengenommen ungefähr 2600 m lang. Die Mauer zog sich am Douro-Ufer entlang und umschloss dann in weitem Bogen die westlichen und östlichen Stadthügel. Sie war mit mindestens vier von Wehrtürmen bewachten Stadttoren und 13 Pforten ausgestattet und ermöglichte so in friedlichen Zeiten eine zügige Abwicklung des Warenverkehrs. Mit dem Verlust ihrer militärischen Bedeutung wurden die Muralhas Fernandinas ab Mitte des 18. Jh. sukzessive abgerissen, Ende des 19. Jh. waren sie weitgehend verschwunden.

Ein übrig gebliebener Teil der Stadtmauer von König Dom Fernando

Heute prägt ein restauriertes Teilstück der Mauer in der Verlängerung der oberen Ebene des Ponte Dom Luís I die Silhouette der Stadt. Weitere rekonstruierte Restabschnitte der Mauer sieht man u. a. bei der Igreja de São João Novo, die einzige erhalten gebliebene Pforte ist der **Postigo do Carvão** in der Nähe der heutigen Praça da Ribeira.

In das letzte Jahrzehnt des 14. Jh. fällt auch der Bau der **Rua Nova** (heute Rua do Infante Dom Henrique), der insofern bedeutsam war, als er die städtebauliche Zukunft vorwegnahm. Die „Neue Straße" wurde in gerader Linie parallel zum Flussufer gebaut und war damit ein kompletter Gegenentwurf zum Gassengewirr, das die Stadt ansonsten prägte. Die Rua Nova war auch die erste Straße der Stadt, an der in größerem Umfang repräsentativ-luxuriöse Gebäude errichtet wurden: schöner wohnen für den Klerus und die sich herausbildende bürgerliche Elite, die durch den Seehandel zu Wohlstand gekommen war. Was hier und innerhalb der fernandinischen Stadtmauer insgesamt fast völlig fehlte, waren Adelspaläste. Angehörige des Adels hatten lediglich temporäres Aufenthaltsrecht in der Stadt – die Quellen sprechen von maximal drei Tagen – und durften dort keine Häuser bauen. Zwar wurde diese Beschränkung Anfang des 16. Jh. gelockert, dennoch blieb Porto auch in den folgenden Jahrhunderten primär die Stadt des Klerus und mehr noch die des Bürgertums.

Jüdische Gemeinde(n)

Etwa zeitgleich mit dem Bau der Rua Nova wurde der Hügel nordwestlich des Pena Ventosa, der Morro do Olival, besiedelt. Anders als bei der Erschließung der übrigen Stadthügel handelte es sich dabei um eine Planmaßnahme. Ihr Zweck war es, die jüdische Bevölkerung Portos an einem Ort zu konzentrieren, der Olival sollte zum jüdischen Ghetto werden. Entstanden ist die **Judiaria do Olival** auf Geheiß König Joãos I., der 1386 ein entsprechendes Dekret erließ.

Vor der Errichtung des Ghettos hatten die Portuenser Juden nicht strikt getrennt von der christlichen Bevölkerung gelebt, allerdings sind zwei jüdische Siedlungsschwerpunkte belegt: Der eine wird als **Judiaria Velha** (velha = alt) bezeichnet und lag im (nord) westlichen Teil des Kathedralhügels zwischen der heutige Rua de Sant'Ana und dem Largo de Colégio. Der andere war die **Judiaria de Monchique.** Sie befand sich außerhalb der Stadtmauer im direkt am Ufer des Douro gelegenen Stadtviertel Miragaia und ist nach dem noch heute geläufigen Namen für den dortigen Flussabschnitt benannt. An die jüdische Vergangenheit des Viertels, das sich gut einen Kilometer westlich des Cais de Ribera ausbreitet, erinnern ein noch im Platz, eine Straße und ein Treppengang, der Largo dos Judeus, die Rua do Monte dos Judeus und die Escadas dos Monte de Judeus. Auch das jüngst eröffnete Neya Porto Hotel liegt auf ureigenstem jüdischen Grund: Es wurde auf der Ruine des Convento Madre de Deus de Monchique errichtet, das seinerseits 1533 auf den Grundmauern der ehemaligen Synagoge der Judiaria de Monchique entstand.

Trotz der Anordnung König Joãos scheinen die Judiaria do Olival und die Judiaria de Monchique eine Zeitlang noch parallel existiert zu haben (was aus der Judiaria Velha wurde, ist nicht bekannt), ab Beginn des 15. Jh. verlagerte sich das jüdische Leben dann aber mehr und mehr vom Viertel am Fluss auf den Olivenhügel. Dort entstand eine mit Wohnhäusern, Geschäften und einer Synagoge bebaute L-förmige Hauptachse, die etwa dem Verlauf der heutigen Rua de São Bento da Vitória und der Rua de São Miguel folgte. Das Areal war durch eine Mauer abgegrenzt, Zugang hatte man durch zwei bewachte Tore. Innerhalb des

Mauerrings durften die Ghettobewohner weitgehend schalten und walten, wie sie wollten, und hatten sogar eine eigene Verwaltung; das Ghetto verlassen und ihren Geschäften nachgehen durften sie jedoch nur tagsüber, spätestens bei Sonnenuntergang mussten sie zurückgekehrt sein.

Joãos Dekret von 1386 markiert einen ersten Bruch mit der bis dato vom portugiesischen Königshaus geübten Toleranzpolitik gegenüber der jüdischen Minderheit im Land. Doch trotz der verordneten Ausgrenzung blieb die Situation der Portuenser (wie überhaupt der portugiesischen) Juden in den folgenden Jahrzehnten noch vergleichsweise erträglich. Sie standen weiterhin unter dem Schutz des portugiesischen Königshauses, und das war, wie die Niederschlagung eines antijüdischen Pogroms 1449 in Lissabon belegt, kein bloßes Lippenbekenntnis. Für Porto und seine Judiaria do Olival sind keine größeren antijüdischen Ausschreitungen dokumentiert, man darf deswegen annehmen, dass das Zusammenleben zwischen christlicher Mehrheit und jüdischer Minderheit trotz Ghetto und Separation einigermaßen reibungsfrei funktionierte.

Das änderte sich im letzten Jahrzehnt des 15. Jh. dramatisch, Auslöser waren Ereignisse im benachbarten Spanien. 1492 wurde dort ein königliches Edikt erlassen, das alle spanischen Juden ultimativ aufforderte, entweder zum Christentum zu konvertieren oder Spanien zu verlassen. Schätzungen zufolge flohen daraufhin allein etwa 60.000 Juden ins benachbarte Portugal, die meisten davon nach Lissabon und nach Porto. Die Bevölkerungszahl auf dem Olival stieg dadurch sprunghaft an, ein sicherer Zufluchtsort sollte das Ghetto allerdings nicht lange bleiben. 1496 schickte sich der portugiesische König Manuel I. an, die spanische Prinzessin Isabella von Aragón und Kastilien zu heiraten. Solche Hochzeiten dienten

damals rein politischen Zwecken, diese sollte die alsbaldige Vereinigung Portugals mit den zwei spanischen Königreichen Kastilien und Aragón auf den Weg bringen. Das tat sie am Ende nicht, weitreichende Folgen hatte sie dennoch, und zwar fatalerweise für die am politischen Geschacher völlig unbeteiligte Bevölkerungsgruppe der portugiesischen Juden: Aragón und Kastilien machten ihre Zustimmung zur Hochzeit von Manuels Bereitschaft abhängig, dem spanischen Vorbild zu folgen und sämtliche Juden aus seinem Land zu weisen. Manuel hatte keine Einwände und folgte den Spaniern auch in den Ausführungsbestimmungen: Wer zum Christentum übertrat, durfte bleiben, wer das nicht wollte, musste seine Sachen packen.

Die Judiaria do Olival war damit Geschichte. Eine erkleckliche Zahl ihrer Bewohner blieb allerdings mangels Alternative auf dem Olivenhügel, viele davon konvertierten nur zum Schein und pflegten ihren jüdischen Glauben fortan im Verborgenen. Dass sich die sog. Neuchristen permanent entsprechenden Verdächtigungen seitens der „Altgläubigen" ausgesetzt sahen, versteht sich von selbst. Tatsächlich entwickelten sich die cristãos-novos oder marrãos, wie sie auch genannt wurden, ab der zweiten Generation in ganz unterschiedliche Richtungen: Die einen wurden zu strengkatholischen Judenhassern, die ihre Wurzeln verleugneten, die anderen blieben nur nominell Christen und hofften auf eine Rückkehr zu den alten Zuständen.

1536 führte Portugal – wieder nach spanischem Vorbild – die Inquisition ein. Landesweit wurde eine ganze Reihe von Prozessen auch gegen Neuchristen geführt, in Porto sind für die Jahre 1543/44 mehrere solcher Prozesse belegt. Die Delinquenten wurden nach Folter und Verurteilung vor der Porta del Sol nahe dem Douro-Ufer auf dem Scheiterhaufen verbrannt.

Porto im Kasten

Heinrich lässt zur See fahren

Am 4. März 1394 wurde in Porto Infante Dom Henrique de Avis geboren, bei uns besser bekannt als „Heinrich der Seefahrer". Möglicherweise kam er in dem heute Casa do Infante genannten Gebäude in der Ribeira nahe dem Douro-Ufer zur Welt, so genau weiß man das aber nicht. Heinrich war der vierte Sohn König Joãos I., daher rührt sein Titel Infante (wörtl. „Kind", hier im Sinne von „Prinz"). Seinen weitaus berühmteren Beinamen „der Seefahrer" (port. „o Navegador") erhielt er, weil er als Viertgeborener keine realistische Aussicht auf den Königsthron hatte und seine Zeit deswegen in ein anderes Projekt investieren konnte: in die Förderung der portugiesischen Seefahrt.

Die Initialzündung für sein Interesse an diesem Projekt, das ihm reichlich Ruhm, Ehre und Geld bescheren sollte, war eine von ihm befehligte Invasionsfahrt mit etwa hundert Kriegsschiffen in die maurische Handelsmetropole Ceuta. Die lag an der Straße von Gibraltar an der nordafrikanischen Küste und damit gewissermaßen unmittelbar vor der Haustür Portugals. In Ceuta liefen die über den afrikanischen Kontinent verlaufenden Handelskarawanen zusammen, hierher gelangten also alle Schätze, die Afrika zu bieten hatte, insbesondere Gold, Elfenbein, Kupfer, Salz und der seinerzeit immens lukrative Pfeffer aus Guinea. Die Einnahme Ceutas versprach also reiche Beute und den Zugang zu Handelswegen, die den Portugiesen vorher verschlossen waren.

Der zweite Grund für die Invasion war christlicher Missionseifer. Ceuta stand unter der Kontrolle der Muslime, die man zwar während der Reconquista (→ S. 83) wieder von der Iberischen Halbinsel vertrieben hatte, deren Irrglauben man aber als Christenmensch zu jeder Zeit und an jedem Ort zu bekämpfen hatte. Heinrichs Söldnertruppe brauchte kaum mehr als einen Tag, um Ceuta unter ihre Kontrolle zu bringen. Im eigentlichen Sinne erfolgreich war die Invasion dennoch nicht, denn die Mauren leiteten nach dem Fall Ceutas ihre Handelswege kurzerhand um, sodass die Fleischtöpfe Afrikas wieder in unerreichbare Ferne rückten.

Heinrich ersann daraufhin eine neue Strategie. Er nahm die Westküste Afrikas ins Visier und wollte den Kontinent durch gezielte Expeditionsfahrten mit anschließenden Binnenlandexkursionen quasi von hinten aufrollen und den nordafrikanischen Mauren so in den Rücken fallen. Eine nicht zu unterschätzende Rolle spielte dabei die seinerzeit verbreitete Annahme, dass man im tiefen Inneren Afrikas christliche Glaubensbrüder um den sagenumwobenen Priesterkönig Johannes finden würde, mit denen man dann gemeinsam gegen die Muslime hätte ziehen können.

Und so konzentrierte sich Heinrich, der mittlerweile von seinem königlichen Vater zum Ritter des Christusordens geschlagen worden war, ganz auf die vielfältigen logistischen und organisatorischen Arbeiten, die ein solch gewaltiges Projekt erforderte. Selbst zur See fuhr er nur noch einmal anlässlich der letztlich gescheiterten Invasion Tangers im heutigen Marokko, ansonsten wurde er zum Wegbereiter, Finanzier und ersten Generalmanager der portugiesischen Expansionspläne. Seinen Stützpunkt hatte er in Sagres an der Algarve. Dort versammelte er einen hochkarätigen Gelehrtenkreis aus Astronomen, Kartografen, Navigatoren usw., deren Expertise der portugiesischen Seefahrt einen Innovationsschub nach dem anderen bescherte. Besonders förderte Heinrich auch den Bau eines neuen Schiffstyps, den der Karavellen. Die meist mit zwei Masten ausgestatteten Schiffe waren klein und wendig, hatten eine große Segelfläche und geringen Tiefgang, sodass sie auch im flachen Küstengewässer und in Flüssen nutzbar waren. Seine Kapitäne wies er an, die auf ihren Fahrten gemachten nautischen Erfahrungen detailliert zu dokumentieren. Auf diese Weise entstand eine riesige Datenbank, aus der Heinrichs Experten schöpfen konnten.

Alles zusammengenommen trug Heinrichs Wirken wesentlich dazu bei, dass Portugals Schiffe im Verlauf des 15. und 16. Jh. buchstäblich die Welt eroberten: Noch zu seinen Lebzeiten fielen u. a. die Azoren, Madeira, Guinea und die Kapverden an die portugiesische Krone; 1498 fand eine portugiesische Expedition den Seeweg nach Indien, was dem Mutterland ein Jahrhundert lang die Dominanz im lukrativen Gewürzhandel einbrachte; im Jahr 1500 folgte die Entdeckung und Inbesitznahme Brasiliens; 1510 wurde Goa besetzt, 1511 die Molukken und Malaysia; 1513 segelten portugiesische Schiffe nach China, ab 1543 nach Japan.

Durch den Überseehandel und die Ausbeutung der in Besitz genommenen überseeischen Gebiete häufte das portugiesische Mutterland schier unermessliche Reichtümer an und bescherte ihm so sein oft beschworenes „Goldenes Zeitalter". Prinz Heinrich gilt als entscheidender Wegbereiter dieser Epoche und wird seit Jahrhunderten landauf, landab wie ein Nationalheiliger verehrt. Erste Risse im Heiligengewand sind freilich mittlerweile unverkennbar, denn alle

Heinrich der Seefahrer – durch ihn wurde die portugiesische Seefahrt entscheidend gefördert

Pracht kann nicht darüber hinwegtäuschen, dass das portugiesische Kolonialreich mit brutaler Gewalt und gegen die Interessen der jeweils indigenen Bevölkerung errichtet wurde. Heinrich selbst hatte in dieser Hinsicht wenig Skrupel. Abscheulichkeiten wie etwa den Sklavenhandel förderte er aktiv und profitierte persönlich davon. Zur Sicherheit ließ er die Frage, ob der Sklavenhandel sein Seelenheil gefährden könnte, vom Papst in Rom abklären. Der hatte keine Bedenken. Seine Nachfolger auch nicht. Noch Anfang des 19. Jh. bestand etwa die Hälfte der Bevölkerung in der portugiesischen Kolonie Brasilien aus afrikanischen Sklaven.

Das Goldene Zeitalter

Das beginnende 16. Jh. war die Regierungszeit **Manuels I.**, unter dessen Herrschaft (1495–1521) Portugal die dicksten Früchte der von Heinrich dem Seefahrer (→ Kasten) eingeleiteten Expansionspolitik einfuhr. Erster Profiteur war Manuel selbst, denn der Überseehandel war königliches Monopol. Dahinter aber bildete sich eine lange Reihe auch bürgerlicher Gewinner des sog. Goldenen Zeitalters, denn irgendjemand musste die Handelsfahrten schließlich organisieren, die Schiffe bauen, sie ausrüsten und bei Bedarf reparieren. Außerdem gab es bei den Transaktionen jede Menge Zwischenhändler, die sich ihren Teil vom großen Kuchen sicherten.

Viele davon kamen aus Porto, denn dort lag der neben Lissabon wichtigste Überseehafen des Landes. Die Häuser in der Stadt wurden nun immer häufiger mit aufwendigen Stuckfassaden und exotischer Ornamentik verziert, die ganze Exotik der überseeischen Besitzungen schlug sich auch architektonisch nieder. So fein und leuchtend hell wie in Lissabon wurde es allerdings nie, der natürliche Baustoff der Stadt, der graue Granit, setzte dem Verwandlungsprozess Grenzen.

Auch König Manuel, der den schönen Beinamen „der Glückliche" trägt, engagierte sich eher in der Stadt am Tejo als in der am Douro. Immerhin ließ er mit der **Rua de Santa Catarina das Flores** (heute Rua das Flores) eine wichtige Verkehrsachse bauen, die den bischöflichen Bezirk mit dem Douro-Ufer verband. Die neue Straße, die auf dem Gebiet der ehemaligen bischöflichen Gärten entstand, führte von der Porta da Carros, einem Tor der fernandinischen Stadtmauer (heute Praça de Almeida Garrett), bis hinunter zum Largo São Domingos. In den nächsten Jahren und Jahrzehnten wurde die Straße mit bürgerlichen Stadt- und Adelspalästen bebaut (die Stadt hatte ihre restriktive Politik gegenüber dem Adel ja mittlerweile gelockert), einige mit Wappen versehene Gebäude sind bis heute erhalten geblieben. Hinzu kamen zwei- bis dreistöckige Geschäftshäuser mit schmiedeeisernen Balkonen, in deren Erdgeschossen das Luxussegment bedient wurde: Gold- und Silberschmiedearbeiten, Porzellan, edle Stoffe usw. Über den Verkaufsräumen befanden sich die Wohnungen der Geschäftsinhaber. Heute ist die Rua das Flores Fußgängerzone und fest in der Hand der Touristen.

Ebenfalls einer Initiative Manuels I. ist der Bau des **Mosteiro de São Bento de Avé-Maria** zu verdanken. Mit seiner Gründung sollten mehrere kleinere, außerhalb der Stadtmauer gelegene Benediktinerinnenklöster in einem Haus vereinigt werden. Fertig war der Bau erst 1535, also über ein Jahrzehnt nach Manuels Tod. Betrieben wurde das Nonnenkloster bis 1892, dann wurde es abgerissen und an seiner Stelle der wegen seiner Kachelkunst berühmte Bahnhof São Bento gebaut.

Ende des 16. Jh. begannen auch die Bauarbeiten für ein Benediktinerkloster innerhalb der Stadtmauern. Unter dem Namen **Mosteiro de São Bento da Vitória** entstand im ehemaligen jüdischen Ghetto auf dem Olivenhügel (→ S. 86). Der Bau sollte Sinnbild sein für den Sieg des Christentums über die Juden, das erklärt Standort und Namenszusatz „da Vitória". Anders als das Nonnenkloster ist das Gebäude bis heute erhalten geblieben, Mönche leben allerdings auch hier nicht mehr. Stattdessen beherbergt es das Stadtarchiv, ist Teil des Nationaltheaters und Spielstätte des städtischen Symphonieorchesters.

Porto wird spanisch

Ab Mitte des 16. Jh. ging das Goldene Zeitalter Portugals mit Riesenschritten seinem Ende entgegen. Die hohen Ausgaben für Schiffe, überseeische Stützpunkte und Personal (Militär und Verwaltung), die immensen Investitionen in Prunkbauten zu Ehren Gottes und seines Stellvertreters auf Erden und nicht zuletzt die überbordenden Kosten für die königliche Hofhaltung konnten durch die Ausbeutung der Kolonien nur noch bedingt gedeckt werden. Hinzu kam, dass ein nicht unbeträchtlicher Teil vorrangig der männlichen Bevölkerung abwanderte, insbesondere ins verheißungsvolle Brasilien, um sich direkt vor Ort die eigenen Pfründe zu sichern. Das Mutterland geriet aber nicht nur personell, sondern auch sozial in Schieflage: Eine verhältnismäßig kleine Schicht aus Adel, Klerus und Großbürgertum hatte sich am Kolonialismus bereichert, der weitaus größere Teil der Bevölkerung war nahezu leer ausgegangen. Kurzum: Das Weltreich Portugal scheiterte wie jedes Weltreich vor und nach ihm nicht zuletzt auch an seinen inneren Widersprüchen.

Um 1570 war Portugal pleite, der damals gerade einmal 16-jährige „Kinderkönig" **Sebastião I.** musste den Staatsbankrott erklären. Das hinderte ihn nicht daran, 1578 in gewohnter Kreuzrittermentalität gegen die Muslime in Marokko ins Feld zu ziehen – mit katastrophalem Ausgang: Die Streitmacht des Sultans von Fèz rieb Sebastiãos Heer komplett auf, der König selbst wurde in der Schlacht getötet.

Da Sebastião kinderlos starb, entstand ein Machtvakuum, das alsbald vom spanischen König gefüllt wurde. 1580 verlor Portugal seine Unabhängigkeit und wurde in den folgenden 60 Jahren in **Personalunion** von den spanischen Königen regiert. Auch Teile des Kolonialreichs gingen verloren, insbesondere in Asien, wo u. a. Ceylon (heute Sri Lanka) und die Molukken an die übermächtig gewordenen Niederländer fielen. Und selbst mit Kolonien, die

nominell noch unter der Kontrolle der Portugiesen standen, war kein Geld mehr zu machen, ein Großteil dessen, was dort abzuschöpfen war, floss direkt an die spanische Krone nach Madrid.

Porto probt den Aufstand: Guerra da Restauração

Ab etwa 1620 formierte sich massiver Widerstand gegen die spanische Fremdherrschaft. In einer Reihe von Städten kam es zu Aufständen, darunter auch in Porto. Dort war es zu einer der seltenen Allianzen zwischen Bürgertum und Adel gekommen. Gemeinsam setzte man sich gegen die immer höher werdenden Steuerabgaben zur Wehr, der Adel wandte sich darüber hinaus gegen die ihm auferlegte Verpflichtung, die Kriege der spanischen Krone mit eigenen Truppen unterstützen zu müssen. Der Zorn entlud sich 1628 in einer bewaffneten Revolte, bei der u. a. das unter dem spanischen König Phillip III. errichte Gerichtsgebäude mit angeschlossenem Gefängnis in Flammen aufging. Die Spanier hatten allerdings wenig Mühe, den personell viel zu schwach aufgestellten Aufstand niederzuschlagen. Auch den Justizpalast konnten sie vor den Flammen retten, allerdings fiel der 1752 – vielleicht in einem Akt später Rache – eines Morgens quasi aus heiterem Himmel komplett in sich zusammen.

Die Revolte in Porto war der Auftakt zu einer Reihe von weiteren bewaffneten Aufständen gegen die spanische Herrschaft, besonders erbittert wurden die zwischen 1634 und 1637 mehrmals aufflammenden Kämpfe im alten Königsstädtchen Évora östlich von Lissabon geführt. Zur Führungsfigur der Widerstandsbewegung entwickelte sich der **Herzog von Bragança,** der territoriale Besitztümer in ganz Portugal hatte und der wohl einflussreichste Mann im Land war. Militärisch unterstützt wurde er von Frankreich, das sich im Krieg mit Spanien befand und den Gegner mit allen Mitteln schwächen wollte. Im Dezember 1640 schließlich marschierten die Truppen des Hauses Bragança in Lissabon ein, stürmten zusammen mit Vertretern des dortigen Adels den Königspalast und nahmen die spanische Vizekönigin Margarete von Mantua fest. Anschließend wurde der Herzog von Bragança als **João IV.** zum neuen König von Portugal ausgerufen. Damit war die spanische Herrschaft über Portugal faktisch beendet, ihr formelles Ende fand sie acht Jahre später im **Frieden von Lissabon**, als die Spanier Joãos Nachfolger Afonso VI. auch offiziell als portugiesischen König anerkannten und ihre Ansprüche auf Portugal fallen ließen. Der jahrzehntelange portugiesisch-spanische Restaurationskrieg (Guerra da Restauração) war damit vorbei, zurück blieben kulturelle Ressentiments, die in einem berühmten portugiesischen Sprichwort zum Ausdruck kommen: *„De Espanha, nem bom vento, nem bom casamento"* – „Aus Spanien kommt weder ein guter Wind noch eine gute Hochzeit."

Vinho do Porto

In Porto wurde 1642 ein erstes sichtbares Zeichen der wiedererlangten Unabhängigkeit gesetzt: die Wiedereröffnung der im Gebäudekomplex der Casa do Infante untergebrachten **Königlichen Münze,** mit der ein elementares Hoheitsrecht in die Hände des portugiesischen Staates zurückging. Die Lebensader der Stadt blieb der Hafen, der sich in der Folgezeit verstärkt zum Umschlagplatz für Güter entwickelte, die aus den fruchtbaren **Douro-Tälern** hierher verfrachtet und dann weiter nach Übersee verschifft wurden: darunter Zitrusfrüchte, Kork, Nüsse, Olivenöl, Honig und Gerber-Sumach, eine aus den Trieben und Blättern des gleichnamigen Baumes gewonnene Paste, die

zum Gerben und Färben von Leder verwendet wurde.

Zum absoluten Exportschlager wurde freilich ein anderes Produkt aus dem Douro-Tal: **Wein.** Der Weinanbau dort hatte zu diesem Zeitpunkt schon eine lange Tradition, die bis in die Römerzeit zurückreichte und im Mittelalter von Mönchen der zahlreichen Klöster im Tal fortgeführt wurde. Letztere produzierten im Wesentlichen für den Eigenbedarf. Im 18. Jh. nahm die Geschichte dann eine unerwartete Wendung, Hauptakteure waren nicht portugiesische Weinbauern, sondern englische Weinhändler. Dazu muss man wissen, dass Portugal und England bereits 1386 einen Vertrag geschlossen hatten, der es Händlern erlaubte, im jeweiligen Partnerland Niederlassungen zu gründen und dort uneingeschränkt ihren Geschäften nachzugehen. So entwickelte sich bereits in der zweiten Hälfte des 15. Jh. eine Art englische Weinhändlerexklave in Nordportugal, Schwerpunkt war das etwa 80 km nördlich von Porto gelegene Gebiet um Viana do Castello am Rio Minho. Ab etwa 1670 stieg der Importbedarf Englands an portugiesischen Weinen dann sprunghaft an, weil der bisherige Hauptlieferant Frankreich quasi über Nacht ausgefallen war: Der englische König Charles II. hatte als Reaktion auf von Frankreich verfügte Einfuhrbeschränkungen für englische Waren den Weinhandel mit Frankreich kurzerhand untersagt – der weinverliebte englische Adel saß damit auf dem Trockenen und musste mit Ersatzprodukten bei Laune gehalten werden.

Die relativ dünnen und sauren Minho-Weine waren dazu nur bedingt geeignet, und so orientierten sich die englischen Händler weiter nach Süden ins heißere und trockenere Douro-Tal, wo Weine mit mehr Kraft und Körper entstanden. Eine ihrer Entdeckungen war der **Vinho do Lamego**, der rund um die gleichnamige alte Bischofsstadt von einheimischen Weinbauern produziert und regional schon in größerem Stil vertrieben wurde. Eine noch bedeutsamere Entdeckung machten sie in den stillen Klosterkellereien: Dort stießen sie auf rubinrote, kräftige, fruchtige Weine mit einer ganz charakteristischen süß-aromatischen Note. Die Mönche hatten dem Wein eine kleine Menge Traubengeist oder Branntwein zugesetzt, was an sich ein gängiges Verfahren war, um Weine länger haltbar zu machen. Der Clou war, dass der Zusatz schon während der Gärung beigefügt wurde, was den Gärprozess zum Erliegen brachte. Den Trauben blieb so nicht vergorener Restzucker erhalten, der dem Wein seine besondere Süße verlieh.

Die englischen Händler erkannten schnell das Vermarktungspotenzial ihrer Neuentdeckung. Mit kleinen Lastkähnen, den sog. *rabelos*, wurden die Weine nach Porto verschifft und gelangten dann von dort auf großen Handelsschiffen nach England. Der Erfolg war riesig, die Weine fanden reißenden Absatz. Beworben wurden sie zunächst unter dem Label **„Priest's Wines"**, schon bald aber ging man dazu über, sie nach ihrem Verschiffungsort zu benennen. Dokumentiert ist die erste Weinlieferung unter dem Namen **„Vinho do Porto"** für das Jahr 1678.

In der Stadt selbst entstanden ab Ende des 17. Jh. in rascher Folge Handelsniederlassungen englischer Weinexporteure. Im Verlauf des 18. Jh. folgten dann eigene Kellereien, in denen man den Portwein in immer ausgeklügelteren Verfahren selbst herstellte und lagerte. Angesiedelt wurden die Kellereien dort, wo noch Platz war: am Südufer des Douro direkt gegenüber der Ribeira, heute Stadtgebiet von Vila Nova da Gaia. Da stehen sie immer noch, eines der ältesten Unternehmen

ist „Taylor's Port" mit dem Gründungsjahr 1692.

Der Portweinboom hatte auch Einfluss auf die Zusammensetzung der Stadtbevölkerung: Am Ende des 18. Jh. waren nach heutigen Schätzungen 15 Prozent der Einwohner Portos Engländer, dazu kam eine erkleckliche Zahl von Niederländern, die sich im Gefolge der englischen Erfolgsgeschichte ebenfalls im Portweinhandel verdingt hatten. Mindestens eine deutsche Familie muss zu jener Zeit auch in Porto gelebt haben, die Familie Kopke. Sie hatte dort bereits 1638 eine Exportfirma für portugiesische Weine gegründet und war den Engländern damit ein gutes Stück voraus. Mittlerweile ist Kopke im Besitz der portugiesischen Unternehmensgruppe Segovinus, das Label der *„mais antiqua casa da Vinho do Porto"*, der „ältesten Portweinkellerei" der Stadt, hat aber weiter Bestand.

Porto baut barock

1723 kam **Niccolò Nasoni** in die Stadt, ein toskanischer Maler und Baumeister, der u. a. in Siena und Rom gearbeitet hatte. Später ging er nach La Valetta auf Malta, wo er die Flure und Korridore des dortigen Großmeisterpalastes des Malteserordens ausschmückte. Der damalige Großmeister des Ordens, Antonio Manoel de Vilhena, war Portugiese und selbst großer Förderer der Baumeisterkunst, die Verbindung nach Portugal kam über ihn zustande. Nasoni arbeitete dort vorrangig in Porto und Umgebung, blieb bis zu seinem Tod in der Stadt und machte aus seinem italienischen Vornamen Niccolò ein portugiesisches Nicolau.

Porto verdankt Nasoni eine Reihe von Bauwerken, die heute noch stadtbildprägend sind. Neben dem Neubau widmete er sich der Umgestaltung bereits bestehender Gebäude, schuf neue Fassaden, malte Innenräume und führte dekorative Feinarbeiten aus, eine seiner Spezialitäten war es, Holzschnitzarbeiten mit Blattgold zu überziehen. Alles, was er tat, war dem Zeitgeist entsprechend dem prunkvollen, überschwänglichen und bisweilen verspielten Stil des Barock verpflichtet.

Zu seinen wichtigsten Arbeiten in der Stadt zählen die an der **Kathedrale** (ab 1725) und an der Igreja da Misericórdia (ab 1748) in der Rua das Flores. Den Innenraum der Kathedrale stattete er mit (inzwischen wieder verblassten) Fresken aus, den Kreuzgang mit blau-weißen Azulejo-Fliesen, und ihrer Nordfassade fügte er eine Loggia hinzu. Vermutlich entwarf er auch die Pläne für die barocke Umgestaltung des angeschlossenen Bischofspalasts, die Bauarbeiten selbst wurden dann aber von anderen Architekten geleitet. Die **Igreja da Misericórdia** ließ er zunächst grundsanieren und versah sie dann mit einer monumentalen, üppig verzierten Barockfassade. Sein bedeutendster Kirchenbau in Porto war aber die **Igreja dos Clérigos** (ab 1732) mit ihrem berühmten Glockenturm, dem von toskanischen Vorbildern inspirierten **Torre dos Clérigos.** Bis heute ist er der höchste Kirchturm des ganzen Landes und gleichzeitig eines der Wahrzeichen der Stadt. Neben dem Kirchenbau widmete sich Nasoni auch der Profanarchitektur und schuf mächtige repräsentative Gebäude für Adel, Klerus und Großbürgertum.   Eindrucksvollstes Zeugnis seiner Tätigkeiten ist der opulente **Palácio do Freixo** westlich der Ponte Luis I im Ortsteil Campanhã. Heute ist in dem Palast ein Luxushotel untergebracht.

Trotz seiner vollen Auftragsbücher starb Nasoni 1773 verarmt in Porto (warum das so war, haben wir beim besten Willen nicht rauskriegen können), beigesetzt wurde er in einer Seitenkapelle der Igreja dos Clérigos, die er selbst immer als sein Hauptwerk

betrachtet hatte. Zwar war Nasoni beileibe nicht der einzige Barockbaumeister in der Stadt, aber für einen längeren Zeitraum der einflussreichste mit Vorbildfunktion für eine ganze Schar baumeisterlicher Kollegen, die kräftig am Stadtbild mitbastelten. Deutlich von Nasoni beeinflusst ist etwa die Fassade der **Igreja do Carmo,** die 1768 unter der architektonischen Leitung von José Figueiredo Seixas entstand.

Porto baut modern

Ende des 18. Jh. lag die Einwohnerzahl Portos bei rund 65.000 und hatte sich damit binnen zweihundert Jahren nahezu verfünffacht. Der größte Zuwachs war ab Mitte des 18. Jh. zu verzeichnen gewesen. Die Einwohnerentwicklung machte städtebauliche Veränderungen jenseits des Nasoni-Programms erforderlich, das ja in erster Linie dem höheren Ruhm Gottes und der Adels- bzw. Bürgergeschlechter verpflichtet war. Was man gleichzeitig brauchte, war profanerer Natur: Raum für neue Häuser und Wohnungen, Raum für Plätze und breitere Straßen, kurzum: Man brauchte eine modernere städtische Infrastruktur.

Maßgeblicher Motor der städtebaulichen   Modernisierungsmaßnahmen war die **Junta das Obras Públicas.** Der „Rat für öffentliche Bauvorhaben" wurde 1763 ins Leben gerufen, Initiator war der Marquis von Pombal Sebastião José de Carvalho e Melo, damals Premierminister unter König José I. und damit zweiter Mann im Staat. Der Marquis hatte ganz spezielle Erfahrungen mit dem Städtebau gemacht, Anlass war ein trauriger: das verheerende Erdbeben von 1755, das die portugiesischen Hauptstadt Lissabon großflächig zerstört hatte und ihren nahezu kompletten Wiederaufbau erforderte.

Der erste städtebauliche Befreiungsschlag der Junta war der großflächige

Abriss der alten fernandinischen Stadtmauer, die Porto in ein nicht mehr zeit-
gemäßes Korsett gezwängt hatte. So-
dann wurden große Verkehrsachsen
angelegt, darunter die Rua da Estrada
(heute Rua de Cedofeita), die das
Hafengebiet im Süden mit dem Norden
der Stadt verband, und die Rua Reimão
(heute Avenida Rodrigues de Freitas),
die die Stadt von West nach Ost querte.
An den neuen Straßen entstanden
Wohnblocks für das sich etablierende
Kleinbürgertum. Andernorts riss man
alte Gebäude ab und ersetzte sie durch
neue, die der gleichen Klientel vorbehalten waren. Zudem wurden Straßen
mit Bürgersteigen versehen, Abwasser-
kanäle zugemauert, Brunnen errichtet
und Plätze für Märkte freigeschaufelt.
Auch öffentliche Gebäude entstanden,
darunter das Hospital de Santo António
und ein neues Gericht mit angeschlossenem Gefängnistrakt (heute Foto-
grafiemuseum). All das geschah nach
eigens dafür ausgearbeiteten baurecht-
lichen Standards, ein Novum in der Geschichte der Stadt.

Massaker am Fluss – die
Franzosen kommen

Die Franzosen kommen

Das 19. Jh. begann mit einer Katastrophe: Am 29. März 1809 drangen französische Truppen in die Stadt ein, die
Zivilbevölkerung versuchte, sich über
die aus zusammenvertäuten Kähnen
bestehende **Ponte das Barcas** über den
Douro ans andere Ufer zu retten. Die
fragile Brücke hielt dem Ansturm nicht
stand, etwa viertausend Menschen ertranken in der Flut. Heute erinnert eine
Gedenktafel an der Praca da Ribeira an
das tragische Ereignis vom März 1809.

Anlass für den Einmarsch der französischen Truppen in Portugal war ein
großes Projekt des französischen Kai-
sers Napoleon. Der hatte 1806 die sog.
Kontinentalsperre verfügt, die alle
Staaten Festlandeuropas dazu ver-
pflichtete, ihre Häfen für britische
Schiffe zu sperren. Da Portugal auf den

Handel mit dem alten Bündnispartner
England angewiesen war, ließ João VI.
in Paris ausrichten, sich nicht an der
Wirtschaftsblockade beteiligen zu wollen. Nachdem der britisch-portugiesi-
sche Seehandel daraufhin munter
weitergegangen war, griffen Napoleons
Truppen Portugal zwischen 1808 und
1810 in drei Wellen an. Nachhaltige
Erfolge konnten sie dabei nicht erzielen, der letzte Versuch endete im Fias-
ko: Mit tatkräftiger Unterstützung der
Briten gelang es den Portugiesen, die
Franzosen entscheidend zu schlagen
und dauerhaft aus dem Land zu ver-
treiben. An der Rotunda da Boavista
erinnert eine 45 Meter hohe Gedenk-
säule an die Vertreibung der französischen Invasoren, eine Figurengruppe
um den Sockel ist den Opfern der Ponte-
das-Barcas-Katastrophe gewidmet.

Die Engländer übernehmen

In Portugal war nach dem Krieg gegen
Frankreich buchstäblich verbrannte
Erde zurückgeblieben, außerdem war
dem Land das Staatsoberhaupt abhan-
dengekommen: Bereits während der
ersten französischen Invasionswelle
war der König mitsamt Entourage nach

Brasilien geflohen, regiert wurde das Land fortan vom knapp 8000 Kilometer entfernten Rio de Janeiro. 1815/16 schließlich drehten sich die Herrschaftsverhältnisse in fast schon kurioser Weise um: Brasilien wurde zum unabhängigen Königreich erklärt, **João VI.** zum König von Brasilien und Portugal gekrönt, und zwar genau in dieser Reihenfolge. Das einstige Mutterland war de jure zur Kolonie Brasiliens degradiert worden. Und faktisch stand es unter der Herrschaft der Briten, die nach dem Sieg über die Franzosen nicht im Traum daran gedacht hatten, das Land umgehend wieder zu verlassen.

Zur politisch verworrenen gesellte sich eine wirtschaftlich angespannte Lage, denn angesichts des neuen Status Brasiliens als unabhängiges Königreich hatten sich auch die vormals günstigen Konditionen des Fernhandels deutlich verschlechtert. Dem Handelsbürgertum drohten bittere Geschäftseinbußen, im ganzen Land und vor allem in Porto, wo ein Gutteil des Fernhandels abgewickelt wurde, war man ernsthaft

besorgt. Hinzu kam, dass nach knapp zwei Jahrhunderten absoluter Monarchie inzwischen liberale Ideen im Schwange waren, die durch revolutionäre Ereignisse beim Nachbarn Spanien noch befeuert wurden: Dort hatte man sich 1813 eine liberale Verfassung erstritten, die die Macht des Bürgertums gestärkt und die des Königshauses eingeschränkt hatte.

Porto und die Liberale Revolution

Unglücklicherweise stand das britische Protektorat Portugal derweil unter der Führung von **William Carr Beresford**, einem Mann von altem Schrot und Korn, der alle liberalen Umtriebe (oder die, die er dafür hielt) mit aller Härte bekämpfte. Als Beresford 1817 eine Reihe von liberalen Lissabonner Aktivisten als Hochverräter hinrichten ließ, brachte er das Fass zum Überlaufen. Von 1817 bis 1820 flammten im ganzen Land Proteste auf, dann übernahm eine kleine Gruppe von jungen Portuenser Offizieren die Initiative und ver-

„Englischer Besitz" – altes Schild aus der Portweinkellerei Taylor's

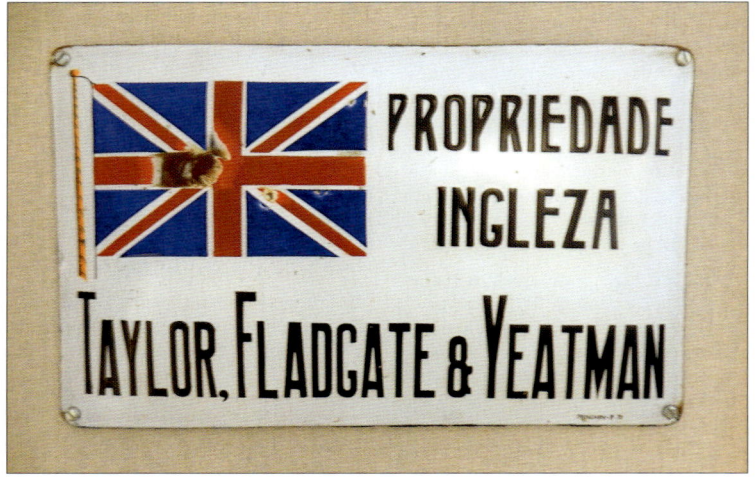

öffentlichte am 24. August 1820 in der Stadt ein Manifest mit zwei Kernforderungen: die Ausarbeitung einer liberalen Verfassung und die Rückkehr des Königs aus Brasilien unter den Bedingungen einer konstitutionellen Monarchie. Da die meisten Portuenser inklusive der portugiesischen Armeeangehörigen die Forderungen unterstützten, kamen die zahlenmäßig unterlegenen britischen Soldaten gar nicht erst auf die Idee, die Dinge in ihrem Sinn zu drehen – von Schusswechseln, geschweige denn größeren Kämpfen ist nichts überliefert. Die wichtigste Zeitung der Zeit, der Lissabonner Astro da Lusitânia, nannte die Ereignisse entsprechend eine „revolução milagrosa", was man mit „wundertätige", aber auch „wundersame Revolution" übersetzen kann. Ihre Protagonisten nahmen das Wort Revolution gar nicht erst in den Mund. Sie sprachen von „regeneração" und meinten damit wohl so etwas wie „Wiederherstellung vernünftiger Zustände". Die Geschichtsbücher mögen es spektakulärer und bezeichnen die Geschehnisse von 1820 als „Liberale Revolution". Die Stadt Porto feierte den zweihundertsten Jahrestag „ihrer" Revolution 2020 mit einer Ausstellung.

Bruderkrieg

Die Wahlen für die verfassungsgebende Versammlung fanden im Dezember 1820 in Lissabon statt, der letzte Federstrich an der Verfassung selbst wurde im September 1822 gesetzt, der größere Teil war aber schon 1821 in Kraft getreten. Ebenfalls schon 1821 war **João VI.** nach Portugal zurückgekehrt, ohne rechte Freude allerdings, denn die Verfassung beschnitt naturgemäß seine angestammten Rechte. Dennoch war er ehrlich bemüht, die Verfassung zu achten und mit dem Parlament zusammenzuarbeiten. Seine Frau Carlota Joaquina und sein Sohn Miguel waren das nicht. Sie schmiedeten Koalitionen

mit reaktionären Kräften innerhalb und außerhalb des Landes und erklärten Joao 1824 kurzerhand für abgesetzt. Erfolg hatten sie letztlich nicht, denn die aus Frankreich zugesagte militärische Hilfe für die royalen Rebellen, die sich auf den Adel und Klerus Portugals stützen konnten, blieb aus: João erhielt seinen Thron wieder, seine Frau und sein Sohn gingen einstweilen ins Exil.

Trotzdem mussten die Liberalen eine bittere Pille schlucken, denn im Zuge der Ereignisse war die Verfassung von 1821/22 außer Kraft gesetzt worden. Außerdem war deutlich geworden, dass sich im Land zwei etwa gleichstarke Lager erbittert gegenüberstanden: die Absolutisten, die zur alten Ordnung vor der Revolution von 1820 zurückwollten, und die Liberalen, die die Errungenschaften eben jener Revolution bewahren und fortentwickeln wollten. Entsprechend befand sich das Land im folgenden Jahrzehnt in einer Art permanentem kaltem Krieg zwischen den Lagern, der zwischen 1831 und 1834 in einen heißen Bürgerkrieg umschlagen sollte. Dessen Galionsfiguren waren die beiden Söhne des inzwischen verstorbenen Königs João VI.: **Miguel**, der aus dem Exil zurückgekehrte Anführer der **Absolutisten**, und **Pedro**, Kaiser von Brasilien und zentrale Gestalt der **Konstitutionalisten**. In die Geschichte des Landes ist der Bürgerkrieg deswegen als guerra dos dois irmãos, der „Krieg der zwei Brüder" eingegangen.

Cerco do Porto

Porto positionierte sich im Kampf der Brüder eindeutig zugunsten Pedros. Der hatte 1831 mit seinen Truppen in der Stadt Stellung bezogen und war von der Bevölkerung wohlwollend aufgenommen worden. Was folgte, war eine über mehr als ein Jahr andauernde Belagerung Portos durch die Truppen Miguels, der Cerco do Porto. Da die Versorgungswege in die Stadt abgeschnitten und die hygienischen Verhältnisse innerhalb des Belagerungsrings katastrophal waren, litt die Bevölkerung schon bald an Hunger und unter dem Ausbruch von Cholera und Typhus. Vom Convento do Pilar auf dem der Ribeira gegenüberliegenden Douro-Ufer wurde die Stadt mit schweren Geschützen beschossen, die Feinarbeiten leisteten Scharfschützen, die die Belagerten zu jeder Tageszeit tyrannisierten. Doch trotz zahlreicher Versuche und mehrfacher Erhöhung ihrer militärischen Schlagkraft gelang es den absolutistischen Truppen am Ende nicht, die Stadt einzunehmen. Hilfe für die Belagerten kam schließlich von außen. Eine konstitutionalistische Armeeeinheit fiel den Belagerern im August 1832 in den Rücken und zwang sie zum Abzug. Begleitet wurde der Rückzug von einer Plünderung der Portweinkellereien in Vila Nova de Gaia. Was Miguels Söldner nicht selber schafften, landete in den Fluten des Douro.

Ehrungen und Erinnerungen

Knapp zwei Jahre später war der Bürgerkriegsspuk vorbei. Miguels Truppen wurden bei Evoramonte im Alentejo entscheidend geschlagen, das absolutistische Projekt war vorerst gescheitert. Für Miguel selbst blieb wieder nur der Gang ins Exil, dieses Mal endgültig. Den Thron bestieg Pedros Tochter Maria, Pedro selbst hatte verzichtet. Die neue Monarchin war um Ausgleich zwischen den verfeindeten Lagern bemüht und setzte mit der **Carta Constitucional** eine Verfassung in Kraft, die als Kompromiss zwischen konstitutionalistischen und absolutistischen Positionen konzipiert war. Befrieden konnte sie das Land damit nicht, den Konstitutionalisten gingen die restaurativen Elemente der Carta zu weit, die Absolutisten fanden sie zu liberal. Die ideologische Auseinandersetzung zwischen den sog. **Cartisten** und den

Setembristen (nach der liberalen Verfassung vom September 1821) sollte die politischen Diskussionen Portugals bis zu Beginn des 20. Jh. bestimmen.

Ein glücklicheres Händchen bewies Maria bei der Würdigung der Verdienste, die sich Porto während der Zeit der Belagerung erworben hatte. 1837 verlieh sie der Stadt einen geradezu überbordenden Ehrentitel, der seitdem auch das Stadtwappen ziert: *„Antiga, Mui Nobre, Sempre Leal e Invicta Cidade do Porto"* – *„Altehrwürdige, in höchstem Maße Edle, immer treue und unbesiegte Stadt Porto".* Ihr Vater Pedro hatte seine Wertschätzung bereits 1834 mit der testamentarischen Verfügung zum Ausdruck gebracht, man möge sein Herz in Porto begraben. Es wird bis heute hinter einer schweren Bronzetür im Chor der Igreja da Lapa aufbewahrt.

Porto zeigte sich 1866 erkenntlich und meißelte Pedro in Stein. Seine Reiterstatue ziert seitdem die Praça da Liberdade im Zentrum der Stadt, die damals noch – wie sonst? – Praça Dom Pedro hieß.

Namentlich an die Belagerung der Stadt erinnert die Rua Cerco do Porto im östlichen Ortsteil Campanhã, einem seinerzeit schwer umkämpften Gebiet, von dem aus die Belagerungstruppen Miguels mehrfach vergeblich versucht hatten, in den Kern der Stadt vorzudringen.

Wirtschaftliche Not, wirtschaftlicher Aufbruch

Die Kriege im ersten Drittel des 19. Jh. hatten nicht nur Menschenleben gefordert und Teile der Infrastruktur zerstört, sie hatten auch die wirtschaftliche Entwicklung Portos beeinträchtigt. Besonders deutlich war das im Hafen zu spüren. Der durch die Autonomie Brasiliens ohnehin schon geschwächte Fernhandel war während der Belagerung komplett eingebrochen, die Wiederaufnahme der Geschäfte verlief schleppend. Hinzu kam, dass Porto den Anschluss an den modernen Schiffbau verloren hatte, die Betriebe am Hafen waren nur noch bedingt in der Lage, den inzwischen geforderten Standard zu liefern. Erste Leidtragende waren die einfachen Hafenarbeiter und die städtischen Handwerker, die den Hafenbetrieben zuarbeiteten. So fielen Teile der Bevölkerung in Armut, was sich 1836/37 in mehreren Hungeraufständen niederschlug. Auf Seiten der Unternehmer war die Krise offenbar leichter abzufedern, das jedenfalls dokumentiert der ab 1842 begonnene Bau des **Palácio da Bolsa**. Der eindrucksvolle Palast entstand auf dem Gelände eines während der Belagerung zerstörten Franziskanerklosters in fußläufiger Entfernung zum Douro-Ufer. Er war Sitz der *Associação Comercial do Porto*, dem Dachverband der Portuenser Kaufleute und Gewerbetreibenden, wurde dann jahrelang als Börse genutzt (was auch seinen Namen erklärt), um schließlich wieder an die Handelskammer zu fallen.

Der wirtschaftliche Aufschwung setzte Mitte des 19. Jh. ein. Zwar erreichte der Fernhandel unter den neuen Bedingungen nicht mehr die Spitzenwerte des kolonialen Zeitalters, aber insgesamt stabilisierte er sich auf einem zufriedenstellenden Niveau, besonders der Portweinhandel florierte wieder. Vor allem aber entwickelte sich mit der **Textilherstellung** ein tragfähiges zweites Standbein, hinzu kam ein wahres Sammelsurium an Kleinunternehmen, die Dinge des täglichen Bedarfs herstellten und vertrieben. Reste dieser Kleinteiligkeit haben sich bis heute bewahrt; so ist etwa die Rua do Almada eine wahre Meile des Eisenwarenhandels mit Läden, die in manchmal schon putzig anmutender Weise auf einzelne Produkttypen (z. B. Schrauben) spezialisiert sind.

Heimarbeit

Der (relative) Boom des Textilsektors ist umso erstaunlicher, als die Herstellungsverfahren im Wesentlichen im vorindustriellen Zeitalter verhaftet

World of Discovery – Beobachtungen beim Schiffsbauer

blieben, denn die industrielle Revolution mit ihren großen Fabriken und innovativen Produktionstechniken war weitgehend an Portugal vorbeigegangen. Bis 1880 wurde in Porto lediglich in zwei kleineren dampfbetriebenen Fabriken produziert, der große Rest der Produktion stammte von manuell betriebenen Webstühlen, die in bzw. vor den bescheidenen Wohnhäusern der Arbeiter(innen) aufgestellt waren. Bereitgestellt und gegen Gebühr vermietet wurden die Webstühle vom jeweiligen Unternehmer, der die fertige Ware in Lagern sammelte und prüfen ließ. Bei Qualitätsmängeln, vermeintlichen oder tatsächlichen, wurde der Arbeitslohn reduziert bzw. die Warenannahme verweigert.

Der große Bedarf an Arbeitskräften wurde durch Zuzügler aus dem Portuenser Umland gestillt, entsprechend stark stieg die Einwohnerzahl bis zum Ende des Jahrhunderts an: von ca. 80.000 (1863) auf knapp 170.000 (1900), drei Viertel der 70.000 Neuportuenser hatten ihre Wurzeln außerhalb der Stadt. Dass der Arbeitsmark irgendwann übersättigt war, liegt auf der Hand. Die Folgen waren die üblichen: geringe Löhne und wachsende Arbeitslosigkeit mit den entsprechenden sozialen Problemen.

Die Inseln von Porto

Eine bauliche Hinterlassenschaft dieser Zeit sind die sog. **Ilhas** (Inseln), in denen der Großteil der Arbeiter mit ihren Familien lebte. Die Ilhas waren ursprünglich Reihen kleiner ein- bis zweistöckiger Wohnhäuser, die im verlängerten Hof der der Straße zugewandten Haupthäuser lagen. Zwischen den Häuserreihen verlief eine enge Gasse, der Zugang zur Straße mit den Haupthäusern war durch ein Tor versperrt, die Inseln befanden sich also gewissermaßen abseits der gehobenen gesellschaftlichen Verkehrsströme. Spä-

ter wurden Ilhas auch separat ohne flankierende Haupthäuser gebaut, ihr Design blieb aber ähnlich: zwei kleine Häuserreihen, dazwischen ein schmales Gässchen, das dann allerdings ohne verschließbares Tor direkt zur Straße aus der Unter- in die Oberwelt führte. Einstöckige Ilhas hatten eine Grundfläche von ca. 10 bis maximal 20 Quadratmetern, in denen – zweistöckige Ilhas waren rar und begehrt – nicht selten Familien mit bis zu zehn Mitgliedern unterkommen mussten. Hauseigene sanitäre Einrichtungen gab es nicht, die Ilha-Gemeinschaft musste sich mit einem, manchmal zwei separaten Toilettenhäuschen begnügen. Noch bis in die 1930er-Jahre hinein gab es in der Stadt weit über tausend Ilha-Häuschen, in denen gut 45.000 Menschen untergebracht waren; ab 1937 sollten sie dann im großen Stil abgerissen werden. Realisiert wurden die Abrisspläne nur in Teilen, und so ist bis heute eine erkleckliche Zahl von Ilhas erhalten geblieben, viele sind inzwischen grundsaniert und weiterhin bewohnt. Finden kann man sie z. B. in der Rua Alexandre Herculano in der Nähe der Douro-Brücke „do Infante" oder in der Rua do São Victor im Stadtteil Fontaínhas, die im Volksmund auch als „Rua das Ilhas" bekannt ist.

Große Projekte

Die Ilhas machten nur einen kleinen Teil der vielfältigen Bauunternehmungen Portos in der zweiten Hälfte des 19. Jh. aus, die übrigen waren eher im oberen Segment angesiedelt, vieles davon diente der Verbesserung der Verkehrsinfrastruktur. Bereits kurz vor der Jahrhundertmitte war die **Ponte D. Maria II** entstanden, eine mit 18 Meter hohen Mauerwerkssäulen in Form antiker Obelisken bestückte Hängebrücke in luftiger Höhe über dem stets hochwassergefährdeten Douro. Sie ersetzte die Lastkahnbrücke Ponte das Barcas, die bei der französischen Invasion von

1809 eine so tragische Rolle gespielt hatte. Die Ponte D. Maria II, die nach ihrer Machart stets **Ponte Pênsil** (Hängebrücke) genannt wurde, war 45 Jahre in Betrieb, dann wurde sie zugunsten der 1886 eingeweihten **Ponte Dom Luís I** abgebaut, Reste ihrer Trägersäulen sind neben dem nördlichen Torturm der Dom-Luís-Brücke heute noch zu sehen. Die Ponte Dom Luís I selbst, eine schmiedeeiserne Fachwerk-Bogenbrücke mit zwei Fahrbahnebenen, ist heute neben dem Clérigos-Turm das zweite große Wahrzeichen der Stadt.

Zwei weitere Großprojekte des ausgehenden 19. Jh. waren dem Eisenbahnverkehr gewidmet: der Bau der mittlerweile stillgelegten Ponte Maria Pia (etwa einen Kilometer flussaufwärts der Dom-Luís-Brücke) und der Abriss des Klosters São Bento de Avé-Maria mit anschließendem Baubeginn am gleichnamigen Bahnhof, der 1916 fertiggestellt wurde.

Außer in die Verkehrsinfrastruktur steckte die Stadt ihr Geld u. a. noch in die Errichtung eines aufwendig gestalteten Ausstellungsgebäudes (Palácio de Cristal, mittlerweile von einem modernen Pavillon ersetzt), in den Bau eines Friedhofs (Cemitério de Agramonte) und den eines vom Königshaus mitfinanzierten Theaters (Teatro do Príncipe Real, 1910 in Teatro Sá da Bandeira umbenannt). Darüber hinaus investierte die Stadt in die Anlage von Gärten oder gerne auch begrünten Erinnerungsorten für die Helden der Nation, darunter der Jardim de São Lázaro bei der heutigen Stadtbibliothek, der Jardim de João Chagas in der Nähe des Clérigos-Turm und die Praça do Infante Dom Henrique gegenüber dem Börsenpalast.

Last, but not least ging man auch flächendeckend wirksame Modernisierungsmaßnahmen an. So wurden die großen Straßen sukzessive mit modernen Gaslaternen ausgestattet (ab 1855) und die Haushalte – die besseren, versteht sich – ans moderne Abwassersystem angeschlossen (1887). Unmittelbar vor der Jahrhundertwende trat man dann den Weg ins Zeitalter der Elektrifizierung an. Ab 1895 wurden die ersten elektrisch betriebenen Straßenbahnen in Dienst gestellt (der große Rivale Lissabon war erst 1901 so weit), Jungfernverbindung war die von der Ribeira über die Stadtgrenze hinaus nach Matosinhos. Nach und nach lösten die Eléctricos dann die alten Pferdetrams ab.

Ebenfalls um 1895 erfolgte der Anschluss der ersten privaten Haushalte und Geschäftshäuser an das öffentliche Stromnetz. Darunter war auch die Casa Biel in der Rua do Almada 122. Inhaber war der gebürtige Deutsche Carl Emil Biel, der sich in Porto Emílio Biel nannte und dort 1864 ein Unternehmen mit dem imposanten Namen *Fábrica de Botões à Rua da Alegria* gründete, die Firma war auf die Herstellung von Metallknöpfen spezialisiert. Mit der Casa Biel eröffnete er ein neues Geschäftsfeld: Er stellte massenweise preisgünstige Postkarten her und bediente sich dabei eines völlig neuartigen Verfahrens: der Phototypie, einer Frühform der Fotokopie. Ganz Portugal riss sich um seine Bildpostkarten.

Der König geht, in Porto wird die Republik ausgerufen

1902 feierte die Stadt die Eröffnung des modernen Seehafens **Porto de Leixões**, der etwa acht Kilometer nördlich der Flussmündung des Douro liegt. Damit konnte die Stadt von größeren und modernen Schiffen angelaufen werden, der alte Flusshafen mit seinen Piers bis in den Mündungsbereich verlor zunehmend an Bedeutung. Auch für den Antransport der Weintrauben aus dem Douro-Tal gab es inzwischen eine Alternative zur Flussschifffahrt: die

1887 fertiggestellte Eisenbahntrasse, die parallel zum Fluss verlief. Dennoch blieben die alten *rabelos* noch über Jahrzehnte in Betrieb (noch in den 1930er-Jahren waren knapp 300 Kähne registriert), beendet war die Ära der Transportkähne erst 1964, als das letzte Boot ausgemustert wurde.

In der Stadt selbst wurde 1906 die heute berühmte **Livraria Lello** eröffnet und im gleichen Jahr der bereits 1893 gegründete erste Fußballclub der Stadt in Futebol Clube do Porto, kurz FC Porto, umbenannt. Spielstätte war der Campo da Rua da Rainha mit dem ersten Fußball-Rasenplatz Portugals überhaupt. 1908 eröffnete mit dem **Salão High-Life** das erste „Filmhaus" der Stadt, ein kleiner Bretterverschlag beim heutigen Jardim da Cordoaria nicht weit von der Igreja dos Clérigos.

In der Politik und im Sozialleben lief es nicht so glänzend. 1903 und 1908 streikten die Textilarbeiter(innen), zunächst wegen mieser Löhne und schlechter Arbeits- bzw. Wohnbedingungen, dann aus Protest gegen die billige ausländische Konkurrenz, besonders die englische, die die einheimische Textilherstellung zunehmend unrentabel gemacht hatte. Auch die Weinhändler waren unzufrieden, sie wurden von immer neuen Kontrollverordnungen drangsaliert, die Geschäfte liefen mäßig. Die liberalen Politiker, die im Stadtrat die Mehrheit bildeten und sich schon längst den König weg- und eine Republik herbeiwünschten, sahen sich von der Zentralmacht in Lissabon in die Schranken gewiesen. Dort verschärfte man die Zensur und verbot landesweit die Verbreitung liberal-republikanischer Zeitungen, was zu ersten regelrechten Straßenkämpfen in Porto führte. Lissabon versuchte daraufhin zu beschwichtigen, der König ernannte mit João Franco einen zunächst vergleichsweise liberal agierenden Regierungschef, der sich dann aber – heute würde man sagen – zunehmend radikalisierte. 1908 ließ er eine Reihe republikanischer Parlamentarier, darunter vier Abgeordnete aus Porto, unter dem Vorwurf der Vorbereitung eines Staatsstreichs verhaften. Tags drauf folgte die Reaktion: König Carlos I. wurde auf der Praça do Comércio in Lissabon erschossen. Sein Sohn und Nachfolger Manuel II. versuchte zu retten, was noch zu retten war, hob die Zensur auf, kündigte Neuwahlen an, verschliss binnen zwei Jahren sechs Ministerpräsidenten – am Ende ohne Erfolg, denn die Republikaner und ihre vielen Sympathisanten mochten nicht mehr. Am 4. Oktober 1910 trat Manuel zurück, einen Tag später wurde in Porto, dem Zentrum der republikanischen Bewegung, die **República Portuguesa** ausgerufen.

Das Militär putscht

Die Republik verordnete dem Land ein strenge Trennung von Staat und Kirche, ersetzte das Ständewahlrecht durch ein allgemeines für alle Portugiesen (den Zusatz „-innen" kann man sich hier getrost ersparen …), installierte eine unabhängige Justiz, gab den Menschen das Streikrecht – ein durchschlagender Erfolg war sie dennoch nicht, zwischen 1910 und 1926 wechselte 45-mal die Regierung und nicht alle waren demokratisch legitimiert. Die Republik wurde von monarchistischen Aufständen gebeutelt, sah sich mit einer nicht enden wollenden Streikwelle konfrontiert, ließ sich zweimal temporär wegputschen, fing sich jeweils wieder, hatte aber am Ende eine hochgradig zersplitterte Parteienlandschaft produziert, in der nur mehr Partikularinteressen vertreten wurden. In dieser toxischen Gesamtsituation war kein republikanischer Behauptungswille mehr zu mobilisieren, 1926 putschte das Militär, 1930 berief es den bisherigen Finanzminister **António de**

Oliveira **Salazar** zum Ministerpräsidenten. Der sollte 38 Jahre in diesem Regierungsamt verbleiben, die meiste Zeit als oberster Wächter des sog. Estado Novo, eines autoritär geführten Ständestaates, in dem ein erlesener Kreis von Besitzenden über die Masse der Besitzlosen herrschte.

Porto hatte sich dem Staatsstreich von 1926 noch mit einer Art republikanischem Gegenputsch zur Wehr setzen wollen, der aber von der Armee niedergeschlagen wurde. 1927 wurde das Stadtparlament aufgelöst, die Republik war auch in Porto endgültig zunichte.

Zum städtebaulichen Vermächtnis der turbulenten Republikjahre zählen die 1915 abgeschlossene Verlängerung der knapp 6 km langen Avenida da Boavista Richtung Meer (nördlich von Foz do Douro), die Fertigstellung des Bahnhofs Sao Bento (1916) und der Beginn der Bauarbeiten um die Praça da Liberdade mit dem turmgeschmückten Rathaus (Baubeginn 1920) und der Prachtmeile Avenida dos Aliados. Außerdem entstand in jenen Jahren (1914) ein ganz besonderes Stück Porto: der Mercado do Bolhão, eine zweistöckige neoklassizistische Markthalle, die leider seit einigen Jahren geschlossen ist und wohl zu einem moderneren Konsumtempel umgebaut wird.

Salazar und der Estado Novo

Diktator Salazar war kein politischer Claqueur wie Mussolini und kein rasender Demagoge wie Hitler. Er lebte puritanisch, pflegte keinen Personenkult, öffentliche Auftritte zur Mobilisierung der Massen waren ihm zuwider. Wenn er sich an sein Volk wandte, dann in der Regel mit längeren Radio- und später Fernsehansprachen, in denen er das tat, was er gelernt hatte: dozieren. Vor seiner politischen Karriere war Salazar Professor für Volkswirtschaftslehre an der Universität von Coimbra. Sein Studium hatte er finanziellen Zuwendungen der Kirche zu verdanken, der er sein Leben lang in besonderer Weise verpflichtet blieb – umgekehrt galt das auch.

Die portugiesische Flagge stammt aus der Zeit der Republik von 1910

Als Politiker und Ideologe strebte er eine gesellschaftliche Ordnung an, die er als die natürliche erachtete: mit patriarchalischen Vorrechten für Klerus, Adel und Großbürgertum, der Rest der Bevölkerung sollte – seiner Bestimmung gemäß – in Unmündigkeit verbleiben. Der von ihm propagierte Estado Novo war nur dem Namen nach neu, faktisch war er restaurativ und rückwärtsgewandt: Es gab eine Einheitspartei, keine Gewerkschaften, und es herrschte Zensur. Das Wahlrecht, das sich darauf beschränkte, die Kandidaten der Einheitspartei zu bestätigen, war an die Besitzverhältnisse gekoppelt, sodass nur etwa 20 Prozent der Portugiesen davon Gebrauch machen konnten. Frauen waren laut Wahlgesetz „im Hinblick auf die naturgegebenen Unterschiede und das Wohl der Familie" weiterhin komplett ausgeschlossen. Die Wirtschaft des Landes hatte ein Clan von nicht mehr als dreißig auf vielfältige Weise miteinander versippten Familien in Händen. Diese Familien beherrschten und besaßen alles: die Banken, die Fabriken, die Eisenbahnen, die Ländereien usw.

Wer sich konform verhielt, hatte vital nichts zu befürchten, wer das nicht tat, bekam Besuch von der Geheimpolizei. Auf der Kapverden-Insel Santiago unterhielt der Staat ein Konzentrationslager, das sich am deutschen Vorbild orientierte. In vielen anderen Städten des Landes gab es Gefängnisse, in denen Oppositionelle weggesperrt und gefoltert wurden, auch und gerade in Porto, das immer noch als Brutstätte des Republikanismus (und später dann des Kommunismus) galt.

Ursprünglich war Salazar 1928 von der Militärdiktatur beauftragt worden, den heillos überschuldeten Staatshaushalt zu sanieren. Das gelang ihm während seiner langen Amtszeit sogar, allerdings nur weil er auf die bedingungslose Ausbeutung der verbliebenen Kolonien setzte und Ausgaben in den Bereichen Gesundheit, Bildung und Soziales radikal zusammenstrich. So hatte Portugal noch Ende der 1960er-Jahre das niedrigste Bildungs- und Gesundheitsbudget in ganz Europa, was dem Land u. a. die höchste Analphabeten- und die höchste Kindersterblichkeitsrate einbrachte. Auch die industrielle Entwicklung kam nicht ins Rollen, denn wegen der niedrigen Löhne war die Kaufkraft gering, sodass es für die Massenproduktion von Waren, die mehr als nur die elementaren Bedürfnisse befriedigten, schlicht keinen Markt gab. Sozialpolitische Maßnahmen zugunsten der geringverdienenden Normalbevölkerung blieben rar und dienten einzig dem Zweck, die Besitzlosen ruhigzustellen, und nicht dazu, sie perspektivisch am Besitz teilhaben zu lassen. Eines von Salazars Sozialprojekten hatte allerdings Auswirkungen bis in die jüngste Zeit, gerade für Porto (→ Kasten „Porto lebt").

Zeugnisse des industriellen Niedergangs

„Porto lebt" – kein Ärger mit den Mieten

1947 verfügte das Salazar-Regime einen Mietpreisstopp für die beiden einzigen Metropolen des Landes Lissabon und Porto. Der blieb jahrzehntelang und noch weit über das Ende der Diktatur hinaus in Kraft, sodass der Realwert der eingefrorenen Mieten angesichts einer fort-schreitender Inflation ins Unermessliche sank. Am Ende der 1980er-Jahre war der Mietpreis für so manche Portuenser Altstadtwohnung bei umgerechnet geradezu lächerlichen 5 Euro angelangt, mehr als 20 Euro waren so gut wie gar nicht zu erzielen. Hinzu kam, dass der Kündigungsschutz praktisch grenzenlos war und die Mietverträge automatisch von den Eltern auf die Kinder übergingen. Die Folge war, dass kaum ein Vermieter bereit oder in der Lage war, auch nur einen Cent in dringend notwendige Sanierungsmaßnahmen zu stecken. Die Häuser verrotteten, wurden teilweise verlassen und regelrecht zugemauert. So hatten im ältesten Viertel der Stadt, dem Morro da Sé auf dem Kathedralenhügel, zu Beginn der 1990er-Jahre 96 Prozent der Gebäude mittleren bis starken Sanierungsbedarf, 38 Prozent standen leer, viele davon notdürftig mit Holzbalken vor dem Einsturz geschützt. In der Ribeira unten am Fluss sah es kaum

Wohnruinen – heute eher selten

besser aus, darüber hinaus gab es „Inseln des Verfalls und des Leerstands" über das ganze Stadtgebiet verteilt. Wer es sich hatte leisten können, war in die gepflegte Vorstadt gezogen, wo sich nach und nach ein suburbaner Speckgürtel gebildet hatte.

Eine grundlegende Änderung des Mietrechts trat erst 2006 in Kraft. Die Uraltverträge wurden aufgelöst und für die künftigen Mieten neue Bemessungsgrundlagen festgelegt, Erhöhungen durften allerdings nur gestaffelt vorgenommen werden. Seitdem kümmert sich eine Stadterneuerungsgesellschaft mit dem hübschen Namen Porto Vivo, „Porto lebt", um die Steuerung der Sanierungsgeschäfte. Sie hat die Sanierungsverantwortung komplett auf die Hauseigentümer übertragen und unterstützt die Maßnahmen im Gegenzug mit Fördergeldern, sorgt für billige Kredite usw. Ihre Kompetenzen sind weitreichend und gehen im Extremfall bis zur Zwangsenteignung sanierungsunwilliger Eigentümer. Erste Erfolge sind seit etwa 2010 deutlich sicht- und hörbar: In der Altstadt wird seitdem fleißig getüncht, gebohrt, gefräst und gehämmert. Negative Folgen hatte das Ganze freilich auch: So manch ein prinzipiell sanierungsbereiter Eigentümer kam trotz Förderung nicht über die Runden und verlor sein Haus.

Nelkenrevolution

Salazars Abtritt von der Macht war kurios, folgende Geschichte wird kolportiert: Nachdem der Diktator und Ministerpräsident in Personalunion 1968 in Folge einer Hirnblutung ins Koma gefallen war, glaubte niemand daran, dass er sich je wieder erholen würde, und so wurde **Marcelo Caetano** zu seinem Nachfolger bestimmt. Tatsächlich aber erwachte Salazar aus dem Koma und drang alsbald darauf, seine Amtsgeschäfte wieder aufzunehmen. Da niemand wagte, ihm die tatsächliche Lage nahezubringen, berief er wieder Kabinettssitzungen ein, ohne zu wissen, dass die Musik in Caetanos realem Kabinett spielte und nicht in seinem, das nichts weiter als ein Schauspiel war. Salazar starb 1970 in seiner Geburtsstadt Santa Comba Dão nordöstlich von Coimbra.

Die Diktatur starb vier Jahre später. Das Land führte seit 1961 Kriege mit seinen nach Unabhängigkeit strebenden afrikanischen Kolonien Mosambik, Angola und Guinea, die es wegen der dort reichlich vorhandenen Bodenschätze schon aus wirtschaftlichen Gründen nicht aufgeben wollte. International war das Regime schon lange isoliert, und auch in der Bevölkerung daheim regte sich Widerstand, das Land versank in Agonie. Die Reißleine zog schließlich das Militär in Gestalt der linksgerichteten Armeegruppe **Movimento das Forças Armadas**, deren Einheiten am 25. April 1974 aus ihren Kasernen nach Lissabon ausrückten, um dort Ministerien, die Nationalbank, Rundfunk- und Fernsehanstalten sowie den Flughafen zu besetzen. Ähnliches geschah zeitgleich auch in Porto und anderen großen Städten des Landes, wo die Truppen des Movimento die administrativen Zentren des untergehenden Estado Novo unter ihre Kontrolle brachten. In Porto wurden Rathaus und Justizpalast besetzt und außerdem die Gefängnistore für die dort einsitzenden politischen Gefangenen geöffnet. Ernstzunehmenden Widerstand gab es nicht, wie andernorts auch liefen die Polizeikräfte in Scharen zu den Aufständischen über, selbst die verbliebenen regimetreuen Militärs hatten die Zeichen der Zeit erkannt und verhielten sich ruhig: Die Revolution von 1974 verlief wie die Liberale Revolution von 1813 nahezu unblutig. Benannt wurde sie nach den roten Nelken, die sich die rebellierenden Soldaten zuhauf an ihre Uniformen und in die Läufe ihrer Gewehre gesteckt hatten. Die rote Nelke war ein geläufiges Symbol der europäischen Arbeiterbewegung, für viele wird sie schlicht ein Zeichen für das lange herbeigesehnte Aufblühen nach knapp einem halben Jahrhundert politischem und gesellschaftlichem Winter gewesen sein.

Moderne Zeiten

Portugal war nach 48 Jahren wieder in der Demokratie angelangt. Das erste Mal in der Geschichte des Landes wurde eine Verfassung verabschiedet, die ein allgemeines Wahlrecht für alle Frauen und Männer ab 18 Jahren vorsah. Anders als der Putsch von links verheißen hatte, war der sozialistische Impetus der Revolution schon bald verflogen. Aus den ersten Wahlen ging nicht die mit großen Erwartungen angetretene Partido Comunista als Sieger hervor, sondern die sozialdemokratisch orientierte Partido Socialista (PS), die auf Reformen und nicht auf radikalen Wandel setzte. Bereits 1978 wurde dann der erste bürgerlich-konservative Politiker zum Ministerpräsidenten des Landes, und seit 1981 wechselt das Amt in hübscher Regelmäßigkeit zwischen Vertretern der sozialdemokratischen PS und solchen der liberal-konservativen Partido Social Democrata (PSD) hin und her.

Portos Präferenz lag lange Zeit bei der Partido Socialista, sowohl bei den Wahlen zum Landesparlament als auch bei

Sozialbauten vom portugiesischen Stararchitekten Álvaro Siza Vieira

denen zum Stadtrat. Erst 2002 kam es in der Stadt zu einem Wechsel, als Rui Rio von der konservativen PSD zum Bürgermeister gewählt wurde. Seit 2013 ist – mittlerweile in der zweiten Legislaturperiode – der Parteilose Rui Moreira im Amt, unterstützt wird er vom rechtskonservativen *Centro Democrático e Social – Partido Popular (CDS –PP)*.

Zu den herausragenden städtebaulichen Errungenschaften seit der Nelkenrevolution zählen zwei Funktionsgebäude aus dem Bereich Kunst und Kultur: das **Museu de Arte Contemporânea de Serralve** (1996–99) in einem prächtigen, weitläufigen Landschaftspark aus den 1930er-Jahren, mittlerweile das wichtigste Museum für Gegenwartskunst in ganz Portugal; und die **Casa da Música** (1999–2005), ein hypermodernes polygonales „Musikhaus" mit blendender Akustik und vielen architektonischen Überraschungen außen wie innen. Erwähnenswert ist darüber hinaus eine Reihe von Stahlbetonhochhäusern, die das vertraute Design der Granit-Stadt geradezu konterkarieren. Das bekannteste ist der 2003 fertiggestellte

Torre Burgo (Burgo Empreendimento) an der Avenida de Boavista, der als Bürogebäude genutzt wird.

Die bedeutendsten Ereignisse seit der Nelkenrevolution waren zwei internationale Würdigungen: Die erste war die Aufnahme des historischen Zentrums Portos in die **Welterbe-Liste der UNESCO** (1996), die zweite die Ernennung zur **Europäischen Kulturhauptstadt** im Jahr 2001. Besonders Letzteres rückte die Stadt in den Blickpunkt des internationalen Tourismus und bescherte ihr bis dato nicht gekannte Besucherzahlen. Ein weiterer Schub war ab 2013 zu verzeichnen, als die ersten Billigflieger Porto in ihr Programm aufnahmen. 2019 hatte die etwa 240.000 Einwohner zählende Stadt übers Jahr verteilt rund 1,8 Millionen Gäste und war nah an der Schwelle zum Overtourism, manche sahen die kritische Grenze bereits überschritten.

Seit April 2020 steht der Tourismus in Porto wie vielerorts auf der Welt nahezu still. Wann er wieder ins Rollen kommt und wie er dann aussehen wird, weiß derzeit niemand.

„Meeresfrüchte für Arme" – gibt es nicht

Portos Küche

Eine Großstadt wie Porto – noch dazu mit so vielen Gästen aus den verschiedensten Ländern – bietet eine Vielfalt an kulinarischen Verlockungen. Und besonders die experimentierfreudigen jungen Städtereisenden genießen die internationale Fusion-Küche, die sich oft mit asiatischem oder spanischem Einschlag zeigt. In modern gestylten Bar-Restaurants haben sich besonders Tapas und Burger in allerlei Variationen durchgesetzt.

Als eingefleischter Portugalliebhaber möchte ich Ihnen aber in erster Linie die bodenständige, authentische Küche vorstellen, die in Porto noch weit mehr gepflegt wird als etwa in Lissabon. Fischliebhaber müssen allerdings Abstriche machen: Anders als vielleicht zu vermuten, kommt frischer Fisch in Porto nicht so häufig auf den Teller wie in anderen Teilen des Landes. Doch es gibt eine buchstäblich nahe liegende Alternative: das Fischer-

städtchen Matosinhos unmittelbar vor der Haustür Portos, dessen Restaurants ganz auf frischen gegrillten Fisch abonniert sind.

Fleisch und Fisch

Tripas: Das Gericht, von dem die Portuenser ihren Spitznamen *tripeiros* (Kuttelfresser) haben, steht in allen regionaltypischen Restaurants noch immer auf der Karte. Tripas sind eine deftige Sache – zu dem Gericht gehören u. a. Kutteln, weiße Bohnen, Speck, Bauchfellschwarte, Zwiebeln, Weißwein, Schinken und diverse Wurststückchen.

Bacalhau: Auch wenn Portos Restaurants, wie erwähnt, nicht die allererste Adresse für Fisch sind – in einer Variante ist er nahezu allgegenwärtig: als gesalzener, luftgetrockneter Kabeljau. Durch sorgfältige Wässerung wird der in konserviertem Zustand bretthharte Fisch zu neuem kulinarisch verwertbarem Leben erweckt und geht dann als Hauptzutat in zahllose Bacalhau-Gerichte ein, darunter *bacalhau à brás* (Kabeljaustreifen, Bratkartoffeln bzw. Pommes und Eier) oder *bacalhau à Gomes de Sá (Kabeljau-Kartoffel-Auflauf mit Oliven)*. Als Vorspeise sehr beliebt sind *bolinhos de bacalhau*, frittierte Kabeljau-Kartoffel-Bällchen mit Petersiliewürzung.

Francesinha: Diese Spezialität steht mehr für die moderne Küche Portos. In den 1950er-Jahren hat Daniel Silva das Gericht, heute Lieblingsspeise vieler Studenten, erfunden: ein von Soße triefendes Sandwich. Silva, der einige Zeit in Frankreich verbrachte, ließ sich dort vom *croque-monsieur* inspirieren: Toast, Kochschinken, Räucherwurst, gebratenes Rindfleisch und geschmolzener Käse, schwimmend in einer Soße aus Tomaten, Bier und Senf. Die Variationen sind je nach Lokal sehr unterschiedlich, selbstverständlich gibt es auch vegetarische Francesinhas, was übersetzt übrigens „kleine Französinnen" heißt.

Prego & Bifanha: Die portugiesischen Hamburger, die eine Variante (prego) mit Rind-, die andere (bifanha) mit Schweinefleisch. Das Fleisch wird in einem würzigen Knoblauch-Sud gekocht und noch warm im Brötchen gegessen. Ein Zeichen von Qualität: Das bereits gefüllte Brötchen wird abschließend nochmals in den heißen Sud getunkt.

Alheira: Ursprünglich eine Geflügelwurst, heute besteht sie meist aus Schweinefleisch und Speck. Sie wird zusammen mit Kartoffeln und Gemüse serviert; oft ist sie das preiswerteste Gericht in den Restaurants. Die Rezeptur stammt aus der Zeit der Inquisition – von Juden, die sich, weil sie verfolgt wurden, taufen ließen, aber im Verborgenen noch ihrem Glauben anhingen. Verräterisch war es, wenn sie ihre zu Hause gefertigten Würste nicht in die gemeinschaftlich genutzte Räucherkammer brachten. Also stellten sie Wurst aus Geflügel oder Wild her, um nicht aufzufallen.

Fischvariationen und eine Portion Francesinha

Vegetarisch essen

Makrobiotische Restaurants gibt es in Portugal schon lange, doch ihr Angebot und die etwas altertümliche Einrichtung schien etwas aus der Zeit gefallen. Inzwischen hat die neue Welle einer für Tier- und Umwelt freundlicheren Ernährung auch Porto erfasst und eine große Auswahl an Veggi-Restaurants entstehen lassen, die fleischlosen Genuss servieren. In den Stadttouren nennen wir empfehlenswerte vegetarische Restaurants.

Backwaren

Die portugiesischen Torten und Kuchen entsprechen nicht unbedingt unserem mitteleuropäischen Geschmack, oft sind sie übersüß und fettreich. Auch das portugiesische Croissant kommt nicht so leichtfüßig wie das französische aus der Backstube, es ist fettreicher als bei uns und ungewohnt teigig.

Als Snack für zwischendurch werden in den Cafés gerne **Massa folhada** angeboten, das sind Blätterteigteilchen, gefüllt mit Hackfleisch oder Käse – auch sie sind fetthaltiger als bei uns.

Beliebt bei Portuensern ist die Verbindung von Eigelb und Zucker (*ovos moles, lerias, pão de ló*). Das ursprünglich aus der Algarve stammende Mandelgebäck wird in Porto gern in Plätzchenform gebracht. Und überall in Portugal gibt es die **Pastéis de natas**, kleine, runde Rahmpastetchen. **Pão de Lò** ist ein luftiger Biskuitkuchen, der zu Weihnachten oder an Ostern in der Familie verspeist wird. Er wird traditionell nicht angeschnitten, sondern jeder zupft sich sein Teil davon ab.

Bier

In Portugal beherrschen zwei große Brauereien den Markt: **Sagres** und **Super Bock,** daneben werden auch ausländische Biere in Lizenz gebraut. Sowohl von Sagres als auch von Super Bock gibt es neben der normalen Sorte auch Schwarzbier, das *cerveja preta*. In jüngster Zeit wurde in Porto eine Reihe von Kleinbrauereien gegründet, die ziemlich erfolgreich sind. Das Craft Beer der Kleinbrauerei **Nortada** etwa wird inzwischen in verschiedensten Kneipen ausgeschenkt.

Fantastische Auswahl an feinen Backwaren

Porto im Kasten
Porto Beer Nation

Wie in manch anderem südeuropäischen Land wird der Bierkonsum auch in Portugal immer beliebter – das Mikrobrauereiwesen blüht. Seit einigen Jahren findet nun auch das „Porto Beer Fest" (porto-beer-fest/facebook) in der alten Alfândega (→ S. 31) statt, meist im Juni.

Folgende Bars und Restaurants der Stadt legen auf eine gepflegte Bierauswahl Wert und machen auch gemeinsam Öffentlichkeitsarbeit, Werbeslogan: „Porto Beer Nation":

Armazém da Cerveja, Rua Formosa 130, riesige internationale Auswahl.

As 7 Maravilhas, Rua das Taipas 17c, sogar mit Currywurst auf der Karte.

Catraio, Rua de Cedofeita 256, schmale Bierbar in der alten Einkaufsstraße.

Celta Endovélico, Rua do Bonjardim 680.

Gulden Draak, Rua José Falcão 82, große Auswahl an belgischen Bieren.

Letraria, Rua da Alegria 101, toller, großzügiger Biergarten.

Patria, Rua dos Mártires da Liberdade 30 – gleich nebenan gibts die billigste Bierschwemme der Stadt.

Terraplana, Av. de Rodrigues de Freitas 287, geschmackvolle Bar mit Pizzaofen.

Fábrica Nortada, Rua de Sá da Bandeira 210, große Bierschänke mit Eigengebräu.

In einfachen Kneipen kostet das kleine Bier vom Fass zu 0,2 l etwa 1 €. Ein großes Bier zu 0,4 l oder 0,5 l *(caneca)* kostet ca. 2 €. Wer als vermeintlicher Landeskenner in Porto ein kleines Bier haben möchte und ein „Imperial" bestellt, so nennt man in Portugal üblicherweise die kleinste gezapfte Menge, wird gern zurechtgewiesen – in Porto heißt es „Fino". Der Begriff Imperial stammt aus Lissabon und bezeichnete eine Biermarke.

Cafés

In Portugal ist Kaffee Teil der Kultur – Teetrinker haben es schwer; große Ausnahme ist das „Rota do Chá", (s. u.). Porto ist eine Stadt der Kaffeehäuser, mit großen, mitunter hallenartigen Cafés wie in Wien. Etliche haben den Zeitsprung ins Heute leider nicht geschafft oder präsentieren sich im Gewand eines MacDonald's-Restaurants, doch zumindest das architektonische Flair ist glücklicherweise nicht verlorengegangen. Gebäck und Süßes werden gerne angeboten, dabei sollte man Cafés mit eigener Konditorei („fabrico próprio") bevorzugen.

Bei einer **Bica,** dem Espresso, wird stundenlang geschwatzt, studiert oder Geschäfte werden besprochen. Da sich Portugiesen ungern zu Hause verabreden, sind die Cafés ein beliebter und geselliger Treffpunkt. Anders als in Deutschland sind sie in Portugal bis zum späten Abend geöffnet. Mittags, manchmal auch abends bieten sie einige billige Tagesgerichte an, die meist ein recht gutes Preis-Leistungs-Verhältnis haben. Oft sind dann alle Tische mit speisenden Angestellten und Arbeitern belegt, und man muss seine Bica am Tresen schlürfen.

Der Kaffee kommt meist aus Brasilien, Afrika oder Vietnam und ist ein tiefschwarzer Espresso. Sein Geschmack unterscheidet sich beträchtlich von dem in Deutschland üblichen Kaffee. Filterkaffee ist in Portugal nicht verbreitet: Entweder trinkt man einen kleinen Espresso oder einen (großen) Milchkaffee.

Espresso ist nicht gleich Espresso: Neben der erwähnten, normalen **Bica** gibt es die größere, weniger starke **Bica cheia** – und als anderes Extrem die kleinere, in ihrer Wirkung noch intensivere **Bica italiana**. Weitere Variationen sind die **Bica com cheiro**, ein Espresso mit Schnaps, oder der **Café duplo**, eine doppelte Bica.

Auch für den Milchkaffee gilt: Nicht jeder Milchkaffee ist gleich Milchkaffee! **Garoto** oder **Pingado** ist eine Bica mit Milch (kleiner Milchkaffee). Etwas mehr Inhalt hat die **Meia de leite**: Dabei handelt es sich um eine Bica mit noch einmal der gleichen Menge Milch, die etwa unserem Milchkaffee entspricht. Der **Galão** schließlich ist ein 0,2 l großer Milchkaffee und das erklärte Lieblingsgetränk vieler Portugiesen am Morgen. Zubereitet wird er mit einer Bica und heiß aufgeschäumter Milch – „galão de máquina". Der Autor bestellt seinen **Galão** gerne mit kalter Milch *(leite fria)*.

Und es gibt noch weitere Möglichkeiten der Zubereitung des Kaffees – eine Auswahl:

Für die **Carioca** wird die Bica halb mit Wasser aufgefüllt, die **Cevada** ist ein Malzkaffee. Der **Carioca de limão** ist eigentlich gar kein Kaffee – er wird nicht mit Kaffeebohnen, sondern mit

Stilgerechter Milchkaffee (Galão)

heißem Wasser und frischem Zitronensaft bzw. Zitronenschale bereitet. **Café duplo com leite** – doppelter Café mit Milch – ist die Sorte, die dem deutschen Filterkaffeetrinker neben der *meia de leite* wahrscheinlich am vertrautesten ist.

Majestic, das bekannteste, reich ausgeschmückte Jugendstilcafé der Stadt findet sich in der Einkaufsstraße und Fußgängerzone der Rua Santa Catarina. J. K. Rowling ließ sich der Legende nach dort zu Ihrem Welterfolg „Harry Potter" inspirieren. Heute ist das Majestic ein hundertprozentiger Touristentempel und entsprechend teuer. Der Milchcafé kostet hier so viel wie in einem normalen Café ein kleines Mittagsmenü (4,50 €). Fehlt nur noch, dass man, wie bereits in der Buchhandlung Lello (→ S. 29), Eintritt zahlen muss. Rua Santa Catarina 112.

Café Brasileira, das prächtige Kaffeehaus wurde 1903 ebenfalls im Jugendstil errichtet. Anfangs war es nur ein Kaffeegeschäft, in dem die Kunden beim Kauf der frisch gerösteten Bohnen als Dreingabe einen schwarzen Bica hingestellt bekamen. Dieses neue Ritual war wegbereitend für die Kaffeehauskultur in Portugal. Das Vorzeigehaus gammelte allerdings Jahrzehnte hinter vernagelten Türen vor sich hin, bis 2018 die Pestana-Hotelkette in den Obergeschossen ein Luxushotel einrichtete. Das Kaffeehaus im Erdgeschoss und ein Restaurant mit der Originalausstattung von 1903 erstrahlen nun wieder im alten Glanz. Rua de Sá da Bandeira 75.

McDonald's, mindestens mal zum Reinschauen, denn einst war das Haus ein spektakulärsten traditionellen Kaffeehäuser mit herrlichen Glasmalereien. 1936 bis 1995 nannte es sich Art-Deko-Café Imperial, der imperiale Bronzeadler wacht auch heute noch über dem Eingang. Es wird gesagt, dass sich dort gerne die oppositionellen Größen trafen und in Gedanken die Revolution gegen Salazar vorwegnahmen. Praça Liberdade 126.

Guarany, ebenfalls ein Art-déco-Café. Aber nur wenige Tische stehen für Kaffeetrinker und Schaulustige zur Verfügung, denn an den meist weiß gedeckten Tischchen wird heute zur Essenszeit erwartet, dass der Gast speist. Das Guarany wurde als Musikcafé konzipiert und ist dies auch heute noch. Die verbotene Liebe der Portugiesin Cecília zu dem Indianerhäuptling aus dem Stamm der Gurani gab die Vorlage zu einer Oper und dem Café seinen Namen. Es war das Werk des brasilianischen Komponisten Antônio Carlos Gomes, das 1870 in Mailand uraufgeführt wurde. Auch heute gibt es regelmäßig ein musikalisches Abendprogramm, es wechselt zwischen Fado, Cuba und Klassik, Näheres auf www.cafeguarany.com. Avenida dos Aliados 89/85.

Café Âncora d'Ouro, jeder nennt es bei seinem Spitzname „Piolho" (Kopflaus), weil Dichter und Denker hier Stammgäste waren und sich beim Sinnieren gern das Haupthaar kraulten. Das etwas unscheinbare Café neben dem mächtigen Palast des Rektorats der Universität ist in Porto eine Institution und auf der inzwischen gepflasterten Fläche davor ist es oft schwierig, einen Platz zu bekommen. Hier kann man einen „cimbalino" (Espresso) bestellen, benannt nach der ersten, aus Italien importierten Siebträgermaschine der Stadt. Es war auch das erste Lokal mit Elektroanschluss. Auch der obligatorische Fernseher, heute in allen traditionellen Lokalen präsent, trat hier seinen Siegeszug an. Geöffnet Mo–Sa. Praça Parada Leitão 45.

Café Avi, das repräsentative Kaffeehaus wurde 1947 eröffnet und war damals insofern seiner Zeit voraus, als hier auch Frauen ohne Begleitung zum Kaffeetrinken vorbeikamen – wenn es sie nicht störte, dass im Hintergrund des Saals eine halbnackte Dame aus Bronze auf ihrem Sockel kauerte. An Wochenenden ist hier abends zur Essenszeit oft viel los. Rua de Avis 27.

Com Cuore, kleines Café mit überschaubarer Auswahl an süßem, glutenfreiem Gebäck. Rua Trindade Coelho 16 (bei der Einfahrt zur Tiefgarage).

Maos Hábitos („Schlechte Gewohnheiten"), Café/Restaurant im 4. Stock über einer Garage der Zwanzigerjahre (an der Straße nicht ausgeschildert) – schöner Blick über die Dächer und auf das gegenüberliegende Konzerthaus Coliseu. Gute Auswahl an vegetarischen Gerichten und Pizza. Dazu regelmäßig auch kleine Kulturveranstaltungen und zeitgenössische Ausstellungen. Rua de Passos Manuel 178.

meinTipp **Rota do Chá,** hier im schattigen Garten zu sitzen ist ein Traum. Neben Kaffee stehen 300 verschiedene Teesorten zur Wahl. Besonders lohnenswert ist der Mittagstisch, für 8 € gibt es ein komplettes, kleines Menü, Fisch, Fleisch oder Veggi. Wenn mittags etwas übrig geblieben ist, wird auch abends noch aufgetischt. Tägl. 11–21 Uhr. Rua Miguel Bombarda 457, ✆ 220136726, www.rotadocha.pt.

Im wiedereröffneten Café Brasileira

Eiscafés

Eiscremes natur, also ohne Aromastoffe und Einfärbungen, sind zurzeit in Porto der Renner. Die italienische Kette Amorino ist inzwischen in der Rua Santa Catarina vertreten, eine weitere Filiale direkt neben der Buchhandlung Lello. Es gibt aber auch zwei alte Familienbetriebe, die nicht in gute Lauflagen umgezogen sind und vielleicht ihre Rezepturen etwas nachbessern könnten. Achtung: eine Eiskugel in Porto ist bestimmt die doppelte Menge, die wir gewohnt sind.

La Copa, verstecktes kleines Eiscafé mit Patio zum draußen Sitzen, hinter dem Verkaufstresen kann man einen Blick in die Eisküche werfen. Es gibt frische Sahne! Av. de Rodrigues de Freitas 366 (zwischen Rua de Passos de Manuel und Jardim de Lázaro).

Portuense, eine Neugründung, die es seit 2016 mit bemerkenswerten Eigenkreationen versucht, z. B. „Cereja e Chocolate" (Kirsche mit Schokolade) und „Porto Tawny", eine Variante für Liebhaber des Portweins. Rua do Bonjardim 136, ✆ 222-423223.

Neveiros, Portos älteste Eisdiele findet sich etwas außerhalb vom Zentrum in der Rua da Alegria 930, ✆ 225-370005.

Garrafeira in der Rua da Conceição

Weine in Nord-portugal
von Niels Pickert

Porto ist die Stadt, die dem Portwein seinen Namen gab – und das, obwohl die Weinkeller in der Stadt Vila Nova de Gaia auf der anderen Flussseite liegen. Portwein ist ein Süßwein, der durch das Stoppen der Gärung mit starkem Alkohol entsteht. Seine Beliebtheit verdankt er den Engländern.

Neben den Portweinen hat Portugal aber auch etliche andere großartige, teils international aber relativ unbekannte Weine. Bekannt sind vor allem die Rotweine aus dem Douro-Tal und der Vinho Verde aus dem Minho. Weitere Anbaugebiete südlich des Duoro wie Dão, Beirrada, Setubal und Alentejo bringen ebenfalls exzellente Weine hervor, meist sehr gute Rotweine, aber auch den einen oder anderen Weißwein.

Kurze Weingeschichte Portugals

Wein wurde in Portugal schon lange vor den Zeiten der Römer getrunken.

Vermutet wird, dass schon 2000 Jahre vor unserer Zeitrechnung im Tejo-Tal Wein gekeltert wurde. Die Römer begannen dann mit dem Weinanbau in größerem Stil, die Sueben und Mauren führten ihn fort. Im Mittelalter wurde der Anbau dann verstärkt betrieben, um die gestiegene Nachfrage zu decken: Der Wein wandelte sich von einem lokal produzierten und konsumierten Getränk zu einem Handelsgut.

Vor über 600 Jahren, 1373, unterzeichneten England und Portugal einen Vertrag, der es den Portugiesen erlaubte, vor der britischen Küste nach Kabeljau zu fischen. Im Gegenzug erhielt England Lieferungen von **Vinho Lamego**, einem kräftigen Rotwein aus dem Douro-Tal, benannt nach der Stadt Lamego. Dieser Wein zählte im späten Mittelalter zu den besten des Landes.

Mit dem Beginn der portugiesischen Entdeckungen im 15. Jh. wurden die Schiffsbesatzungen auch mit Wein als Proviant versorgt. In dieser Zeit begegnet man dem **Vinho de Roda** oder dem **Torna Viagem**, das waren Weinfässer, die die Reise nach Afrika oder Indien und wieder zurück gemacht hatten, ohne geöffnet zu werden. Einige dieser Weine wurden durch diese Art der Lagerung tatsächlich besser, und diese Erfahrung floss in den Weinbau des Landes ein.

Im 17. Jh. begann England aufgrund der schlechten Beziehungen zu Frankreich nach neuen Lieferanten für Wein zu suchen und entsandte Kaufleute auf die Iberische Halbinsel. Die Qualität der Weine war im Allgemeinen jedoch schlecht, vor allem aufgrund der hygienischen Verhältnisse. Nur in den Klöstern entdeckten die Kaufleute Weine, die sich längere Zeit lagern ließen und dem englischen Geschmack entsprachen. Hier sollen die Suchtrupps auch auf die Idee gekommen sein, die Gärung des Weins mit destilliertem Alkohol zu stoppen, um ihn so länger haltbar zu machen. Diese süßen und alkoholreichen Weine fanden in England guten Zuspruch, wo sie als **Priests Port** vermarktet wurden.

Der Methuenvertrag von 1703 zwischen England und Portugal – ein Handelsabkommen, das die Zölle auf Wein aufhob – führte dann zu einem sprunghaften Anstieg der Nachfrage nach Portweinen. Die Produktion wurde gesteigert, doch die Qualität nahm stark ab. Dies brachte den Marques de Pombal dazu, 1756 das Instituto do Vinho do Porto, eine Gesellschaft zur Überwachung der Weinqualität, zu gründen und die Region, in der im Douro-Tal Wein angebaut werden durfte, zu kennzeichnen. Die Region gehört damit zu den ältesten definierten Weinanbaugebieten der Welt. Und bis heute werden Weinanbau und Weinqualität von diesem Institut überwacht.

Portweine

Portwein gibt es traditionell als Weiß- und als Rotwein, einige Kellereien haben mittlerweile auch Rosé im Programm. Weiße Portweine sind meist relativ jung, kurz gelagert und werden als Aperitif getrunken. Auch als Cocktail Port-Tonic kann man weiße Portweine genießen. Nur einige wenige Kellereien (z. B. Augusto's) bieten auch alte weiße Portweine an, die bis zu 40 Jahre im Eichenfass gelagert wurden. Rote Portweine werden normalerweise länger gelagert, sie sind Dessertweine oder werden pur getrunken.

Tawny-Weine

Tawny sind rote Portweine, die nach der anfänglichen Lagerung in großen Tanks in kleinere Fässer umgefüllt werden. Dort reifen sie dann mindestens zwei Jahre mit einem stärkeren Luftkontakt als die in der Flasche reifenden Ruby-Portweine. Mit „Old Tawny" und einer Altersangabe werden dann die länger in Fässern lagernden Tawny-Portweine bezeichnet. Diese Weine können verschnitten werden, ein 20 Jahre alter Tawny darf z. B. je zur Hälfte aus 10-jährigen und 30-jährigen Weinen bestehen. *Colheita* sind spezielle Tawny-Portweine, die aus dem Wein eines einzigen Jahrgangs bestehen. Diese Weine können auch zu unterschiedlichen Jahren in die Flaschen abgefüllt worden sein.

Ruby-Weine

Ruby-Portweine sind ebenfalls rot, werden aber nach zwei bis drei Jahren in großen Tanks direkt in Flaschen abgefüllt und reifen dann wie erwähnt in der Flasche. Diese Weine sind fruchtiger und aromatischer als die Tawny-Weine. Ein üblicher Ruby-Portwein ist meist ein Verschnitt mehrerer Jahrgänge, der trinkfertig abgefüllt wurde. Mit „Reserve Ruby" werden hochwertigere Ruby-Portweine bezeichnet. Ein Verschnitt verschiedener guter Jahrgänge wird als „Crusted Port" bezeichnet. Dieser wird unfiltriert abgefüllt und reift ebenfalls in der Flasche nach. Vor dem Trinken muss daher die Flasche dekantiert werden.

Portweinverkostung

Jahrgangsweine

Portweine mit der Bezeichnung „Late Bottled Vintage" (LBV) bestehen aus den Trauben eines Jahrgangs und werden nach vier bis sechs Jahren Lagerung in Flaschen abgefüllt. Filtrierte LBV-Portweine können sofort getrunken werden und altern nicht mehr in der Flasche nach. Unfiltrierte LBV-Portweine reifen in der Flasche weiter.

Herausragende Jahrgänge werden vom Portwein-Institut zu Vintage-Jahrgängen deklariert. Dies ist von Quinta zu Quinta unterschiedlich, für jeden Wein wird dies individuell vom Portwein-Institut geprüft. Ein Vintage-Portwein wird nach der Lagerung in Tanks direkt in die Flaschen abgefüllt, muss aber mindestens zehn Jahre in der Flasche reifen. Einige erreichen erst nach über 50 Jahren ihre vollständige Reife. Zum Trinken sollte eine Flasche Vintage Port vorsichtig dekantiert werden und binnen kurzer Zeit verbraucht werden.

Wo Weine verkosten?

In Vila Nova de Gaia direkt am Douro-Ufer haben die großen Portweinkellereien wie **Sandeman, Cruz, Calém** u. a. ihre Keller für Besucher geöffnet. Für etwa 5 € Eintritt gibt es eine Führung durch die Keller und ein oder zwei Portweine zur Verkostung. In den meisten der Keller kann man auch seltenere Portweine probieren.

Neben den großen Kellereien, die oft internationalen Konzernen gehören, gibt es auch kleinere, unabhängige Produzenten. In Vila Nova de Gaia ist zum Beispiel **Porto Augusto's** einen Besuch wert; hier gibt es neben sehr guten Tawny-Weinen auch alte weiße Portweine, die ihresgleichen suchen.

Wer eine Reise ins Douro-Tal unternimmt, sollte die Quintas der Portweinproduzenten besuchen. Hier gibt es Führungen durch die Produktionsstätten, und auch hier kann man die Portweine (und Tafelweine) probieren. Eine Karte mit allen Quintas bekommt man im Instituto do Vinho do Porto. Wer neben Portwein auch noch die Architektur von Álvaro Siza Viera bewundern will, dem sei die **Quinta do Portal** in Sabrosa empfohlen.

Über die Geschichte des Portweins und die Tätigkeit des Portweininstituts kann man sich bei einem Besuch im **Instituto do Vinho do Porto** informieren, auch hier können Portweine probiert werden.

Porto Augusto's, Rua França 10, 4400-174 Vila Nova de Gaia, Portugal, http://portoaugustos.pt.

Casa das Pipas/Quinta do Portal, Celeiros Do Douro, 5060-909 Sabrosa, Portugal, http://www.quintadoportal.com.

Instituto do Vinho do Porto, Rua de Ferreira Borges 27, 4050-253 Porto, Portugal, http://idvp.pt.

Anbauregion Douro-Tal

Die Weine aus dem Douro-Tal bilden nicht nur die Basis des Portweins, sie sind auch exzellente Trinkweine. Der Weinanbau im Tal ist charakterisiert durch die Terrassen an den Talhängen, die auf Granit und Schieferboden gründen. Die Rotweine sind kräftig und trocken, die Weißweine fruchtig und aromatisch. Angebaut werden viele verschiedene Rebsorten, darunter auch einige nur in Portugal vorkommende wie die Touriga Nacional.

Das Douro-Tal ist die größte Region, in der Wein häufig noch nach der traditionellen Methode mit den Füßen in großen Gärbottichen *(Lagares)* aus den Trauben gepresst wird – auch wenn in den letzten Jahren diese Arbeit zunehmend durch Roboter ersetzt wird, die die Fußbewegungen nachahmen.

Die meisten Portweinkellereien bieten mittlerweile auch gute Tafelweine an, in Deutschland ist vor allem der recht gute Tafelwein von Niepoort im Supermarkt erhältlich. Auch die Quinta do Portal (s. o.) hat exzellente Tafelweine im Programm. Viele kleine Winzer keltern sehr gute Weine, die aber überregional teilweise kaum zu erhalten sind. Die beste Möglichkeit ist es, die Winzer vor Ort zu besuchen, zum Beispiel die **Quinta de Ceis** in Sabroso.

Quinta de Ceis, 5085-242 Gouvães do Douro, Sabrosa, https://www.quintadeceis.com.

Anbauregion Vinho Verde

Der Vinho Verde – wörtlich „grüner Wein" – ist auch in Deutschland beliebt, allerdings bekommt man hier meist nur die Weine der industriellen Produktion von Casal Garcia, Gazela und wie sie alle heißen. Diese zeigen aber nur ein eher unscheinbares Abbild der Vielfalt des Vinho Verde.

Die Region Vinho Verde erstreckt sich ganz im Norden Portugals zwischen den Flüssen Minho und Douro, von der spanischen Grenze bis zum Anbaugebiet des Duoro-Tals. Die sehr abwechslungsreiche Region hat stark variierende Klimaverhältnisse, daher ist sie noch in neun Unterregionen aufgeteilt. **Monção** und **Melgaço** im Norden sind trockener und wärmer als die anderen regenreichen und im Winter eher kälteren Regionen. Von dort kommen die besten Vinhos Verdes und nur dort darf die autochthone (nur in Portugal vorkommende) Traube Alvarinho angebaut werden, die sonst nur in Galizien kultiviert wird. Aus ihr werden exzellente Weißweine gekeltert, die manchmal an guten Riesling erinnern.

Die Vinhos Verdes sind fruchtig, aromatisch und leicht, teilweise noch nicht ganz vergoren und dadurch spritzig. Beliebt sind vor allem sehr junge Weine, aber auch Alvarinho und andere gute Vinhos Verdes erreichen ihre volle Reife nach ein bis drei Jahren. Ein Vinho Verde muss nicht unbedingt weiß sein, es gibt auch sehr gute rote Weine, jedoch sind diese eher selten.

Aus dem Anbaugebiet Vinho Verde kommen zwei der bekanntesten Winzer Portugals, die es auch außerhalb Portugals zu Bekanntheit gebracht haben: **Quinta do Soalheiro** (www.soalheiro.com) und **Anselmo Mendes** (www.anselmomendes.pt). Beide sind junge Winzer, die exzellente Weine keltern, die auch in Deutschland vereinzelt zu finden sind. Wer Zeit mitbringt und mit dem Auto unterwegs ist, kann die **Rota do Vinho Verde** abfahren, eine Route entlang der Weingüter des Vinho Verde (http://rota.vinhoverde.pt/de/weinguter).

Schön bunt: Sardinendosenkunst

Einkaufen auf Portugiesisch

Im Folgenden eine Auswahl an Läden, die etwas ausgefallen und uns ins Auge gefallen sind – oder die regionale Produkte vorrätig haben, also echt „portugiesisch" daherkommen.

Die alteingesessenen Einzelhandelsgeschäfte sind eine ganz besondere Attraktion von Porto – und deren Vielfalt ist immer noch groß. So ist die **Rua do Almada** die Meile für Eisenwarenhändler, die sich zum Teil sehr spezialisiert haben (z. B. Schrauben). Elektronische Geräte und Reparaturwerkstätten für Radios finden sich in der **Rua Formosa** zwischen Rua Alegria und Rua de Santa Catarina. Nichtsdestotrotz schließen nicht wenige dieser Geschäfte.

Kurios: Ein vom Besitzer am Ladeneingang angebrachtes Frosch-Symbol signalisiert Sinti und Roma, dass sie unerwünscht sind – für diese Volksgruppe bedeutet ein Frosch Unglück (der Frosch gilt bei ihnen weder als Tier der Erde noch des Wassers, und das wirkt für manch Abergläubischen beängstigend). Wer aufmerksam durch die Stadt läuft, kann dieses Symbol in etlichen Läden entdecken, meist unauffällig platziert, z. B. als Porzellanfigur oder auch als bedrucktes Handtuch in einem Textilgeschäft.

Lebensmittel/Wein

Es gibt sie noch immer, die Tante-Emma-Läden mit Lebensmitteln, Obst, Gemüse. Größer ist die Auswahl naturgemäß in den Supermärkten, z. B. der portugiesischen Handelskette *Pingo Doce*, die in der Innenstadt Filialen betreibt.

Pingo Doce, das zentrale Geschäft der Lebensmittelkette ist bestens sortiert und hat ein Self-Service-Restaurant mit Sitzbereich. in der Rua de Passos Manuel 211.

Mercado do Bolhão, die riesige Markthalle, 1914 im neoklassischen Stil erbaut, war eine der Hauptsehenswürdigkeiten der Stadt. Nicht nur wegen der Auswahl an Obst, Gemüse, Fisch und Fleisch auf zwei Etagen, sondern weil das Gemäuer an allen Ecken sehr brüchig war und dies den morbiden Charme noch erhöhte. Jetzt ist die Halle für eine Generalrenovierung geschlossen. 21 Mio. Euro wird sie kosten und wohl Ende 2021 abgeschlossen sein. Der

1. Stock wird dann eine Vielzahl von gastronomischen Betrieben bekommen, unten bleibt's hoffentlich wie es war: Gemüse, Obst, Fisch und Fleisch.

In den Straßen um den Mercado do Bolhão gibt es etliche Spezialitätengeschäfte, die alleine wegen ihrer historischen Einrichtung eine Sehenswürdigkeit sind. Zum Beispiel die **Casa Chinesa** in der Rua de Sá da Bandeira 343; hier gibt es Würste, Käse, Trockenobst und Bohnen in vielen Variationen.

Mercado do Bom Sucesso, die Markthalle hat ihren Platz in einem architektonisch interessanten, lichtdurchfluteten Bauwerk aus dem Jahre 1951, gleich neben dem großen Kreisverkehr Rotunda de Boavista (bei der Casa Musica). Nur ein kleiner Teil des täglichen Gemüsemarkts blieb erhalten, der größere Teil wurde ein „Food Court" mit teils ausgefallenen Angeboten, z. B. ein Stand mit Risotto, ein anderer mit Austern und Krebsen. Pizza, Tapas, Shushi etc. gibt es sowieso. Es geht angenehm beschaulich zu. Tägl. 10–23 Uhr. Praça Bom Sucesso 74–90.

Weinhandlung/Garrafeira A.M. Santos, großartige Räumlichkeiten, alle vier Wände sind bis zur Decke mit Flaschen dekoriert, etwa 1000 verschiedene Weine stehen zur Wahl. Jede Woche wechselnd werden 12 weiße und 12 rote Weine zur glasweisen Verkostung angeboten, für ca. 2–4,50 € pro Glas. Zur Verkostung gibt es die typischen portugiesischen „Petiscos": Sardinen, Pasten, Oliven, Käse, Schinken. Rua da Conceicao 38, ☏ 222-083571.

Garrafeira do Carmo, auch dieser traditionelle Laden gegenüber der Carmo-Kirche ist bis zum letzten Zentimeter mit Weinflaschen vollgestellt, bekannt ist die große Auswahl an Portweinen. Rua do Carmoi 17, ☏ 222-003285.

Bioläden

IdealBio 🔢 → Karte S. 60/61, schnörkellos, aber große Auswahl, auch an Frischgemüse, unweit der Casa Musica. Rua 5 de Outubro 352.

Quintal Bioshop, kleiner Laden ohne Ladenschild mit Mini-Café und Verköstigung im hinteren Bereich. Rua do Rosário 177.

Masseira, Bio-Bäckerei, schon das Reinschnuppern lohnt sich – es riecht köstlich! Die Backstube ist gleichzeitig Verkaufsraum. Es gibt leckeres Brot aus Natursauerteig. An unterschiedlichen Backtagen gibt es Weizen, Dinkel oder Roggenbrot. Das einzige Süßgebäck ist Brioche. Rua de Diogo Brandão 69.

Celero, im Untergeschoss des Einkaufszentrums **Shopping Cidade do Porto** 🔢 (→ Karte S. 60/61) gleich gegenüber vom Markt Bom Successo. Hier gibt es auch kleine Gerichte, die an Stehtischen eingenommen werden können. Tägl. 10–23 Uhr. Ein weiterer Laden dieses portugiesischen Filialisten liegt in der Innenstadt, Rua de Santa Catarina 312–350.

CC Bombarda, Einkaufsgalerie und Mini Shopping Center mit netten Kunsthandwerksgalerien. Die diversen Self-Service-Restaurants werden besonders mittags von Studenten frequentiert. Rua de Miguel Bombarda 285.

Café Flor de Tapioca, hier gibt es leckere und leichte Crêpes aus dem Teig der Maniokwurzel, nach Wunsch belegt mit Käse, Pilzen oder Thunfisch und garniert mit grünem Salat. So Ruhetag. Im CC Bombarda (s. o.) ☏ 914-159745.

Jeden Samstag von 9–20 Uhr findet im CC Bombarda (s. o.) ein kleiner **Obst- und Gemüsemarkt** statt. An den Ständen regionale Erzeuger, Brot- oder Käsespezialitäten.

Bekleidung

Loja da Burel, Isabel Costa lässt die traditionelle „Burel-Weberei" wieder aufleben. Aus der Wolle der *ovelhas bordaleiras,* einer alten Schafsrasse aus der Serra da Estrela, werden zuerst dicke Wollstoffe gefertigt, die beim anschließenden Kochen stark schrumpfen und dadurch sehr fest und praktisch wasserundurchlässig werden, also verfilzen. Aus diesem Material wurde früher das wetterfeste Cape der Schäfer gefertigt. In der Fabrik im Dorf Manteigas werden inzwischen auch sehr modische Stücke gefertigt, gerne auch Handtaschen, Rucksäcke und Hüte in auffälligen Farben, die sich der Kunde bei Vorbestellung aus einem Farbkatalog aussuchen kann. Rua de Mouzinho da Silveira 83, ☏ 915-174710, www.burelfactory.com.

Ecolã Portugal, ein kleiner Mitbewerber, der ebenfalls in Manteigas produziert. Hergestellt werden einfachere Sachen wie hübsche Pullover und Wolljacken für ca. 90 €. Der Laden liegt gleich gegenüber in der Quergasse, Travessa da Bainharia 37, ☏ 919204440, www.ecola portugal.com. Weitere Filiale in der Rua Mouzinho da Silveira, 270A.

Pedemeia, eine solch große Auswahl an Socken in tollen Farben in sehr guter Qualität (meist Baumwolle) werden Sie anderswo schwerlich finden. Der schmale Laden am Anfang der Rua Cedofeita (Nr. 27) ist leicht zu übersehen. Eine weitere Verkaufsstelle der in der Stadt Braga ansässigen Maschinenstricker liegt in der Rua Santa Catarina 209. ✆ 253-672 181, www.pedemeia.pt.

La Paz, ein kleines und feines portugiesisches Label (Hemd ca. 100 €) mit hochwertigen, etwas ausgefallenen Designs, meist maritim inspiriert. Auch der Laden in einer früheren Apotheke in einer engen, dunklen Gasse am Fluss ist eine Sehenswürdigkeit. Rua da Reboleira 23, ✆ 222-025037, https://lapaz.pt.

Diverses

Ferragens Fermoura, dieser Eisenwarenladen nicht weit von der Börse wird schon in dritter Generation geführt. Neben den vielen Krimskrams-Läden der Gegend, die erst für die Touristen eröffnet wurden, ist dieser ein echtes Unikat, in dem man noch das Ölpapier riecht, in dem rostanfällige Gegenstände ursprünglich eingewickelt waren. Doch die Öl-/Essigspender-Garnitur im alten Design ist heute nicht mehr aus verzinktem Blech gefertigt, sondern aus rostfreiem Edelstahl. Originell sind auch die Mausefallen. Largo São Domingos 40.

Lojas das Tabuas, Spezialgeschäft für Schneidbretter, viele Formen und Größen, nur aus Kiefernholz. Rua de Ferreira Borges 92.

Antikläden gibt es vor allem in der Rua Martires da Liberdade. Auffällig ist hier die große Auswahl an aufwendig gearbeiteten Leuchtern.

Leica Store, der noble Flaggschiff-Laden des legendären deutschen Kameraherstellers – Leica will Flagge zeigen in Portugal. Die Firma hat in Lousado bei Guimarães ihre zweitgrößte Fabrikationsstätte. Rua de Sá da Bandeira 48, ✆ 227-664428.

Märkte

Porto Belo, Kunst, Schmuck und Textilien (auch Secondhand), überschaubar präsentiert, nette Atmosphäre. Jeden Samstag 10–18 Uhr auf der hübschen Praça de Carlos Alberto.

Mercado de Artesanato 🔳 → Karte S. 25, Kunsthandwerksmarkt jeden Samstag bis 18 Uhr neben dem Rektorat der Universität an der Praça Parada Leitão.

Antiquitätenmarkt, Schmuck, alte Bücher und Dekorationsgegenstände. Jeden 3. Samstag im Monat, Praça Francisco Sá Carneiro.

Feira dos Passarinhos, der Vogelmarkt an der Alameda das Fontainhas ist sicherlich die ausgefallenste Sehenswürdigkeit von Porto. Auf vielleicht 150 m Länge stehen rechts und links der Straße Händler mit Käfigen voller Kanarienvögel und anderen gefiederten Haustieren. Der Markt ist noch ein Überbleibsel einer portugiesischen Tradition, als fast jedes Haus einen Vogelkäfig am Haus hängen hatte und die Gassen üppig mit Pflanzentöpfen verziert waren. Jeden Sonntag 7–13 Uhr. Alameda das Fontainhas.

Flohmarkt, die Feira da Vandoma ist *der* Flohmarkt in Porto. Er wurde anfangs im kleinen Rahmen von Studenten initiiert, die dort ihre alten Bücher und Klamotten verkauften. Jeden Samstag 8–13 Uhr in der Avenida 25 de Abril (Stadtteil Campanha).

Galerien

Im Stadtviertel in und um die **Rua Miguel Bombarda,** die von der Rua Cedofeito abzweigt, finden sich etliche Galerien mit Malerei und Skulpturen. Vier Mal im Jahr eröffnen alle Galerien neue Ausstellungen, dabei herrscht Stimmung wie auf einem Straßenfest.

L* de Luz, ein Laden auf drei Etagen voller Kronleuchter – eine ungewöhnliche Sammlung wertvoller Stücke. Auch Restaurierungsarbeiten werden erledigt oder aus Fragmenten neue Stücke kreiert. Die Betreiberin ist die Enkelin von Ilse Losa, einer Berlinerin, die 1934 als 19-Jährige wegen ihrer jüdischen Herkunft Hals über Kopf Deutschland verlassen musste und in Porto ihre zweite Heimat fand. Sie fing sehr früh mit dem Schreiben an, ihr Werk „O Mundo Em Que Vivi" („Die Welt, in der ich lebte") ist bis heute Lektüre für portugiesische Oberstufenschüler. Darin beschreibt sie ihr Leben auf der Flucht und ihr Exil in Portugal (auf Deutsch erschienen 1990 bei Beck & Glückler, leider vergriffen). Di–Sa 15–19 Uhr. Rua Miguel Bombarda 469, www.ldeluz.com.

Moldursant, Künstlerbedarf & Galerie, die Wände sind voll mit Werken lokaler Künstler, im Original oder als limitierte Kunstdrucke, hier finden sich viele hübsche Motive aus der Stadt. Rua de José Falcão 2130.

Antiquitäten

Antiquitätengeschäfte findet man allerorten in der Stadt, besonders in der **Rua da Torrinha** und der **Rua dos Mártires da Liberdade,** beide im Stadtteil Cedofeito.

Nachtleben

Die Partymeile von Porto ist von den Lagerhäusern unten am Douro 2008 in die Oberstadt um die Universität umgezogen. Das Gebiet zwischen der Univerwaltung (Rektoria) und dem Beginn der Rua Ceidofeita ist geprägt von großen Plätzen und Freiflächen und lädt geradezu zum Flanieren ein. Der Club, der den „Umzugstrend" in die Altstadt angestoßen hatte, war die Galeria de Paris in der gleichnamigen Straße. Am frühen Abend ist es ein gut besuchtes Speiselokal, doch ab 22 Uhr werden die Tische weggeräumt und man beginnt ziemlich früh mit dem Tanzen.

Veranstaltungskalender der Clubs unter www.viralagenda.com/pt/porto/clubbing.

Weitere Bars für Schwule und Lesben (weiter unten gekennzeichnet) unter www.portugalgay.pt/guide/1_1.

Zwischen Praça Carlos Alberto und Baixa

Im Folgenden einige Empfehlungen, die meist in den Gassen zwischen der Praça Carlos Alberto und der Baixa zu finden sind.

Embaixada do Porto **12** → Karte S. 25, ein origineller Laden mit etwas unbequemer Biergartenbestuhlung vor dem Haus. Innen ein tagsüber besetzter Verkaufstisch, wo Sie Ihren analogen Filmvorrat ergänzen können … Die Partyzone mit täglich eingespieltem Programm dann im verqualmten Obergeschoss – Samstag Funk, Sonntag Jazz, bis Mittwoch Lindy Hop (30er-Jahre). Retro dominiert – hier werden fast nur Vinylscheiben aufgelegt. Tägl. 11–2 Uhr. Praça Carlos Alberto 121, ☎ 912-133034, fb/embaixada.porto.

Aduela **8** → Karte S. 25, kleine Weinbar mit annehmbaren Preisen, das Glas ab 2,50 €. Das Eckhaus an einem dreieckigen Vorplatz wird hauptsächlich von Jüngeren belegt. Tägl. 10–2 Uhr, So/Mo ab 15 Uhr. Rua Oliveiras 36, fb/Aduela-taberna-bar.

Catraio – Craft Beer **7** → Karte S. 44/45, ein kleines Lokal mit ein paar Tischen vor der Tür,

Abwechslungsreiche Craft-Beer-Szene

allein zehn verschiedene Sorten kommen aus dem Zapfhahn, darunter auch Weihenstephaner Weißbier. Tägl. 16 Uhr bis Mitternacht, So zu. In der Fußgängerzone Rua de Cedofeita 256, f/catraiobeershop.

Cervejaria Mirita **1** → Karte S. 25, die einfache Kneipe an der hier zu einem kleinen Platz verbreiterten Rua dos Mártires da Libedade ist schon am frühen Abend belagert. Hier gibt es Bier zu konkurrenzlos günstigen Preisen, das Fino (0,33 l) kostet 1 €, der Liter gar nur 2 €. Wer sich schneller auf Temperatur bringen will, bestellt einen Xiripiti für 70 Cent: ein mit Honig gesüßter Weinbrand im kleinen Pappbecher. Mirita hieß die Wirtin, die das Lokal 1965 eröffnete und inzwischen verstarb. Noch heute schaut es hier so aus wie auf dem Familienfoto an der Wand von der Eröffnungsfeier anno 1965. Tägl. 8–2 Uhr. Rua dos Mártires da Liberdade 34.

Lusitano **7** → Karte S. 25, Schwulen-Bar mit tollen Räumlichkeiten und Lichteffekten. Zu Techno und House wird schon vergleichsweise früh am Abend getanzt. 22–2 Uhr, Fr/Sa 4 Uhr. Rua de José Falcão 137, www.cafelusitano.com.

Konzerthalle Coliseu

Hot Five **7** → Karte S. 54/55, Jazzlokal mit Livemusik, oft auch unter der Woche. Mi–So 22–3 Uhr. Largo do Actor Dias 51, ℘ 934-328583, www.hotfive.pt. Seit Neuem Zweigstelle (updown) in der Rua de Guerra Junqueiro 495 (Boavista).

Mirajazz **10** → Karte S. 33, der kleine Jazzclub glänzt durch seine Lage. Von der Terrasse hat der Besucher einen tollen Blick hinunter zu Fluss. An Wochenenden meist Livemusik. Mo Ruhetag. Nicht leicht zu finden, von der Rua Nova da Alfândega führt ein steiles Treppengässchen hoch. Escadas do Caminho Novo 11, fb/mirajazz.

Fábrica Nortada **14** → Karte S. 51, in dieser Brauereikneipe wird Selbstgebrautes ausgeschenkt – das trifft zwar noch nicht den Geschmack eines verwöhnen fränkischen Biertrinkers, doch immerhin ist es geschmackvoller als die Massenware der beiden portugiesischen Brauerei-Platzhirsche. Das „Vienna Lager" lehnt sich in Sachen Bitternote etwas zu stark an englische Lagerbiere an. Auch Weißbier wird gebraut. Tägl. meist ab 12 Uhr bis Mitternacht, Mo Ruhetag. Rua de Sá da Bandeira 210, www.cervejanortada.pt.

Café Candelabro **3** → Karte S. 25, in der früheren Buchhandlung in einem Eckgebäude mit kleinem Vorplatz zum Draußensitzen trifft sich im gemütlichen Rahmen, aber mit schräger Musik die „Old School". Die Bücher in den Auslagen, meist alte Ausgaben, werden wirklich verkauft. Tägl. 10.30–2 Uhr, Sa/So/Mo erst ab Nachmittag. Rua da Conceição 3, www.cafe candelabro.com.

Champ's da Baixa **4** → Karte S. 25, Champagnerbar gleich neben dem Candelabro. Hier werden aus dem Fenster heraus auch Gin-Getränke gereicht. Das günstigste Getränk „Sangria Espumante" (Erdbeersirup, 7up, Limette und Espumante) kostet ca. 6 €. Tägl. 16-4 Uhr, So zu. Rua da Conceição.

Griffon's **14** → Karte S. 25, die Disco zum Abtanzen, wo auch Leute über dreißig gern hingehen. Musik aus den 80er- und 90er-Jahren. Conde de Vizela 95, fb//griffons.bardiscoteca.3.

Plan B Club **17** → Karte S. 25, die Räumlichkeiten in dem alten Lagerraum sind beeindruckend: locker fünf Meter Raumhöhe. Beim Eingang betritt man das Obergeschoss mit eigenem DJ und Lounge-Atmosphäre, von dort führen Treppen zu den beiden Bereichen zum Tanzen ab Mitternacht. Ein Bereich meist mit Rock, der andere wird mit Techno beschallt. Türsteher! Rua de Cândido dos Reis 30, planobclub (facebook).

FÉ Wine & Club `10` → Karte S. 25, etwas schickeres Publikum, gute Weinauswahl, trotzdem nicht teuer (die Flasche 14 €). Die Wände sind mit geschätzt zehn Tonnen Büchern vollgestellt. Im Kellerraum läuft meist Latin. Ab 18 Uhr, Mo geschlossen. Praça D. Filipa de Lencastre 1, www.feporto.pt.

Passos Manuel `19` → Karte S. 51, im Gebäude des Coliseu-Konzertsaals im modernisierten Retrolook eines früheren Art-déco-Kinos. Kleine Bar, meist mit eigenen DJs und gewöhnungsbedürftiger avantgardistischer Musik. So–Do 17.30–2, Fr/Sa 22–4 Uhr. Rua de Passos Manuel 137, f/passosmanuelporto.

Casa de Ló `5` → Karte S. 25, in einer früheren Bäckerei, in der einst die fluffigen Biskuitkuchen namens *pão de ló* gebacken wurden. Fragmente der ursprünglichen Einrichtung sind erhalten geblieben, das verbreitet eine nette, urtümliche Gemütlichkeit. Im kleinen Patio kann man sich auch niederlassen. 19–2 Uhr, Sa/So bis 4 Uhr. Travessa de Cedofeita 20a.

Espaço 77 `6` → Karte S. 25, gleich neben der Casa de Ló. Hier geht es rauer zu, studentische Fußballfans und Biertrinker freuen sich über den Bierpreis – 1,30 € für die 0,33 l-Flasche. An den Wänden Fußballwimpel, auf den beiden Flachbildschirmen laufen die aktuellen Matches, zwei Kicker stehen auch noch herum. 9–5 Uhr, So zu. Travessa de Cedofeita 22.

Lottus After-Hours `7` → Karte S. 33, wer an einem ruhigen Sonntagmorgen am Fluss neben der Alfandega (Zollgebäude) entlangkommt, wird durch einen heftigen, dumpfen Drum Beat aufmerksam. Etliche Freunde der Nacht, die sich vom Durchfeiern erschöpft ans Haus anlehnen müssen, verzieren den Eingang. Hier kann noch von 6 Uhr morgens bis 14 Uhr weitergefeiert werden, wenn die anderen Club geschlossen haben. Mindestverzehr 10 €. Strenge Einlasskontrolle, Gäste, die nicht übermüdet wirken (wie der Autor), werden des Voyeurismus verdächtigt und nicht eingelassen. Rua do Ouro 17–18.

Casa Agrícola `9` → Karte S. 60/61, ursprünglich war es das stattliche Herrenhaus eines landwirtschaftlichen Guts. Inzwischen liegt es mitten im Neustadtgebiet, das um den großen Kreisverkehr Boavista mit der Casa-Música-Konzerthalle entstanden ist. Im Restaurant lässt es sich zu etwas gehobenen Preisen gut speisen. Spätabends geben DJs dem Partyvolk in den offenen Räumlichkeiten (man kann auch an der Straße sitzen) gute Stimmung. Das Publikum verteilt sich auf alle Altersklassen. Tägl. 9–2Uhr. Rua do Bom Sucesso 241, ✆ 226-053 350, www.casa-agricola.com.

Fado-Konzerte

Obwohl der Fado seinen Ursprung in Lissabon hat und in der Universitätsstadt Coimbra gepflegt wird, gibt es auch in Porto Plätze, an denen man diesem urportugiesischen Gesang über Liebe und Traurigkeit, meist begleitet von einer Gitarre, lauschen kann.

Casa da Guitarra `24` → Karte S. 51, der Musikalienladen verkauft Tickets für die Veranstaltungen, die schräg gegenüber in einem alten Gewölbebau mit der Haus-Nr. 49 stattfinden. Mo–Sa 18–19.30 Uhr. Av. Vimara Peres 72, ✆ 222-010033, https://casadaguitarra.pt.

Café Guarany `11` → Karte S. 25, in diesem altehrwürdigen Kaffeehaus gibt es jeden Samstag ein Fado-Dinner. Av. dos Aliados 85/89.

O Boteko `22` → Karte S. 44/45, in diesem kleinen Restaurant gibt es einmal wöchentlich Live-Fado, meist am Samstagnachmittag. Reservierung wird empfohlen. R. de Dom Manuel II 172, ✆ 220-188077.

Casa Piedade `14` → Karte S. 60/61, ein einfaches Restaurant auf dem Weg nach Foz (im Stadtteil Ouro), etwas flussab der Brücke Ponte de Arrábida. Jeden Dienstag zwischen 19 und 20 Uhr gibt es regelmäßig Fado, dann ist das kleine Lokal rammelvoll. Rua do Ouro 223, ✆ 226-170206.

mein Tipp Im Arbeiterviertel Ouro finden sich oberhalb einer Mauer an der Fluss-Avenida einige schlichte Kneipen, in denen meist täglich frisch gegrillter Fisch zu guten Preisen serviert wird.

Kino

Viele der großen Filmpaläste mussten in der Krise der 90er-Jahre schließen. Das Kino Carlos Alberto und das Rivoli wurden später als Theater wiedereröffnet. Heute gibt es einige Programmkinos in der Stadt, die regelmäßig Außenseiterfilme in Originalsprache zeigen. Am zentralsten liegt das **Cinema Trindade**: nicht weit vom Rathaus entfernt in der Rua do Almada 412 (www.cinematrindade.pt).

Hostel-Partyzone – Schlafen und Feiern gleichzeitig

Übernachten

Die Hauptsaison in Porto geht bis in den Oktober, denn im Herbst kommen noch viele Besucher, um die Weinernte im Dourotal zu erleben. Die Hotelpreise sind ziemlich abgehoben, ein 3-Sterne-Hotel kann schon mal 300 € die Nacht kosten. Das sind Preise auf Metropolenniveau wie in London oder Florenz. Zum Glück haben mittlerweile viele Apartmenthotels und Hostels eröffnet und sorgen so preislich für Alternativen.

Und welches Stadtviertel ist als Domizil empfehlenswert?

Die **Innenstadt** sollte es schon sein, wenn man nicht gerade am Meer, in Foz de Douro, nächtigen möchte. Wer allerdings eine der Unterkünfte an der Achse Praça de Liberdade zum Fluss hinunter wählt, muss damit rechnen, von einem Strom von Touristen mitgerissen zu werden, sobald er die Straße betritt.

Die **Altstadt** zwischen Praça da Liberdade, dem Mercado de Bolhão und weiter nördlich hat noch viele Straßen, die portugiesisch geblieben sind.

Im westlichen Stadtviertel **Bombarda** mit seinen nahezu rechtwinkligen Straßen zwischen Clérigos-Turm und der Rua Cedofeita haben neben Galerien auch etliche Hostels eröffnet. Diese Gegend zeigt einen guten Mix aus alten Bewohnern, Studenten und Besuchern.

Auch nicht schlecht ist die Gegend um den **Jardim de São Lázaro** mit netten Straßencafés und urigen Kneipen.

Hotels und Hostels

***** **InterContinental** 🛈, hinter der Fassade des riesigen Palácio das Cardosas, der die Praça da Liberdade nach Süden begrenzt. Praktisch das ganze Karree hinter dem Hotel wurde neu erbaut, fast nur die Fassaden blieben erhalten und eine dreigeschossige Tiefgarage wurde gebuddelt. Das ganze Projekt verschlang 9 Mio. Euro und wurde großzügig öffentlich gefördert. Die teuren Apartments um einen kleinen Platz hinter dem Hotel wurden erst zum Teil verkauft (ca. 2500 € pro m²). DZ mit Frühstück ab 300 €. Praça da Liberdade 25, ☎ 220-035600, www.intercontinental.com/hotels/de/porto.

The Yeatman 22 (s. auch Karte S. 75), das Luxushotel von Mr. Robertson, dem u. a. auch die Portweinkellerei Taylors gehört, ist terrassenförmig schick in den Hang gebaut. Die 82 mindestens 36 m² großen Zimmer haben jeweils die „Patenschaft" mit einer Wein-Quinta und sind entsprechend dekoriert. Eigene Terrasse, toller Blick auf Porto. DZ ca. 400 €. Rua do Choupelo, Vila Nova de Gaia, ℡ 220-133100, www.the-yeatman-hotel.com.

Coliseum 10, das sechsgeschossig an die gleichnamige Veranstaltungshalle angebaute Hotel wurde kürzlich renoviert. Gut geschnittene, nicht allzu große Zimmer. Auf dem Dach der großzügig verglaste Frühstücksraum, gute Auswahl mit vielen frischen Früchten. DZ 100–130 €. Rua de Passos Manuel 135, ℡ 222-004 079, www.portocoliseumhotel.com.

Estoril 3, 17 Zimmer, davon fünf mit kleinem Balkon zu einem lang gezogenen Garten, den die Hauswirtin liebevoll mit kleinen Hecken und Rosenrabatten bepflanzt hat. Man glaubt nicht, mitten in einer Großstadt zu sein. Alle Zimmer mit eigener Dusche/WC überm Gang. Vor dem Haus Fußgängerzone. DZ ca. 90 €, Frühstück extra. Rua Cedofeita 193, ℡ 222-002 751, www.hotelestorilporto.com.

Cedofeita Backgarden Apartments 1, zwei Häuser weiter vermietet die Besitzerin über Airbnb.

** San Marino 8, am Carlos-Alberto-Platz im Stadtteil Carmo. Die Zimmer nach Norden sind ruhiger, kühler und wegen der einfacheren Badausstattung auch preiswerter. DZ ca. 80 €. Auch ein Familienzimmer für fünf Personen ist vorhanden. Parkmöglichkeit für 15 €/Tag vor dem Haus, Unterstellmöglichkeit für Fahrräder. Die Tochter des Hauses führt das kleine Hotel sehr engagiert. Praça Carlos Alberto 59, ℡ 223-325499, www.hotelsmarino.com.

bnapartments Carregal 6, toprenovierter kleiner Palast mit neuen, relativ klein geschnittenen Studios in super Lage, zentral, inmitten eines eigenen kleinen Parks. Parkmöglichkeit. 2 Pers. ca. 160 €. Travessa do Carregal 87, ℡ 915-410844, www.bnapartments.com.

Selina Porto 5, eine moderne, coole Adresse. In einem sehr großen Hausgarten wurden ringsum schicke Wohncontainer mit ganzflächigen Glasfronten zum Hof hingestellt. Auf zwei Ebenen übereinander konnten so 192 Betten untergebracht werden. Im Garten finden öfter Musikevents statt. Ein DZ kostet ca. 70–100 €, die Schlafstatt im Container für 6-8 Pers. ca.

18 €/Person. Die Hotelkette Selina ist in Lateinamerika gut vertreten. Rua das Oliveiras 61, ℡ 220-135302, www.selina.com.

Jugendherberge 21 (s. auch Karte S. 60/61), tolle Lage in Foz, oberhalb der Flussmündung. Auch DZ mit eigenem Bad ca. 50 €. Rua Paulo da Gama 551, ℡ 226163059, ℡ 925-664983, www.hihostels.com.

Vine Hostel 11, toprenovierter Altbau in toller Lage am baumbestandenen Campo Dos Mártires da Pátria 52. Insgesamt 45 Betten. 3 DZ für ca. 60–80 €. ℡ 222-013167, www.winehostel.pt.

Rivoli Cinema Apartments 9, gegenüber vom städtischen Theater Rivoli. Die Fenster zur stark befahrenen Straße haben Schallschutz, schöner wohnt man nach Süden, wo man auch bei offenem Fenster schlafen kann. Es werden gemeinschaftliche Abendessen angeboten (6–8 € mit Getränk). Auf der Dachterrasse wird jeden Mittwochabend gegrillt. Im Schlafsaal pro Pers. inkl. Frühstück 18–24 €, DZ inkl. Frühstück ca. 54 € (Gemeinschaftsbad). Rua Dr. Magalhães Lemos 83, ℡ 220-174634, www.rivolicinemahostel.com.

Gallery Hostel 4, sympathisch und sehr geschmackvoll eingerichtet, besonders im öffentlichen Bereich mit mehreren Ebenen hält man sich gerne auf. Die Chefin kocht nach Voranmeldung am Abend, besonders die älteren Gäste treffen sich dann zum Plausch. Vier DZ und etwa 40 Betten in Sälen mit meist drei Stockbetten, oft ausgebucht. DZ inkl. Frühstück ca. 80 €. Rua de Miguel Bombarda 222, ℡ 224-964313, www.gallery-hostel.com.

** Vera Cruz Porto Downtown Hotel 7, in den oberen Stockwerken eines Geschäftshauses. 35 gepflegte und ansprechende, allerdings etwas enge Zimmer, dafür fällt das Badezimmer geräumig aus. Nach hinten ruhig. DZ mit Bad ca. 43–85 €, Suite für 3–4 Pers. ca. 95–145 €. Rua Ramalho Ortigão 14, ℡ 223-323396, www.residencialveracruz.com.

Mondariz 13, oberhalb der Kathedrale Sé, bereits 1886 eröffnet – man hat fast den Eindruck, dass sich seitdem wenig geändert hat, außer dass alles etwas abgewohnt wirkt. Zumindest sind Treppenhaus und Gänge geräumig, z. T. auch die Zimmer, was andere Billigabsteigen vermissen lassen. Nett ist das Zimmer Nr. 6 mit Du/WC und tollem Blick über die Stadt. DZ ca. 35 € (bitte nicht mehr erwarten als der Preis verspricht). Keine Reservierungen. Rua Cimo de Vila 139, ℡ 222-005600, keine Webseite.

Übernachten

1 Cedofeita Backgarden Apartments
2 Casa Carolina
3 Estoril
4 Gallery Hostel
5 Selina Porto
6 bnapartments Carregal
7 Vera Cruz Porto Downtown Hotel
8 S. Marino
9 Rivoli Cinema Hostel
10 Coliseum
11 Vine Hostel
12 Intercontinental
13 Mondariz
14 D'Ouro
15 Arco Apartments

20 Seminário de Vilar/ Albergue do Peregrino (s. Karte Tour 7, S. 60/61)
21 Jugendherberge (s. Karte Tour 7, S. 60/61)
22 The Yeatman (s. Karte Tour 8, S. 75)

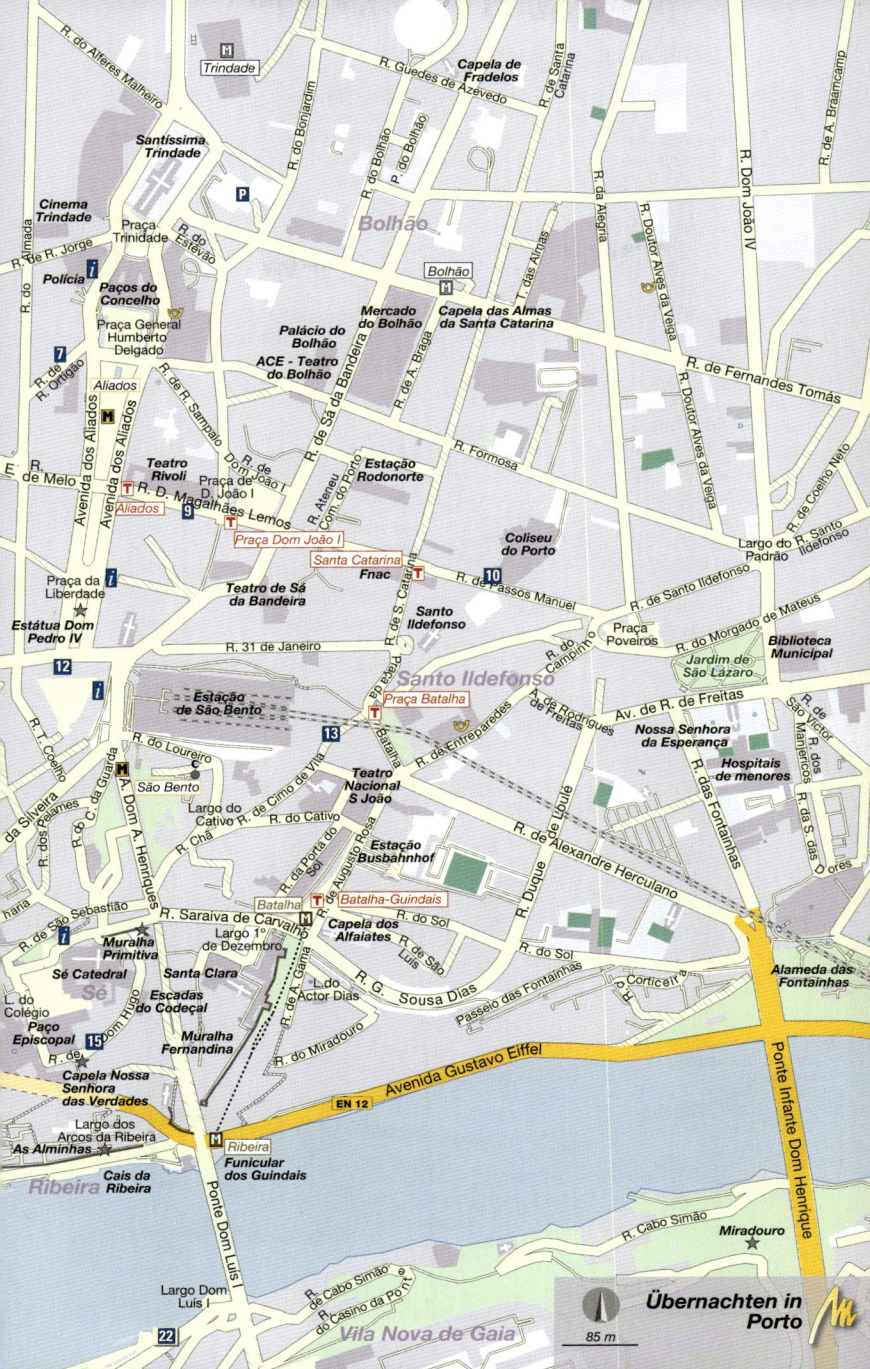

R. do Alferes Malheiro

Trindade

R. Guedes de Azevedo

Capela de Fradelos

R. de Santa Catarina

R. da Alegria

R. Dom João IV

R. de A. Braamcamp

Santíssima Trindade

R. do Bonjardim

R. do Bonfim

P. do Bolhão

Cinema Trindade

Praça Trinidade

R. do Estevão

Bolhão

R. das Almas

R. Doutor Alves da Veiga

Polícia

Paços do Concelho

Bolhão

Palácio do Bolhão

Mercado do Bolhão

Capela das Almas da Santa Catarina

Praça General Humberto Delgado

ACE - Teatro do Bolhão

R. de A. Braga

R. de Fernandes Tomás

Aliados

R. de Sampaio

R. de Sá da Bandeira

R. Formosa

R. Doutor Alves da Veiga

Teatro Rivoli

R. D. Magalhães Lemos

Praça de D. João I

Estação Rodonorte

R. Ateneu Com. do Porto

R. de Coelho Neto

Aliados

Praça Dom João I

Coliseu do Porto

Largo do R. Santo Padrão

Praça da Liberdade

Santa Catarina

Fnac

R. de Passos Manuel

R. de Santo Ildefonso

Estátua Dom Pedro IV

Teatro de Sá da Bandeira

Santo Ildefonso

Praça Poveiros

R. do Morgado de Mateus

Biblioteca Municipal

R. 31 de Janeiro

Santo Ildefonso

Jardim de São Lázaro

Estação de São Bento

Praça Batalha

Av. de R. de Freitas

R. do Loureiro

R. de Rodrigues de Freitas

Nossa Senhora da Esperança

São Bento

R. de Cimo de Vila

R. do Cativo

Teatro Nacional S João

Hospital de menores

Largo do Cativo

Estação Busbahnhof

R. de Alexandre Herculano

R. das Fontainhas

R. Saraiva de Carvalho

Batalha

Batalha-Guindais

Capela dos Alfaiates

R. do Sol

Largo 1º de Dezembro

R. de São Luís

R. do Sol

Muralha Primitiva

Santa Clara

L. do Actor Dias

R. G. Sousa Dias

Alameda das Fontainhas

Sé Catedral

Escadas do Codeçal

R. do Miradouro

Passeio das Fontainhas

L. do Colégio

Sé

Paço Episcopal

Muralha Fernandina

Capela Nossa Senhora das Verdades

Largo dos Arcos da Ribeira

As Alminhas

Ribeira

Funicular dos Guindais

Avenida Gustavo Eiffel

EN 12

Ponte Infante Dom Henrique

Ribeira

Cais da Ribeira

R. Cabo Simão

Largo Dom Luís I

R. de Cabo Simão

Miradouro

Vila Nova de Gaia

85 m

Übernachten in Porto

7 9 10 12 13 15 22

Seminário de Vilar 20 (s. auch Karte S. 60/61), eine katholische Einrichtung der Diözese, die für Seminare und Veranstaltungen ein stattliches Gebäude mit ca. 100 Zimmern, Seminarräumen und Kantine errichten ließ. Teilweise sind die Zimmer an Studenten vermietet, meist stehen aber noch Zimmer für auswärtige Gäste zur Verfügung. Schöne Lage, Zimmer oft mit Blick zum Douro. Spartanische Einrichtung, doch für den Preis (55–65 € Nacht inkl. Frühstück) günstig. Meist auch Parkmöglichkeit. Rua Arcediago Van Zeller 50, ☎ 226-056000, http://seminariodevilar.pt.

Albergue do Peregrino 20 (s. auch Karte S. 60/61), Pilgerherberge nebenan, im Gebäude unten am Hang. Dort gilt nur ein Preis von 12 € (nur 1 Nacht möglich).

Arco Apartments 15, wer die exklusive Lage etwas unterhalb der Kathedrale schätzt, kann hier ein Apartment mit Blick auf den Douro buchen. Die gut gepflegte Anlage hat allerdings einen etwas speziellen Preis: ein T1-Studio kostet ca. 120 € pro Tag. Escada das Verdades 13, ☎ 933-079965, www.arco-apartments.pt.

Casa Carolina 2, kleine Pension mit Frühstück im Garten, Zimmer mit Küchenzeile. Die Besitzerin spricht gut Deutsch. Das Haus trägt eine Erinnerungstafel an Carolina Michaelis, die aus Berlin stammte und 1911 als erste Frau in Romanistik und Germanistik auf einen Lehrstuhl berufen wurde. DZ ca. 85–120 €, Direktbuchung 10 % unter dem Booking.com-Preis. Rua de Cedofeita 159, ☎ 912-053039, www.casacarolina.pt.

D'Ouro 14, gleich neben der Universität, im Obergeschoss des Cafés O Piolho. 15 saubere, sehr, sehr einfache Zimmer mit eigenem Bad, für den Preis von ca. 30 € darf man aber nicht mehr erwarten. Praça Parada Leitão 41, ☎ 222-081201, www.cafepiolho.com.

Camping

Die Zeltplätze liegen an der Praia da Madalena südlich der Douro-Mündung, etwa 13 km vom Zentrum von Porto.

Madalena, großes Areal des Betreibers Orbitur mit recht viel Schatten und Pool, es gibt auch Hütten zu mieten. Zum Strand sind es etwa 500 m, zum Bahnhof Madalena 1,5 km, von dort verkehren regelmäßig Züge nach São Bento (Porto). ☎ 227-122520, https://orbitur.com.

Marisol, kleiner Platz, näher am Meer, veraltete Sanitäranlagen, aber sonst o. k. und sauber. Av. da Beira-Mar 3233, Canidelo, ☎ 227-135 942, www.marisolcamping.com.

Camping Angeiras (Orbitur), nördlich vom Hafenort Matosinhos, etwa 400 m vom schönen Strand entfernt. Bis nach Porto sind es ca. 20 km. ☎ 229 270 571, https://orbitur.com.

Wohnmobil: Auf einem unbefestigten Platz zwischen Vila Nova de Gaia und der Flussmündung durfte die letzten Jahre mit dem Wohnmobil geparkt werden. Soll nun dauerhaft geschlossen sein.

Wohnmobil-Stellplatz am Fluss (evtl. geschlossen)

Abfahrt am Bahnhof São Bento

Anreise

Mit dem Flugzeug

Porto wird aus Deutschland, Österreich und der Schweiz von diversen internationalen Fluggesellschaften direkt angeflogen; über Flugsuchmaschinen wie Skyscanner oder Swoodoo bekommt man einen guten Überblick über Flugoptionen und -preise.

Portos Flughafen liegt etwa 15 km nördlich des Stadtzentrums auf dem Gemeindegebiet der Nachbarstadt Maia. Benannt ist der **Aeroporto Francisco Sá Carneiro** nach dem Gründungsvater der Sozialdemokratischen Partei Portugals (PSD), der 1980 als amtierender Ministerpräsident bei einem Flugzeugabsturz ums Leben kam. (Ob es sich dabei um einen Unfall oder ein Attentat handelte, ist bis heute nicht abschließend geklärt.)

Mit der Metro ins Zentrum: Die Linie E Richtung „Estádio de Dragaeo" fährt alle 20–30 Min. ins Zentrum zum U-Bahnhof Porto Trindade, wo sich alle sechs Linien (A–F) der Metro kreuzen. Erste Bahn 5.56 Uhr, letzte 0.34 Uhr, Fahrzeit bis Porto Trindade etwa 30 Min. Eine einfache Fahrt kostet 2 € (plus 60 Cent für die wiederaufladbare Andante-Azul-Karte, → S. 132).

Mit dem Taxi ins Zentrum: Die Fahrt ins Zentrum kostet mit Gepäck ca. 20–25 €, mit Nachtzuschlag wird es fast doppelt so teuer.

Information: Das Informationsbüro Turismo do Norte, ein auffälliger Kubus mit abgerundeten Ecken, steht links in der Ankunftshalle. Es ist empfehlenswert, sich dort die Netzkarte und das Guthaben für die Fahrt mit der Metro in die Stadt gleich ausstellen zu lassen. An den Automaten in der U-Bahn-Station bilden sich nach Ankunft der Flieger gerne Schlangen.

Tägl. 8–21 Uhr. ☎ 967-128941.

Mit der Bahn

Die beste Bahnverbindung von Deutschland aus führt von Frankfurt am Main nach Porto und erfordert dreimaliges

Umsteigen: einmal in Paris, einmal vor der nordspanischen Grenze bei Hendaye und einmal in Coimbra. Ab Hendaye besteht Anschluss an den Nacht-Schnellzug nach Lissabon, in dem man bis Coimbra fährt. Von dort nimmt man einen Zug nach Norden bis Porto. Die beste Abfahrtszeit von Frankfurt ist 6.58 Uhr, dann erreicht man Porto am Morgen des Folgetages, die Fahrzeit beträgt also insgesamt knapp 25 Stunden.

Viele Details zur Bahnanreise im Blogbeitrag von Gerhard Liebenberger unter www.anders reisen.net/zug-nach-portugal.

Ticketkauf Über die **Servicenummer 0180-6996633** können Sie sich mit dem **Auslandsreiseservice der DB** verbinden lassen. Dort lassen sich mit persönlicher Beratung die einzelnen Streckenabschnitte und ggf. der Schlafwagen buchen.

In den größeren **Reisezentren** der Bahn und auch bei geschulten **DB-Agenturen** kann die Reise ebenfalls durchgebucht werden. Die Adressen finden Sie auf der Webseite www. bahnhof.de mit Hilfe des Verkaufsstellenfinders.

Mit dem Bus

Busse der **Deutschen Touring/Eurolines** sowie der portugiesischen Gesellschaft **Intercentro** starten von mehreren deutschen Städten nach Porto. Die Fahrt dauert ab Frankfurt am Main ca. 36 Stunden.

Information/Buchung Deutsche Touring GmbH/Eurolines Germany, Am Römerhof 17, Frankfurt, ☎ 069-971944833, www. eurolines.de. Außerdem über die Reisezentren der Deutschen Bahn.

Internorte, Praça de Galicia 96, Porto, www.intercentro.pt.

Mit eigenem Fahrzeug

Selbstfahrer sollten für die Anreise ca. drei Tage einplanen, von Frankfurt/M. nach Porto (ca. 2200 km) beträgt die reine Fahrzeit etwa 21 Std. In Frankreich, Spanien und Portugal fallen Mautgebühren an, insgesamt rund 150 € für Pkws. Neben www.google. de/maps ist das Portal www.via michelin.de ein optimales Tool, um die Route zu planen, auch die Mautgebühren werden für die Routen angezeigt.

Mobil in Porto

Der öffentliche Personennahverkehr Portos wird im Wesentlichen von der Metro und den Stadtbussen bestritten; die Straßenbahn, die in historischen Zügen of nur noch drei Linien verkehrt, ist eher eine Touristenattraktion.

Organisieren und planen kann man seine Fahrten mit den öffentlichen Verkehrsmitteln seit 2017 mit **Google Transit**. Eine Alternative ist die in der Bedienung elegantere, aber an einigen Stellen noch lückenhafte kostenlose App **Mooveit**.

Metro

Die Portuenser Metro ist eine Stadtbahn, die in weiten Teilen „über Tage" verkehrt und nur im engeren Innenstadtbereich in den Untergrund abtaucht. Auch ihr Aktionsradius ist weiter als der einer klassischen U-Bahn: So fahren etwa die am Estádio do Dragão startenden Züge der Linie B bis ins knapp 40 km (!) nördlich von Porto gelegene Städtchen Póvoa de Varzim.

Die Waggons sind geräumig wie in einer modernen Straßenbahn. Für seine Fahrten kauft man sich am besten die wiederaufladbare Netzkarte Andante Azul (→ S. 132). Diese wird vom Automaten beim Erwerb des ersten Fahrscheins ausgegeben und kostet einmalig 60 Cent. Ein Ticket ist für max. eine Stunde gültig.

Es gibt sechs Tarifzonen, für die Fahrt vom Flughafen in die Stadt benötigt man beispielsweise eine Karte für Tarifzone 4 (2 €). Diese kann auch im Touristenbüro in der Ankunftshalle des

Metrostation Lapa

Flughafens erworben werden. An jedem Fahrkartenautomaten einer Station ist eine Liste angebracht, auf der man den Zonentarif seines Zielbahnhofs ablesen kann.

Eine Fahrradmitnahme ist in der U-Bahn möglich, solange diese nicht überfüllt ist. Mit dem Fahrrad sollte man am besten immer im letzten Waggon ganz hinten einsteigen.

Schwarzfahren kommt teuer – immer die Karte vor dem Besteigen einer Bahn bei den kleinen gelben Kästchen entwerten! Bei einer erschlichenen Beförderung wird der eigentlich zu zahlende Tarif mit 100 (!) multipliziert! Es wird regelmäßig kontrolliert.

Busse

Sie sind in Porto leider nicht immer zuverlässig und halten sich oft nicht an die Fahrpläne. Ein beim Busfahrer gekauftes Ticket ist zonenunabhängig und kostet immer 2 €, egal wie weit man fährt, allerdings darf damit nicht umgestiegen werden. Ein Andante-Azul-Ticket (→ S. 132) kann auch im Bus entwertet werden.

Straßenbahnen

Wie in Lissabon sind auch die hiesigen *eléctricos* nur wegen der Touristen der Einmottung entgangen. Porto hatte 1872 als erste Stadt auf der Iberischen Halbinsel eine Straßenbahn in Betrieb genommen, die anfangs noch von Zugochsen bewegt wurde. Die ersten Waggons wurden aus den USA importiert – heute würde man gerne aus San Francisco aus musealen Gründen ein paar Wagen zurückkaufen. Tickets gibt es beim Fahrer für 3,50 €, 2-Tages-Tickets in Hotels (10 €).

Drei Linien werden heute noch betrieben:

Die **Nr. 1** fährt alle 20 Min. am Douro entlang nach Foz, dem freundlichen Ort direkt an der Mündung des Flusses in den Atlantik. Abfahrt Rua do Infante do Henrique. Nur früh am Tag (ca. 9 Uhr) oder spät (ab 19 Uhr) hat man Chancen auf einen Sitzplatz.

Die **Nr. 18** fährt von der Carmo-Kirche hinunter zum Fluss (dort liegt auch das Straßenbahnmuseum).

Straßenbahn bzw. „Eléctrico" im Jardim da Cordoaria

Die **Nr. 22** macht eine Oberstadtrundfahrt ab der Praca da Batalha zur Carmo-Kirche und zurück.

Weitere Informationen (nur auf Portugiesisch) unter www.stcp.pt/pt/turismo/porto-tram-city-tour.

Fahrkarten: Andante Azul

Die wiederaufladbare Andante-Azul-Karte ist für Metro, Bus und einige Regionalzüge gültig (nicht jedoch für die Straßenbahn). Sie kostet einmalig 60 Cent und kann mit verschiedenen Tickets am Automaten aufgeladen werden. Beim Aufladen der Karte muss man sich entscheiden, für welche Tarifzone der Fahrschein erworben wird. Es ist nicht möglich, mehrere Tarifzonen beliebig auf einer Andante Azul zu verwenden. Für Touristen ist vielleicht die Tarifzone 1 (1,20 € pro Fahrt) am sinnvollsten. Damit kommt man im größeren Innenstadtbereich an viele Ziele, z. B. zur Casa de Música. Wer von der Innenstadt ans andere Douroufer nach Vila de Gaia fährt, braucht dann allerdings schon ein Zone-2-Ticket. Der Fahrschein ist für die Zonen 1 bis 3

eine Stunde gültig, für weitere Zonen etwas länger. Wichtig: Beim Umsteigen muss die Andante-Karte erneut an das gelbe Kästchen gehalten werden, es wird dabei keine weitere Fahrt abgebucht. Es wird aber noch etwas komplizierter: Wenn man z. B. ein Guthaben für Zone 1 auf der Karte hat und von der Innenstadt nach Matosinhos fahren will (Zone 3), kann man sich am Automaten die einzige abweichende Zone auf die Karte schreiben lassen. Beim Entwerten kann immer nur die zuletzt gekaufte Fahrt abgebucht werden.

Andante Tour 1 (7 €) **bzw. 3** (15 €): 24 bzw. 72 Stunden nach Erstbenutzung gültig. Beliebige Strecken.

Andante 24: 24 Stunden Gültigkeit, wird für eine Zone (Z2 bis Z12) gelöst, auch hier, keine Mischung von Zonen, nur für eine Person.

Taxi

In Porto sind Taxis rarer als in Lissabon, wo am Abend gefühlt jedes dritte Fahrzeug eine motorisierte Droschke ist. Der gefahrene Kilometer kostet ca. 0,50 €, Aufpreis bei Nachtfahrten und Reisegepäck. Es gibt feste Standplätze u. a. an den Bahnhöfen und natürlich auch am Flughafen. Bei folgenden Taxizentralen können Taxis bestellt werden:

Invicta Radio Taxis, ☎ 22 500 2693

Oporto Radio Taxis, ☎ 22 507 3900

Radio Taxis Os Unidos, ☎ 22 502 9898

Uber: Dieser „disruptive" Fahrdienst ist in Porto legal und kann mit einer sehr bequemen App bestellt werden. Der Fahrpreis beträgt etwa 60 % des Taxitarifs und wird in einem Rechenzentrum ermittelt. Umwege fahren lohnt sich also nicht für den Fahrer. (Nicht zufrieden war ich übrigens mit dem nicht so bekannten Konkurrenzunternehmen Cabify; das angeforderte Auto kam und kam nicht, der Versuch einer klärenden Kontaktaufnahme per App mit dem angekündigten Fahrer misslang – er nahm das Gespräch nicht an.)

Parken

Porto ist für mich die Stadt mit den hübschesten Parkhäusern und den gigantischsten Tiefgaragen. Zwei herrliche Beispiele der Art-déco-Architektur sind das Parkhaus **O Comércio do Porto,** das zwischen 1928 und 1932 erbaut wurde (Praça Dona Filipa de Lencastre), und die fast noch schönere **Garagem Passos Manuel** aus dem Jahr 1939 mit einem Kulturclub „on top" (Rua de Passos Manuel 178).

In der Stadt gibt es außerdem viele privat betriebene kleinere Parkhäuser. Die Preisgestaltung ähnelt sich. Wer sein Auto 24 Std. und länger abstellen möchte, sollte sich nur ein Parkhaus nehmen, das Ermäßigung durch die Porto Card ermöglicht, sonst wird es teuer (→ *24 Stunden parken*). Tipp: Viele Vermieter haben Vereinbarungen mit Garagenbetreibern, ein Tag kostet dann vielleicht nur 8 €.

Die Parkmöglichkeiten entlang der Straßen funktionieren wie bei uns zu Hause mit einem Ticket am Automaten. Gebührenpflichtige Zeiten sind Mo–Fr 8–20 Uhr und Sa 9–14 Uhr, Höchstparkzeit 2–4 Std., eine Std. kostet ca. 1 €.

Infante Parking, sehr zentral und für einen Kurzbesuch gut geeignet ist die Tiefgarage unter dem Jardim do Infante Henrique (direkt neben der alten Börse). 3 Std. ca. 4,75 €.

Trindade Parking, in der Oberstadt etwas oberhalb vom alten Rathaus. 3 Std. ca. 3,20 €.

24 Stunden parken: Einige der Parkhäuser in der Innenstadt geben Inhabern der Porto Card je nach Saison 40–60 % Rabatt für tageweises Parken, darunter Praça Carlos Alberto Parking, Praça de Lisboa Parking, Praça Gomes Teixeira Parking, Palácio da Justiça Parking, Infante Parking und Cardosas Parking.

Fahrrad

Die Stadt mit ihrem Bergauf, Bergab, dem Kopfsteinpflaster und den gefährlichen Straßenbahnschienen, in denen sich leicht ein Rad verhakt, ist nicht unbedingt ideal fürs Radeln. Es gibt aber einige schöne und unproblematische Ausflugsziele in Richtung Meer:

Eine reizvolle Tour führt etwa vom Cais da Ribeira am Fluss entlang nach **Foz de Douro** und weiter nach **Matosinhos.** Zunächst radelt man ein ganzes Stück an den Straßenbahngleisen entlang (hier ist Vorsicht geboten), dann geht es auf dem Fahrradweg und durch Parkanlagen komfortabel weiter.

Eine andere Tour führt südlich der Douro-Mündung in den Atlantik zu den **Stränden von Lavadores.** Um sie zu erreichen, besteigt man ein kleines Pendelboot zum anderen Ufer des Douro, auf dem auch Fahrräder mitgenommen werden (tägl. 9–20 Uhr alle 30 Min., 1,50 €/Pers., 1 €/Fahrrad.

Standseilbahn zum Batalha-Platz

Achtung: Bei Nebel wird der Verkehr eingestellt!). Das Boot startet von einem kleinen Steg etwa bei der Einmündung der Straße Calçada Ouro (ca. 500 m nach der Unterquerung der Ponte da Arrabida) und fährt zum Dorf São Pedro da Afurada. Von dort ist es dann nicht mehr weit bis Lavadores. Südlich von Lavadores geht dann ein Badeort in den nächsten über, moderne Apartmenthäuser prägen das Bild. Entlang der Strandpromenaden führt ein gepflegter Radweg.

Fahrrad und ÖPNV   In den öffentlichen Nahverkehrszügen, ob Eisenbahn oder U-Bahn, werden Fahrräder kostenlos mitgenommen. In der Eisenbahn besteht die Möglichkeit, das Ticket beim Schaffner ohne Aufpreis nachzulösen; man spart sich so den Kampf mit den Kartenautomaten.

Fahrradverleih   Sardinhas, Fahrradverleih ganz zentral in der Nähe der Börse, Fahrräder (6 Std. 10 €), E-Bikes (20 € pro Tag) und Roller. Rua do Comércio do Porto 207/209, ✆ 224-003719, www.sardinhastours.com.

Top Bike tours, 6 Std. 20 €, 24 Std. 25 € (E-Bikes 37,50 €). Es werden auch geführte Touren in kleinen Gruppen angeboten, Rua Alferes Malheiro 139, ✆ 915-316999, www.topbike toursportugal.com.

Velurb, dieser Verleih, der keine E-Bikes anbietet, hat zwei Filialen. In der Oststadt, Rua Fernandes Tomás 259 (✆ 918-506133) und in der Weststadt, Rua Cedofeitas 451 (✆ 932-199808), fb/velurb.

Bootsausflüge

Am Cais da Ribeira wetteifern verschiedene Anbieter um die Gunst der Touristen, das Programm unterscheidet sich dabei wenig. Die sog. **Sechs-Brücken-Tour** kostet 18 € und dauert eine knappe Stunde. Auch auf der anderen Fluss-Seite in Vila Nova de Gaia fahren Boote ab.

Führungen & Stadtrundfahrten

Portoentdecken, Nicolas lebt schon etliche Jahre in der Stadt und ist einerseits Stadtführer und andererseits unterrichtet er am Goetheinstitut Deutsch für Ausländer, das passt optimal, auch für die Gäste die er durch die Gassen führt. Nicolas Neef. Auch etwas ausgefallene Thementouren können gebucht werden, wie z.B. die Fototour Porto bei Nacht. www.portoentdecken.com, Tel. +49 (0) 15759142945, portoentdecken@gmail.com.

The worst tours: Eine kleine Gruppe ehemaliger Architekturstudenten hat sich zusammengetan und bietet Touren außerhalb der „Zoombox" an. Als Zoombox wird der zentrale Teil der Stadt bezeichnet, in dem sich die meisten Sehenswürdigkeiten konzentrieren und die in den Stadtplänen extra vergrößert dargestellt werden. Kleine Anekdote: Es nahmen schon mehrfach US-Amerikaner an solchen Führungen teil und brachen die Rundgänge ab, weil ihnen die Umgebung suspekt erschien. Auch die Versicherung, dass Porto eine ungefährliche Stadt sei, nützte nichts ... Die Tour dauert ca. 3 Std. und hat keine festen Preise, es werden Spenden angenommen.

Treffpunkt ist normalerweise täglich um 14.30 Uhr an der Praça do Marquês (Metro Marquês). www.theworsttours.weebly.com, theworsttours@gmail.com.

Classic Porto Tours: Von 1977 bis 2004 wurde in Portugal der UMM (União Metalo-Mecânica) gebaut, ein etwas unförmiger Geländewagen. Der sympathische Fotojournalist Alvaro Pereira ist Fan dieser Fahrzeuge und bietet Stadtrundfahrten mit dem originellen Gefährt an.

☎ 918-112953, fb/classicporto.

Tuk-Tuk-Stadtrundfahrten: Mit den in Südostasien weit verbreiteten dreirädrigen Kleintransportern werden Stadtrundfahrten angeboten. Etliche der Gefährte sind bereits elektrisch angetrieben und sehr leise. Standorte sind vor der Buchhandlung Lello, am Largo dos

Rundfahrten mit dem elektr. Tuk-Tuk

Lóios (von Lello die Straße hinunter, kurz vor der Praça da Liberdade), an der Kathedrale Sé sowie unten am Fluss bei der Brücke Luis I. Elektrisch betriebene Tuk-Tuks gibt es nur bei der Sé und am Largo Lóios.

Eine 50-Min.-Fahrt durch das historische Zentrum kostet 13 € pro Pers., mindestens zwei Personen müssen teilnehmen. Auch diverse Thementouren werden angeboten. www.tuktourporto.com.

Ausflug mit der Bahn – Linha do Douro

Eine der malerischsten Bahnstrecken Europas führt von Porto aus weit hinauf ins Dourotal. Die Endstation ist **Pocinho,** das mit dem Direktzug ab dem Bahnhof São Bento nach dreieinhalbstündiger Fahrt erreicht wird (Abfahrt 9.10 Uhr). Tagestouren mit dem Boot ab Porto gehen meist nur bis **Pinhão,** wo der schönste Flussabschnitt eigentlich erst beginnt.

Gute Bademöglichkeiten ganz in der Nähe von Porto

Reisepraktisches in Stichworten

Ärztliche Versorgung

Gesetzlich Krankenversicherte können sich mit ihrer Europäischen Krankenversicherungskarte (EHIC) an die staatlichen Gesundheitszentren *(Centros de Saúde)*, die Ärzte verschiedener Fachrichtung unter einen Dach vereinen, und die staatlichen Krankenhäuser wenden. Eine Zusammenstellung der Dienstleister findet man im Internet auf den Seiten des nationalen Gesundheitsdienstes SNS (www.sns.gov.pt/sns/pesquisa-prestadores). Die Behandlung in den Einrichtungen des SNS (Serviço Nacional de Saúde) ist jeweils kostenfrei, lässt allerdings teilweise deutlich zu wünschen übrig, außerdem sind lange Wartezeiten auf einen Termin normal.

Deshalb ist der Abschluss einer zusätzlichen **privaten Reisekrankenversicherung** ratsam, denn damit kann man im Krankheitsfall auch die prinzipiell kostenpflichtigen Privatärzte und Privatkliniken konsultieren. Dort zahlt man zunächst selbst, lässt sich aber zur Erstattung seiner Auslagen eine Quittung über die Behandlungskosten und eine kurze Krankheitsbeschreibung *(descrição da doença)* ausstellen, die man bei seiner Reisekrankenversicherung einreicht.

Apotheken: *Farmácias* findet man in Porto in großer Zahl. Man wird dort über aushängende Listen auch darüber informiert, welche Apotheken am späten Abend und nachts geöffnet haben.

Baden → Strandausflüge S. 76

Cartão Jovem

Die *Cartão Jovem* (Jugendkarte) bietet Reisenden bis 30 Jahren (inklusive) verschiedene Preisnachlässe für Zugtickets, Expressbusse und Museen. Weiter gewähren einige Geschäfte Preisnachlässe. Die *Cartão Jovem* gilt in

Portugal zudem als Jugendherbergsausweis. Kaufen kann man sie unter Vorlage des Passes oder Personalausweises und eines Fotos für 10 € in allen Postämtern, Jugendherbergen und Reisebüros von Abreu. Gültig ist die Karte ein Jahr lang, wobei der Kaufmonat nicht mitgerechnet wird. In anderen europäischen Ländern (auch Deutschland) gibt es übrigens vergleichbare Jugendkarten, die weitgehend gegenseitig anerkannt werden.

Studenten erhalten bei Museen und anderen Sehenswürdigkeiten ebenfalls Ermäßigungen. Dafür empfiehlt es sich, den internationalen **ISIC-Studentenausweis** mitzunehmen. Man bekommt ihn bei Jugend-Reisebüros wie z. B. *STA Travel*. Weitere Informationen im Internet unter www.isic.org.

Deutschsprachige Gottesdienste

Eine deutschsprachige katholische Messe wird zweimal im Monat am Samstagabend um 19 Uhr in der romanischen **Igreja de Cedofeita** abgehalten. Die Kirche liegt etwa einen Kilometer östlich der Casa Música am Largo do Priorado. Weitere Informationen unter www.dkgl.org/porto.

Evangelische Gottesdienste finden im **Haus der Begegnung** in Vila Nova de Gaia statt, in der Regel ebenfalls zweimal im Monat sonntags um 10.30 Uhr. Weitere Informationen unter https://dekporto.blogspot.com.

Einreisebestimmungen

Zur Einreise genügt Personalausweis oder Reisepass.

Auto: Führerschein, Kfz-Schein und Versicherungsnachweis sind erforderlich; eine internationale grüne Versicherungskarte ist empfehlenswert. Das Fahrzeug muss auf den Benutzer zugelassen sein. Ansonsten wird eine vorher in Deutschland beglaubigte Vollmacht vom Besitzer verlangt. Zur Beglaubigung sollte das vom ADAC zur Verfügung gestellte Formular genügen.

Haustiere: Erforderlich ist für die Einreise aus Deutschland oder Österreich der EU-Heimtierausweis. Für die Einreise aus der Schweiz ist ein unmittelbar vor Einreise erstelltes und ins Portugiesische übersetztes amtstierärztliches Gesundheitszeugnis notwendig. Außerdem ist eine Tollwutschutzimpfung (mindestens 30 Tage, höchstens 1 Jahr vor Einreise, bei Katzen 6 Monate vor Einreise) vorgeschrieben. Hunde müssen einen Mikrochip zur Identifizierung haben.

Elektrizität

Auch in Portugal beträgt die Spannung etwa 230 Volt mit einer Frequenz von 50 Hertz. Weit verbreitet sind Eurosteckdosen ohne Schutzleiter, in die alle gängigen deutschen Stecker passen.

Feiertage

Eine Reihe von Feiertagen wird im ganzen Land begangen, neben kirchlichen auch einige historische Gedenktage.

1. Januar: Neujahr (Ano Novo)

Februar, März, April: Karnevalsdienstag (Entrudo), Karfreitag (Sexta-feira santa), Ostersonntag (Páscoa)

25. April: Dia da Liberdade (Nationalfeiertag) Tag der „Nelkenrevolution" 1974

1. Mai: Tag der Arbeit

Mai/Juni: Fronleichnam

10. Juni: Dia de Portugal (Nationalfeiertag) – Gedenken an den Todestag von Luís de Camões

15. August: Mariä Himmelfahrt

5. Oktober: Tag der Ausrufung der Republik 1910

1. November: Allerheiligen

1. Dezember: Tag der Rückgewinnung der Unabhängigkeit von Spanien 1640

8. Dezember: Mariä Empfängnis

25. Dezember: Weihnachten (Natal)

Festas de São João

Das größte Stadtfest Portos findet in der Johannisnacht vom 23. auf den 24. Juni statt. Sie ist die längste Nacht des Jahres und mündet in den Johannestag, an dem die katholische Kirche das Hochfest der Geburt Johannes' des Täufers feiert. In Porto ist São João, wie er in der Landessprache heißt, darüber hinaus noch inoffizieller städtischer Schutzheiliger, und zwar seit 1825, als die Bürger ihn zu ihrem „Volksheiligen" kürten. Neben der offiziellen Stadtheiligen Maria, die als Nossa Senhora de Vandoma (Unsere Liebe Frau von Vandoma) das Stadtwappen ziert, besetzt Johannes der Täufer damit quasi die zweite Heiligen-Planstelle der Stadt.

Majoran schenkt man der Angebeteten

Anlässlich der Festas de São João ziehen die Feiernden fröhlich durch die Straßen, in den Händen tragen sie Knoblauchblüten, aber auch bunte Plastikhämmer in allen Größen, die gerne auf den Kopf des Vordermanns gedonnert werden – das kann auch mal ein Polizist sein. Die Knoblauchblüten riechen kräftig und sollen nach keltischem Aberglauben böse Geister fernhalten.

Nach den Umzügen werden Feuer entzündet, man tanzt und singt und springt ausgelassen über die Glut. Nach Mitternacht folgt ein großes Feuerwerk. Viele Leute ziehen in den Passeio Fontainhas, der oberhalb vom Rio Douro bei der Brücke Ponte do Infante beginnt. Dort sind wie auf einem Volksfestplatz Essensstände und Kinderkarussells aufgestellt. Gegrillte Zicklein, Sardinen und in Fett ausgebackene Süßigkeiten werden verspeist.

Am Johannistag selbst findet dann spätnachmittags die berühmte Regatta mit den Portweinlastkähnen, den *rabelos,* statt. Die teilnehmenden Mannschaften der verschiedenen Portweinkellereien (meist knapp 20) starten in Foz de Douro und lassen sich durch die Kraft der Segel zur ersten Brücke treiben; nach einer Kehre geht es dann zurück zum Ausgangspunkt in Foz, wo der Sieger unter großem Jubel empfangen wird.

Ein weiterer Brauch zum Stadtfest ist der Wettbewerb um die Herstellung der eindrucksvollsten *Cascata São Joanina.* Damit werden zum Teil ziemlich kunstvoll in Heimarbeit erstellte Dioramen bezeichnet, die das Alltagsleben in Porto darstellen. Die besten werden vom Rathaus prämiert. Geben Sie bei Google-Fotosuche doch einmal den Begriff ein.

Geld

Gesetzliches Zahlungsmittel ist der Euro. In Portugal ist eine Bankkarte der bequemste und günstigste Weg, an Geld zu kommen. Das Abheben mit Kreditkarten ist teuer, zum Bezahlen sind sie dagegen weit verbreitet.

Bankkarten: Mit den normalen Bankkundenkarten (ehemals EC-Karten) kann an praktisch allen Bankautomaten in Portugal Geld abgehoben werden. Dazu sollten die Karten die Zeichen von *Visa Plus* oder *Maestro* tragen, den elektronischen Netzen von Visa und Mastercard. Dann funktionieren sie mit Sicherheit an einem der zahlreich vorhandenen Automaten mit dem *Multibanco*-Zeichen. Der Höchstbetrag pro Abhebung ist 200 €, wobei eine Gebühr von 5 € anfällt. Deshalb ist es ratsam, bargeldlos direkt mit der Bankkarte zu bezahlen.

Diebstahl/Verlust der Bankkarte: Unverzüglich die entsprechende Bank oder den zentralen Sperrannahmedienst benachrichtigen (☎ 0049-30-40504050); er ist rund um die Uhr zu erreichen. Erforderlich ist in jedem Fall die Angabe der Kontonummer und der Bankleitzahl, hilfreich die der Kartennummer. Wichtig: Geben Sie nie Ihre Geheimnummer an! Über die Nummer 0049-116116 können neben Bankkarten auch Kreditkarten gesperrt werden.

Gepäckaufbewahrung

In der Metrostation Trindade, im Bahnhof São Bento und am Flughafen kann man sein Gepäck vorübergehend lagern.

Goetheinstitut

Hier werden Deutschkurse für Portugiesen angeboten, aber auch kulturelle Veranstaltung von der wanderfreudigen Leiterin Elisabeth Völpel.

Rua Nossa Senhora de Fátima 107, ☎226-061660, www.goethe.de/ins/pt/de, info@Porto.goethe.org.

Das Goetheinstitut in Porto

Informationsbüros

Städtische Tourist-Info: Links neben dem Rathaus, freundliche und kompetente Bedienung, täglich 9–20 Uhr geöffnet.

Rua Clube dos Fenianos 25, ℰ 223-393472, info@visitportoandnorth.travel, 935557024, Whatsapp 938 668 462.

In der Saison gibt es noch weitere Infostellen, u. a. neben der Kathedrale, an der Praça da Liberdade, in der Rua Sampaio Bruno (Kiosk) oder an der Praça da Ribeira.

Porto Welcome Center: Das Büro, das für die gesamte Region Nordportugal zuständig ist, liegt gegenüber vom Bahnhof São Bento. Hier gibt es nicht nur Auskünfte, sondern auch einige nette Spielereien, die man durchaus mal ausprobieren kann: mit virtuellen

Info-Kiosk an der Praça da Liberdade

Händen soll aus einer Flasche Rotwein ein Glas gefüllt werden – gar nicht so einfach, die Flasche zu fassen und nicht zu viel zu verschütten! Auch lässt sich ein Postkartenmotiv künstlerisch bemalen und beschriften und per Mail an Freunde nach Hause verschicken.

Praça de Almeida Garrett 27, täglich 10–17 Uhr.

Internet

Aktuelle Informationen zu diesem Reiseführer, die nach dem Druck dieser Auflage nicht mehr berücksichtigt werden konnten, finden sich auf den Portugal-Seiten des Michael Müller Verlags unter der Adresse: **www.michael-mueller-verlag.de.**

www.visitporto.travel: Diese offizielle Internetseite der Stadt Porto hält viele aktuelle Informationen bereit. Sehr praktisch ist die Chatfunktion. Sobald Sie die Seite aufgerufen haben, werden Sie zum Fragen aufgefordert und bekommen meist umgehend die gewünschte Antwort!

Auch in den sozialen Netzwerken wird sehr viel über die Stadt informiert:

facebook.com/visitporto.portal

twitter.com/visitporto

youtube.com/visitporto

pinterest.com/visitporto

flickr.com/groups/visitporto

flickr.com/photos/visitporto

tripadvisor.com/members/visitporto

issuu.com/visitporto

Internetcafés: Um einem Keylogger (Spionageprogramm, welches die Tastatureingaben aufzeichnet) ein Schnippchen zu schlagen, sollte man in Internetcafés das Passwort über die Bildschirmtastatur von Windows eingeben. Dazu ruft man nach Drücken des Windows-Startbuttons in der kleinen Eingabezeile mit »osk« die virtuelle Tastatur von Windows auf und gibt dort sein Passwort ein.

Klimadaten von Porto

	Ø Lufttemperatur (Min./Max. in °C)		Ø Niederschlag (in mm)	
Jan.	5,0	13,5	158	13
Febr.	5,9	14,8	140	12
März	7,1	16,8	90	10
April	8,6	17,7	116	11
Mai	11,0	19,4	98	10
Juni	13,8	22,8	46	6
Juli	15,5	25,0	18	3
Aug.	15,2	25,0	27	3
Sept.	14,1	23,7	71	6
Okt.	11,5	20,4	138	11
Nov.	8,3	16,8	158	12
Dez.	6,8	14,4	198	13
Jahr	**10,2**	**19,2**	**1257**	**110**

Quelle: Instituto Português do Mar e da Atmosfera (Periode 1971–2000)

Klima/Reisezeit

Das ausgeprägte atlantische Klima sorgt in den Küstenregionen im Norden des Landes für nicht zu heiße **Temperaturen** im Sommer und milde Winter, in denen sie eigentlich nie unter den Gefrierpunkt fallen.

Konsulate

Deutschland Honorarkonsulat in Porto, Av. Sidónio Pais 379, 4100-468 Porto, ☏ 226-108122, porto@hk-diplo.de. Besuchszeit Mo–Fr 9–12 Uhr (nur mit Terminvereinbarung). Der Konsul Christian Bothmann ist im Hauptberuf für den Strumpfhersteller Falke in Portugal tätig. Das Büro liegt im ehemaligen „Hoechst"-Haus – die deutsche Pharmazie- und Chemiefirma gibt es zwar nicht mehr, aber der Name steht noch in großen Lettern an der Fassade. Insgesamt leben nur etwa 3000 Deutsche in ganz Nordportugal (an der Algarve sind es gut 25.000).

Österreich Honorarkonsulat in Porto, Praça do Bom Sucesso 123-137, 8°, Sala 803, Edifício Península, 4150-146 Porto, ☏ 226-053000.

Schweiz Konsulat in Porto, Rua Ofélia da Cruz Costa 882-2 Dto., 4455-137 Lavra, ☏ 229-967923.

Öffnungszeiten

Geschäfte: In der Regel haben sie zwischen Montag und Freitag von 9 bis 19 Uhr geöffnet. Eine Ausnahme sind die Läden in den großen Einkaufszentren (*centros comerciais*), die täglich von 10 bis 23 oder sogar 24 Uhr offen haben. Größere *supermercados* haben an allen Tagen durchgehend von 8.30 oder 9 bis 20 oder 21 Uhr offen. Die *hipermercados* sind täglich von 9 bis 22 Uhr geöffnet. Einen besonders guten Service bieten die *lojas de conveniência*. In diesen kleinen Supermärkten kann täglich von 7 Uhr morgens bis 2 Uhr nachts eingekauft werden.

Banken: Alle Banken haben nur Montag bis Freitag von 8.30 bis 15 Uhr geöffnet. Längere Öffnungszeiten haben die Wechselstuben.

Post

Die Postämter der **CTT Correios de Portugal** (CCT = *Correios, Telégrafos e Telefones*) erstrahlen in knallroten Fassaden oder sind zumindest durch ein rotes Schild gekennzeichnet und daher leicht zu finden. Die regulären Öffnungszeiten sind Mo–Fr 9–18 Uhr, kleine Ämter auch kürzer oder mit Mittagspause.

Briefe und Postkarten können per Normalpost (*Correio Normal* = rote Briefkästen) oder Expresspost *(Correio Azul* = blaue Briefkästen) verschickt werden; bei Normalpost wird noch einmal unterschieden zwischen nationalen und internationalen Empfängern (*Correio Normal Nacional* bzw. *Correio Normal Internacional)*, bei der Expresspost gibt es diese Unterscheidung nicht. Mit der Normalpost beförderte Karten sind zu 95 % innerhalb von drei Tagen an ihrem Ziel innerhalb der EU, mit Expresspost geht's in der Regel einen Tag schneller.

An vielen Straßenecken stehen moderne Münzautomaten, die Briefmarkenverkaufstelle und Postkasten in einem sind. Die Funktionsweise der Automaten wird auch auf Englisch und Französisch erklärt.

Rauchen

In Portugal gilt ein Rauchverbot in Restaurants, Cafés, Bars, Diskotheken sowie in allen öffentlichen Verkehrsmitteln, den Flughäfen, Bahnhöfen und Metrostationen. In Bars und Restaurants mit aufwendigen Belüftungssystemen darf aber weiterhin geraucht werden, was gerade in Porto in einigen Lokalen sehr großzügig interpretiert wird. Meistens muss man aber auf die Terrasse oder vor die Tür, um sich eine Zigarette anzustecken.

Sprachkenntnisse

Wie für jedes Land, so gilt auch für Portugal: Ohne Kenntnis der Landessprache wird man nie vollständig Zugang zu Land und Leuten finden. Obwohl Portugiesisch zu den großen Weltsprachen zählt und von über 270 Mio. Menschen gesprochen wird (in

Frisch polierter Opferstock für Almosen

Brasilien, Portugal, Angola, Mosambique, Guinea-Bissau, Cabo Verde, São Tomé e Príncipe, Macau, Goa, Timor Lorosae), ist es an deutschen Schulen ein Exot.

Die meisten jüngeren Portugiesen sprechen ganz gut Englisch. Auch Französisch wird recht häufig gesprochen, vor allem von Angehörigen der älteren Generation. Kenntnisse in Deutsch sind eher selten.

Strände   → Strandausflüge, S. 76

Telefonieren

Es gibt in Portugal keinerlei Vorwahlen für Städte oder Mobilfunknetze mehr. Das heißt, im ganzen Land wählt man einfach immer die neunstellige Teilnehmernummer.

Nach Portugal: Für Telefonate von Deutschland, Österreich oder der Schweiz nach Portugal muss vor der jeweiligen Teilnehmernummer lediglich die Landesvorwahl 00351 gewählt werden (keine Ziffer weglassen oder hinzufügen!).

Von Portugal: Nach Deutschland lautet die Vorwahl 0049, nach Österreich ist es die 0043 und für die Schweiz die 0041. Nach der Ländervorwahl ist jeweils die Null der Ortsvorwahl wegzulassen. Kostenlose R-Gespräche nach Deutschland kann man übrigens unter der Nummer 800-800490 anmelden.

Notruf: Auch in Portugal gilt die europaweite Nummer 112.

Sperrung bei Verlust oder Diebstahl von Mobiltelefonen: T-Mobile ☏ 0049/1712522 202, Vodafone ☏ 0049/1721212, O₂ ☏ 0049/17 955222. Parallel dazu gibt es auch die zentrale Rufnummer ☏ 0049/116116 von Sperr e. V.

In Zeiten von kostenlosem Roaming innerhalb der EU sind Telefonanrufe z. B. über WhatsApp eigentlich gratis. Eine weitere Möglichkeit bietet Skype.

Über ein dort gekauftes Guthaben können günstig Gespräche weltweit geführt werden. Außerdem gibt es in fast allen Restaurants oder Kneipen kostenloses WiFi.

Toiletten

Die portugiesischen Damentoiletten sind mit „S" *(senhoras)*, die Herrentoiletten mit „H" *(homens)* gekennzeichnet. Den Standort der nächsten Toilette erfragt man mit: *„Onde fica a casa de banho?"* Der Standard der portugiesischen Toilettenanlagen ist meist sehr hoch.

Trinkgeld

In Portugal sieht man die Frage des Trinkgeldes nicht so eng wie in anderen Ländern. Unter Portugiesen sind

Gepflegte Toilette an der Praça Batalha

etwa 5 % üblich; viele ausländische Touristen geben etwa 10 % Trinkgeld. In Restaurants wird der Rechnungsbetrag meist auf die nächste volle Summe aufgerundet (z. B. von 23 € auf 25 €): Man lässt sich das Restgeld zurückbringen und lässt es dann liegen bzw. legt gegebenenfalls noch etwas Kleingeld dazu. In Cafés, insbesondere bei Bedienung am Tresen, gibt man in der Regel kein Trinkgeld.

Bei Taxifahrten sind ebenfalls ca. 5 % Trinkgeld üblich. Platzanweisern im Kino wird manchmal etwas Geld gegeben. Parkplatzanweiser *(arrumadores)*, in Großstädten eine Tätigkeit von so manchem „armen Schlucker", verlangen einen „Beitrag" (ca. 0,50 €), sonst riskiert man, sein Auto beschädigt wiederzufinden.

Wasser

Leitungswasser kann unbedenklich getrunken werden, auch wenn es manchmal arg nach Chlor schmeckt.

Das Wasser der Trinkbrunnen in den Parks kann man ebenfalls meist getrost genießen. Abgefülltes Quellwasser ist nicht teuer und kann überall in kleinen und großen (5 l) Flaschen gekauft werden.

Zeit

Portugals Zeitzone folgt der mitteleuropäischen Zeit mit einer Stunde „Verspätung". Weil auch in Portugal die Sommerzeit am gleichen Tag wie bei uns auf Winterzeit umgestellt wird, gilt das ganze Jahr über: portugiesische Zeit = mitteleuropäische Zeit minus eine Stunde; bzw. mitteleuropäische Zeit = portugiesische Zeit plus eine Stunde.

Zeitungen

Die auflagenstärkste portugiesische **Tageszeitung** ist das Boulevardblatt *Correio de Manhã*. Angesehenste Zeitung in Portugal ist der *Público,* der 1990 gegründet wurde. Einen guten Ruf hat auch der *Diário de Notícias*, die ehemals offizielle staatliche Zeitung mit langer Tradition und eher konservativer Ausrichtung. Über das Wirtschaftsgeschehen informieren die Tageszeitungen *Jornal de Negócios* und *Diário Económico*. Porto hat mit dem *Jornal de Notícias* eine eigene Tageszeitung mit täglich 62.000 verkauften Exemplaren.

Typisch für Portugal sind die täglich erscheinenden **Sportzeitungen** wie *A Bola, O Jogo* und *Record.* Ihre Auflagen erreichen die der größten Tageszeitungen, ja überschreiten sie teilweise sogar.

Internationale Presse gibt's u. a. in der Lotaria Atlântico in der Rua de Sampaio Bruno 8 (Quergasse zur Avenida dos Aliados) und im kleinen Zeitschriftenladen neben der Buchhandlung Latina in der Rua de Santa Catarina 2 bei der Praça da Batalha.

Zoll

Im privaten Reiseverkehr innerhalb der EU unterliegen Waren für den Eigenbedarf keinerlei Beschränkungen. Bei Tabakwaren und Spirituosen gehen die Zöllner von folgenden Richtmengen aus: 800 Zigaretten, 200 Zigarren oder ein Kilogramm Tabak, 10 Liter Spirituosen, 20 Liter sog. „Zwischenprodukte" (z. B. Portwein, Madeira), 110 Liter Bier, 10 kg Kaffee. Für Wein aus anderen EU-Mitgliedstaaten gibt es keine konkrete Richtmenge, solange er für den Privatbedarf bestimmt ist. Für Jugendliche unter 18 Jahren gibt es keine Freimengen!

Für Schweizer gilt: Von Getränken mit einem Alkoholgehalt bis 18 % sind 5 Liter erlaubt; von Getränken mit einem Alkoholgehalt über 18 % 1 Liter; ansonsten 250 Zigaretten/Zigarren oder 250 g Tabak.

Fonte da Rua de D. Pedro V.

Brunnen unterhalb der neuen Fakultäten

Kompakt Alle Museen

Museu da Misericórdia do Porto: Ausstellung zur Geschichte der gemeinnützigen Bruderschaft. ■ S. 17

Museu das Marionetas do Porto: Puppen von groß bis klein, auch zum Anfassen. ■ S. 18

Casa do Infante: Heinrich der Seefahrer und die Zeit der Entdeckungsfahrten. ■ S. 20

Museu do Vinho do Porto: Nicht nur Portwein, sondern auch Lokalgeschichte. ■ S. 21

Centro Português de Fotografia: Kunstausstellungen und historische Kameras im früheren Stadtgefängnis. ■ S. 29

Museu dos Transportes e Comunicações (MTC): Die Fahrzeuge der portugiesischen Präsidenten. ■ S. 32

World of Discoveries / Museo Interativo & Parque Temático: Portugals glorreiche Vergangenheit in prächtigen Dioramen. ■ S. 32

Museu Nacional de Soares dos Reis: Portugiesische Kunst des 19. und 20. Jh. in einem neoklassizistischen Palast. ■ S. 40

Museu Romântico: In der Wohnung wohlbetuchter Leute des 19. Jh. ■ S. 41

Museu do Carro Elétrico (S.T.C.P.): Schienenfahrzeuge im alten Straßenbahndepot. ■ S. 42

Museu Nacional da Imprensa: Druckmaschinen und Liebesbriefe in einer ehemaligen Brikettfabrik. ■ S. 55

Casa-Museu de Marta Ortigão Sampaio: Werke der Malerin Aurélia de Sousa. ■ S. 59

Museu de Arte Contemporânea: Kunsttempel im Parque de Serralves. ■ S. 62

Estação Litoral da Aguda: Meeresaquarium und Fischereimuseum in Praia da Aguda. ■ S. 78

Museo Municipal: Alles um den Fischfang in einer ehemaligen Fischkonservenfabrik in Espinho. ■ S. 79

Straßenbahndepot auf dem Weg nach Foz do Douro

Casario: Restaurant für Gourmets im Grand Cruz House. ■ S. 24

Grupo Desportivo Infante Dom Henrique: Typisch portugiesische Kost zu günstigen Preisen. ■ S. 24

Casa da Horta: Frisch zubereitete Gerichte in einem einstigen Lagerkeller. ■ S. 24

Gion: Eine der besten Sushi-Bars der Stadt. ■ S. 24

O Calhanbeque: Typisches portugiesisches Restaurant alter Schule. ■ S. 32

O Oriente no Porto: Hare-Krishna-Lokal mit kleinem Garten. ■ S. 32

Arvore: Tolle Lage mit Terrassen-Blick auf den Douro. Mittags besonders günstig. ■ S. 32

Antiqvvm: Feinschmecker-lokal mit großer Portwein-Auswahl. ■ S. 42

Cultura dos Sabores: Modernes vegetarisches Restaurant. ■ S. 42

Siktak: Liebevoll kredenzte koreanische Gerichte. ■ S. 42

BBGourmet 1858: Hervor-ragende Kreationen mit Fisch und Fleisch, aber auch rein vegetarisch. ■ S. 42

Lagostim: Kleine Snack-Bar zum schnellen Mittagsmenü. ■ S. 42

O Marinheiro: Täglich wechselnde Auswahl an Tagesgerichten. ■ S. 43

Tascö: Hier werden Tapas in Schälchen serviert. ■ S. 43

Frida: Mexikanische Köstlich-keiten, erinnert an Frida Kahlo im Namen. ■ S. 43

Adega Figueiroa: Gut bürgerliches portugiesisches Speiselokal. ■ S. 43

Viet View: Die Wirtin ist Vietnamesin, der Wirt Brasilianer. ■ S. 43

Mr. Pizza: Es gibt auch kleine Pizzastücke zum Mitnehmen. ■ S. 43

Tarantino: Eng bestuhlte Pizzeria mit emsigem Treiben und jungem Publikum. ■ S. 43

Capela Incomum: Kleine Weinstube in einer ehe-maligen Kapelle. ■ S. 43

Dom Castro: Hier ist der Wirt auch der Küchenmeister. ■ S. 49

Casa Nanda: Gute regionale Küche, frischer Fisch. ■ S. 49

Conga: Würzige und saftige Bifanhas. ■ S. 49

Churrasqueira Lameiras: Langer Bartresen, gute Bifanhas. ■ S. 49

Maus Hábitos: Geräumiges Restaurant mit tollem Blick über die Stadt. ■ S. 49

Sai Cão: Die Vitela Assada ist empfehlenswert. ■ S. 49

Letraria: Viele Biere, vor allem von der Brauerei Letra aus Braga. ■ S. 49

Rei dos Qeijos: Feinkostla-den mit der Vielfalt des portugiesischen Käses. ■ S. 49

Pingo Doce: SB-Restaurant im zentralen Geschäft der Lebensmittelkette. ■ S. 50

Venham mais 5: Hier sind die Pregos besonders lecker. ■ S. 56

Casa Guedes: Kleine Snack-Bar, die Brötchen mit Span-ferkel sind berühmt. ■ S. 56

Suribachi: Eines der ersten Veggie-Restaurants der Stadt. ■ S. 56

O Macrobiótico: Es gibt jeweils zwei Menüs zu 3,50 und 7,50 €. ■ S. 56

Casa de Chá da Boa Nova: Ein Michelinstern schmückt das 1958 von Álvaro Siza Vieira geschaffene Tee-haus. ■ S. 68

Favo de Mel: Typisches portugiesisches Restaurant mit täglich wechselnder Karte. ■ S. 69

Casa da Música: Elegant-trendiges Restaurant im 7. Stock des Konzerthauses. ■ S. 69

Em Carne viva: Kein Fleisch, sondern ein gutes Veggie-Restaurant. ■ S. 69

Toca D'Avenida: Kleines Lokal, mittags meist voll, abends wird es ruhiger. ■ S. 69

Essência: Vorwiegend vege-tarisch, aber auch Fleisch ist nicht tabu. ■ S. 69

Clube Universitário do Porto: In großbürgerlichem Ambiente gibt es leckere Mittagsmenüs. ■ S. 69

Capoeira: Typisch portugiesische Gerichte in einem unscheinbaren Fischerhäuschen. ■ S. 70

Standbar Homem do Leme: Zivile Preise in der „Steuermannbar". ■ S. 70

Teresa: Alles frisch vom Grill, roher Bacalhau mit Olivenöl und Zwiebel als Dreingabe. ■ S. 71

Palato: Netter Service beim aufgeschlossenen Wirt. ■ S. 71

Marisqueira dos Pobres: Preiswerte Speisen vom Meer. ▪ S. 71

Bacalhoeiro: Hier kann man verschiedenste Kreationen des Bacalhaus probieren. ▪ S. 75

DeCastro Gaia: Gute portugiesische Küche, Hauptgericht ca. 18 €. ▪ S. 75

O Firmino (Póvoa de Varzim): Gute regionale Küche, viele Stammgäste. ▪ S. 77

Grão de Soja (Espinho): Nette Inhaberin, hervorragende Mittagsmenüs. ▪ S. 77

Cafés und Bäckereien

Café Brasileira: Prächtiges Jugendstil-Kaffeehaus. ▪ S. 24

McDonald's: Mit seinen Glasmalereien einst eines der spektakulärsten Kaffeehäuser. ▪ S. 24

Guarany: Art-déco-Café mit Musik. ▪ S. 24

Com Cuore: Kleines Café mit glutenfreiem Gebäck. ▪ S. 24

Café Armazém: Hipster-Spot in einer alten Lagerhalle. ▪ S. 32

Padaria Ribeiro: Berühmt für leckere Brötchen und Blätterteiggebäck. ▪ S. 43

Café Flor de Tapioca: Leckere Crêpes aus dem Teig der Maniokwurzel. ▪ S. 43

Âncora d'Ouro: Hier bestellt man einen „cimbalino", benannt nach der ersten Siebträgermaschine der Stadt. ▪ S. 43

Aviz: 1947 eröffnetes repräsentatives Kaffehaus. ▪ S. 43

Rota do Chá: 300 verschiedene Teesorten. ▪ S. 43

Fumeiro: Pastelaria mit sehr guter Gebäckauswahl. ▪ S. 49

Confeitaria do Bolhão: Die „Pastel de Nata" sind genauso gut wie das Original aus Lissabon. ▪ S. 49

Majestic: Das bekannteste Jugendstilcafé der Stadt ist touristisch und ziemlich teuer. ▪ S. 50

Café Tavi: Gutes Gebäck, günstiger Mittagstisch. ▪ S. 70

Eisdielen

Gelateria mo mo: Hausgemachtes Eis zum günstigen Preis. ▪ S. 32

Gelataria La Copa: Eiscafé mit Patio zum Draußensitzen, frische Sahne. ▪ S. 50

Gelataria Portuense: Porto-Towny-Eis, eine Variante für Portweinliebhaber. ▪ S. 50

Einladung zum Frühstück

Etwas Portugiesisch

Betonung und Aussprache

Prinzipiell wird die zweitletzte Silbe eines Wortes betont. In folgenden Fällen wird dagegen die letzte Silbe betont: Das Wort endet mit einem Konsonanten (Ausnahme -s und -**m**), oder die letzte Silbe enthält ein **i** oder ein **u**. Trägt eine Silbe einen **Akzent**, wird diese Silbe betont, z.B. bei escândalo (Skandal) oder cómodo (bequem). Vokale mit Tilde, also **ã** oder **õ**, werden nasaliert, d. h. ähnlich ausgesprochen wie die französischen Laute *–in* [*matin*] und *-an* [*Sagan*]). Die Silbe mit dem **ã** oder **õ** ist im Wort zu betonen, Bsp. corações (Herzen).

Die korrekte **Aussprache** ganz ausführlich darzustellen würde mehrere Seiten ausfüllen, daher etwas vereinfacht und in Kürze: Die Buchstaben **b, d, f, k, l, m, n, p, t** und **u** werden ähnlich wie im Deutschen ausgesprochen (Ausnahme: Folgt **m** oder **n** auf einen Vokal, so ist dieser zu nasalieren). **Diphthonge**, das sind zwei Vokale in einer Silbe, sind im Portugiesischen immer getrennt auszusprechen: also *E-u-ro*, statt *Eu-ro*.

Buchstabe	Bedingung	Aussprache
a	betont	wie deutsches **a** in <M**a**gen>
a	unbetont	dumpfes **a**, ähnlich wie dt. unbetontes **er** in <bess**er**>
à, á	immer	wie deutsches **a** in <M**a**gen>
â	immer	dumpfes **a**, ähnlich wie dt. unbetontes **er** in <bess**er**>
e	betont	wie deutsches **ä** in <S**ä**le>
e	unbetont	wie deutsches **e** in <Flasch**e**>
e	unbetont am Wortende	fast völlig verschluckt
es, ex	nur am Wortanfang	ähnlich wie deutsches **isch**
é	immer	wie deutsches **ä** in <S**ä**le>
ê	immer	geschlossenes **e** wie in <S**ee**>
i	zwischen zwei Vokalen	wie deutsches **j** in <**J**ubel>
i	sonst	wie deutsches **i**
o	betont	offenes **o** wie in <S**o**nne>
o	unbetont	wie ein **u**
ó	immer	offenes **o** wie in <S**o**nne>
ô	immer	geschlossenes **o** wie in <**O**fen>
c	vor e oder i	stimmloses **s** wie in <Ma**ß**>
c	vor t	meist stumm (arquitecto = *arkitätu*)
c	vor a, o oder u	wie **k**
ç	immer	stimmloses **s** wie in <Ma**ß**>
ch	immer	stimmloses **sch** wie in <Fi**sch**>
g	vor a, o und u	wie deutsches **g**
g	vor e und i	stimmhaftes **sch** wie in <**J**ournalist>
gu	vor a, o und u	wie deutsches **gu**
gu	vor e und i	wie deutsches **g**
h	am Wortanfang	wird nicht ausgesprochen

lh	immer	wie **lj**
nh	immer	wie **nj**
j	immer	stimmhaftes **sch** wie in <Journalist>
qu	vor a und o	wie **qu** in <**Qu**alle>
qu	vor e und i	wie **k**, das u bleibt stumm (que = *ke*)
r	zwischen zwei Vokalen	einfaches zungengeschlagenes **r**
r	am Anfang eines Wortes	wie deutsches Gaumen-**r**
rr	immer	wie deutsches Gaumen-**r**
s	zwischen zwei Vokalen	stimmhaftes **s** wie in <Ro**s**e>
s	vor l, m, n, r, v	stimmhaftes **sch** wie in <Journalist>
s	vor anderen Konsonanten	stimmloses **sch** wie in <Fi**sch**>
s	am Wortende, wenn nächstes Wort mit Vokal beginnt	stimmhaftes **s** wie in <Ro**s**e>
s	am Wortende	stimmloses **sch** wie in <Fi**sch**>
s	sonst	stimmloses **s** wie in <Ma**ß**>
v	immer	wie deutsches **w**
x	meistens	wie stimmloses **sch** wie in <Fi**sch**>
x	ab und zu	wie stimmhaftes **s** wie in <Ro**s**e>
x	selten	wie deutsches **x**
z	am Wortende	stimmhaftes **sch** wie in <Journalist>
z	normal	stimmhaftes **s** wie in <Ro**s**e>

Wortschatz und Wendungen

Anrede/Entschuldigungen

Frau	dona oder senhora dona
Herr	senhor
Wie geht es Ihnen?	Como está?
sehr gut	muito bem
Danke!	Männer: Obrigado! Frauen: Obrigada!
Hallo!	Olá!
Guten Morgen!	Bom dia! (bis 12 h mittags)
Guten Tag!	Boa tarde! (nachmittags ab 12 h)
Guten Abend/ Gute Nacht!	Boa noite! (nach Sonnenuntergang)
Auf Wiedersehen!	Adeus!
Ich heiße ...	Chamo-me ...

ja/nein	sim/não
bitte	faz favor oder por favor
Ich verstehe nichts.	Não entendo nada.
Sprechen Sie bitte etwas langsamer!	Fale mais devagar, por favor!
Sprechen Sie Deutsch?	Fala alemão?
... Englisch	... inglês
... Französisch	... francês
... Italienisch	... italiano
... Spanisch	... espanhol
Entschuldigung! (um Erlaubnis bitten)	Com licença!
Entschuldigung!	Desculpe! oder desculpa!
Keine Ursache.	De nada.

Zahlen

1	um (m.)	11	onze	40	quarenta
	uma (w.)	12	doze	50	cinquenta
2	dois (m.),	13	treze	60	sessenta
	duas (w.)	14	catorze	70	setenta
3	três	15	quinze	80	oitenta
4	quatro	16	dezasseis	90	noventa
5	cinco	17	dezassete	100	cem
6	seis	18	dezoito	1.000	mil
7	sete	19	dezanove	1.000.000	um milhão
8	oito	20	vinte		
9	nove	30	trinta		
10	dez				

Zeiten

Wie spät ist es?	Que horas são?	Sekunde	segundo
Wann?	Quando?	Januar	janeiro
Um wie viel Uhr?	A que horas?	Februar	fevereiro
Es ist (zu) früh/ spät.	É (muito) cedo/ tarde.	März	março
		April	abril
morgens	de manhã	Mai	maio
mittags	ao meio-dia	Juni	junho
nachmittags	à tarde	Juli	julho
abends	à noite	August	agosto
nachts	à noite	September	setembro
heute Abend	esta noite	Oktober	outubro
heute	hoje	November	novembro
gestern	ontem	Dezember	dezembro
morgen	amanhã	Montag	segunda-feira (2.ª)
übermorgen	depois de amanhã	Dienstag	terça-feira (3.ª)
vorgestern	anteontem	Mittwoch	quarta-feira (4.ª)
morgen Abend	amanhã à noite	Donnerstag	quinta-feira (5.ª)
Jahr	ano	Freitag	sexta-feira (6.ª)
Monat	mês	Samstag	sábado
Woche	semana	Sonntag	domingo
Tag	dia	Werktage	dias úteis
Stunde	hora	Feiertage	feriados
Minute	minuto		

Hinweis: Die portugiesischen Wochentage werden beginnend mit dem Sonntag durchnummeriert! Daher ist Montag der „zweite Markttag" (*segunda-feira* oder *2.ª*).

Übernachten

Ich möchte ein Zimmer.	Queria um quarto.
Haben Sie ein Einzelzimmer?	Tem um quarto para uma pessoa só?
... Doppelzimmer	... quarto duplo
... Zimmer mit Ehebett	... quarto com cama de casal
... Zimmer mit zwei Betten	... quarto com duas camas
... Zimmer mit Bad	... quarto com casa de banho
... Zimmer mit Dusche	... quarto com duche
... Zimmer ohne eigenes Bad	... quarto sem casa de banho
Wir haben ein Zimmer reserviert.	Reservámos um quarto.
Kann ich das Zimmer sehen?	Posso ver o quarto?
Wie viel kostet das pro Tag?	Quanto custa por dia?
Es ist zu teuer.	É muito caro.
Können Sie einen Rabatt geben?	Pode fazer um desconto?
Frühstück inbegriffen	com pequeno almoço incluído
Ich bleibe ... Tage.	Vou ficar ... dias.

Geld/Einkauf

Wo ist eine Bank?	Onde fica um banco?
Ich möchte Geld wechseln.	Queria cambiar dinheiro.
... eine Quittung	... um recibo
Wie viel kostet das?	Quanto custa?
Wechselgeld	o troco
Bitte 500 Gramm davon.	Quinhentos gramas disto, por favor.
Bitte drei Stück von jenem dort.	Três daquilo, por favor.
Ich möchte gerne ein Kilo Fisch.	Queria um quilo de peixe.
Wo ist das nächste Postamt?	Onde fica a estação dos correios mais próxima?
Briefmarken	selos
Telefonkarte	cartão telefónico

Notfall/Gesundheit

Hilfe!	Socorro!
Ich fühle mich schlecht.	Não me sinto bem.
Rufen Sie einen Arzt!	Por favor, chame um médico!
Können Sie einen Arzt empfehlen?	Pode indicar-me um bom médico?
Wo ist das nächste Krankenhaus?	Onde é o hospital mais próximo?
Rufen Sie mir einen Krankenwagen!	Chame uma ambulância!
Ich habe hier Schmerzen.	Dói-me aqui.
Ich habe eine Erkältung.	Apanhei uma constipação.

Ich habe Kopfschmerzen.	Tenho dores de cabeça.
... Zahnschmerzen	... dores de dentes
Wo ist eine Apotheke?	Onde fica uma farmácia?
Ich möchte gerne Papiertaschentücher.	Queria lenços de papel.
... Damenbinden	... pensos higiénicos
... Kopfschmerztabletten	... comprimidos para dores de cabeça
... Toilettenpapier	... papel higiénico
Abführmittel	laxativo
Lungenentzündung	pneumonia
Entzündung	inflamação
Sonnenstich	insolação
Fieber	febre
Pflaster	emplasto
Husten	tosse
Tampons	tampões
Kondome	preservativos
Verbrennung	queimadura
Krampf	convulsão
Wunde	ferida

Weg und Richtung

Wo ist ...?	Onde é ...? oder Onde fica ...?
Wo ist die nächste Bushaltestelle?	Onde fica a mais próxima paragem de autocarro?
... Straßenbahnhaltestelle	... de elétrico
... U-Bahnhaltestelle	... do Metro
Wo ist der nächste Bahnhof?	Onde fica a estação de comboios mais próxima?
Wo ist der Flughafen?	Onde fica o aeroporto?
Bitte eine Fahrkarte nach ...	Queria um bilhete para ...
Bitte eine Tageskarte.	Queria um bilhete de dia.
Welchen Bus nehme ich nach ...?	Qual é o autocarro que vai para ...?
Muss ich umsteigen?	Tenho que mudar?
An welcher Haltestelle muss ich raus?	Qual é a paragem onde tenho que sair?
Wir haben eine Panne.	O nosso carro está avariado.
Wo ist eine Werkstatt?	Onde fica uma estação de serviço?
Geben sie mir 10 Liter Diesel.	Queria dez litros de gasóleo.
... Normalbenzin	... de gasolina normal
nach rechts	à direita
geradeaus	em frente
nach links	à esquerda
immer geradeaus	sempre em frente

Speiselexikon

Im Restaurant

Haben Sie einen freien Tisch?	Tem uma mesa livre?	*Was empfehlen Sie?*	O que recomenda?
Bitte die Karte!	A ementa, por favor!	*Die Rechnung, bitte!*	A conta, se faz favor!
Ober!	Faz favor!	*Die Rechnung stimmt nicht.*	A conta está errada.
Ich möchte gerne mehr Brot.	Queria mais pão.	*Das Beschwerdebuch, bitte!*	Traga-me o livro de reclamações, por favor!
... noch ein Bier	... mais uma cerveja	*Guten Appetit!*	Bom proveito! oder bom apetite!
Wo ist die Toilette?	Onde fica a casa de banho?	*Auf Ihr Wohl! Prost!*	Saúde!

Suppen (sopas)

Grünkohlsuppe	caldo verde	*Meeresfrüchtesuppe*	... de marisco
Gemüsesuppe	sopa de legumes	*Hühnerbrühe*	canja
Fischsuppe	... de peixe	*Kalte Gemüsesuppe*	gaspacho

Fische und Meeresfrüchte (peixes e mariscos)

Venusmuschel	amêijoa	*Hummer*	lavagante
Thunfisch	atum	*Seezunge*	linguado
Kabeljau, Stockfisch	bacalhau	*Kalamar*	lula
Meerbrasse	besugo	*Miesmuschel*	mexilhão
Garnele	camarão	*Austern*	ostras
Krabbe	caranguejo	*Degenfisch*	peixe-espada
Bastardmakrele	carapau	*Seefüße*	percebes
Makrele	cavala	*Seehecht*	pescada
Silberbarsch	cherne	*Krake*	polvo
Sepia (Tintenfisch)	choco	*Wolfsbarsch*	robalo
Rabenfisch	corvina	*Lachs*	salmão
Goldbrasse	dourada	*Meerbarbe*	salmonete
Aal	eiró, enguia	*Spinnenkrabbe*	santola
Schwertfisch	espadarte	*Taschenkrebs*	sapateira
große Garnelen	gambas	*Sardinen*	sardinhas
Barsch	garoupa	*Seeteufel*	tamboril
Languste	lagosta	*Forelle*	truta
Kaisergranat	lagostim		

Fleisch (carne)

Fleischknödel	almôndegas	*Lebergericht*	iscas
Rindersteak	bife	*Hase*	lebre
kl. Rindersteak	bitoque	*Spanferkel*	leitão
Lamm	borrego	*Zunge*	língua
wild	bravo	*dünne Wurst*	linguiça
Zicklein	cabrito	*Lende*	lombo, lombinho
Schnecken	caracóis	*Schinkenwurst*	paio
geräucherte Wurst	chouriço	*Ente*	pato
Kaninchen	coelho	*Truthahn*	peru
Kotelett	costeletas	*Hackbraten*	picado
Mittelrippenstück	entrecosto	*Schwein*	porco
Schnitzel	escalopes	*kl. Rinderschnitzel*	prego
mageres Fleisch	febras	*Räucherschinken*	presunto
Kochschinken	fiambre	*Würstchen*	salsichas
Hähnchen	frango	*Kutteln*	tripas
Huhn	galinha	*Rind*	vaca
Hühnerinnereien	moelas	*Kalb*	vitela

Gemüse/Gewürze (legumes/condimentos)

Kürbis	abóbora	*Blumenkohl*	couve-flor
grüner Salat	alface	*Erbsen*	ervilhas
Knoblauch	alho	*Spinat*	espinafre
Reis	arroz	*dicke Bohnen*	favas
Olivenöl	azeite	*Bohnen*	feijão
Oliven	azeitonas	*Kichererbsen*	grão
gekochte Kartoffeln	batatas cozidas	*Linsen*	lentilhas
Pommes frites	batatas fritas	*Mais*	milho
Curry	caril	*Pfeffer*	pimenta
Zwiebel	cebola	*Paprika*	pimento
Karotte	cenoura	*Chili*	piri-piri
grüner Koriander	coentro	*gemischter Salat*	salada mista
Pilze	cogumelos	*Petersilie*	salsa
Grünkohl	couve	*Tomate*	tomate
Rosenkohl	couve de bruxelas	*Essig*	vinagre

Nachspeisen (sobremesas)

Milchreis	arroz doce	*Eiscreme*	gelado
Kuchen	bolo	*Milchcreme*	leite creme
Schlagsahne	chantilly	*Mousse*	mousse

au chocolat	de chocolate	*Fruchtsalat*	salada de frutas
Sahne	nata	*Torte*	tarte
Pudding-Karamell	pudim flan	*Eigelbspeise*	toucinho
Käse	queijo	*mit Mandel*	do céu

Obst/Nüsse (frutas/nozes)

Mandeln	amêndoas	*Zitrone*	limão
Erdnüsse	amendoins	*Apfel*	maçã
Banane	banana	*Wassermelone*	melancia
Kirsche	cereja	*Honigmelone*	melão
Feige	figo	*Erdbeere*	morango
Himbeere	framboesa	*Birne*	pera
Orange	laranja	*Pfirsich*	pêssego
Limette	lima	*Trauben*	uvas

Zubereitung (modo de preparação)

gebraten	assado	*über Holzkohle gegrillt*	na brasa
gut durch	bem passado	*am Bratspieß*	no espeto
gekocht	cozido	*im Ofen*	no forno
süß	doce	*paniert*	panado
geschmort	estufado	*scharf*	picante
frittiert	frito	*Püree*	puré
gegrillt	grelhado	*gefüllt*	recheado
schlecht durch	mal passado		

Diverse Gerichte

Brotbrei mit ...	açorda de ...	*mit Muscheln*	à alentejana
Herzmuscheln mit Zitronensaft	amêijoas à Bulhão Pato	*In einer Kupferpfanne gekochte und servierte Meeresfrüchte, Fleisch- oder Fischstücke*	cataplana
Reiseintopf mit ...	arroz de ...		
Bacalhau mit Pommes Frites und Eiern vermischt	bacalhau à Brás	*In Rotwein zubereitetes Ziegenfleisch*	chanfana
Bacalhau mit gekochten Kartoffeln und Zwiebeln	bacalhau à Gomes de Sá	*Eintopf mit Rinds-, Schweine- und Hühnerfleisch, dazu Schlachtwurst, Reis, Kartoffeln und Karotten*	cozido à portuguesa
Rindersteak mit Sahne	bife à café oder à Marrare		
Thunfischsteak (aus frischem Thunfisch)	bife de atum	*Rinderkutteln mit Hühnerfleisch und Bohnen*	dobrada
Spieß mit ...	espetada de ...	*Gulasch (mit Fleisch, Fisch oder Meeresfrüchten)*	ensopado de ...
Fischeintopf	caldeirada		
Schweinefleisch	carne de porco	*Spaghetti*	espaguete

Bohneneintopf mit Räucherwurst (chouriço), Blutwurst und Speck	feijoada à portuguesa	Nudeleintopf mit …	massada de …
		Garnelenfrikadellen	rissóis de camarão
Rindfleisch mit gekochten Kartoffeln, Karotten, Erbsen und Schlachtwurst	jardineira	Schweinefleischstückchen mit geronnenem Schweineblut, Leber, Innereien und Kartoffeln	rojões
frittierte Tintenfischringe mit Reis und Salat	lulas à sevilhana	Thunfischsalat mit schwarzen Oliven, Tomaten- und grünem Salat sowie gekochten Kartoffeln	salada de atum
frittierte Tintenfischringe mit gekochten Kartoffeln	lulas à francesa	Fleischbrühe mit Brot, Ei, Knoblauch und Koriander	sopa alentejana
Tintenfische mit gemischtem Hackfleisch gefüllt	lulas recheadas		

Sonstiges (diversos)

Mittagessen	almoço	Beschwerdebuch	livro de reclamações
Nachtimbiss	ceia	Butter	manteiga
Löffel	colher	halbe Portion	meia dose
Rechnung	conta	Tisch	mesa
Bedienung	empregado(a)	Sauce	molho
Terrasse	esplanada	Zahnstocher	palitos
Messer	faca	Brot	pão
Gabel	garfo	Frühstück	pequeno almoço
Geschäftsführer	gerente	Serviette	guardanapo
Abendessen	jantar	Teller	prato

Getränke (bebidas)

Leitungswasser	água da torneira	kleiner Milchkaffee	garoto
Mineralwasser mit/ohne Kohlensäure	água mineral com/ sem gás	Flasche (klein, groß)	garrafa (pequena, grande)
Kaffee (Espresso)	bica	Krug	jarro
voller Espresso	bica cheia	Dose	lata
koffeinfreier Kaffee	café descafeinado	Milch	leite
doppelter Espresso	café duplo	Kakao	leite com chocolate
Bier	cerveja	Kaffee halb mit Milch verdünnt	meia de leite
großes Fassbier	caneca de cerveja	lauwarm	morno
kleines Fassbier	fino	normal temperiert	natural
normales Fassbier	imperial	heiß	quente
Espresso mit Wasser verdünnt	carioca	trocken	seco
Tee	chá	Fruchtsaft aus …	sumo natural de …
Glas	copo	Weißwein	vinho branco
kalt	fresco	Portwein	vinho do Porto
großer Milchkaffee	galão	Rotwein	vinho tinto

Verzeichnisse

Porto im Kasten

Kartenverzeichnis und Zeichenerklärung

Autobahn	Wichtiges Gebäude	Information
Hauptstraße	Bebaute Fläche	Sehenswürdigkeit
Nebenstraße, Rad-/Fußweg	Unbebaute Fläche	Museum
Tunnel	Platz	Kirche/Kloster
Fußgängerzone	Bildung/Forschung	Moschee
Treppe	Sperrgebiet	Synagoge
Rundgang	Sportplatz, Stadion	Burg/Schloss
Radtour	Grünfläche	Krankenhaus
Stadtmauer	Schrebergarten	Post
Bahn	Golf-, Zeltplatz	Bahnhof
Bahn-Tunnel	Friedhof	Metro-, Tramhalt
Metro, Tram	Kirche/Kloster	Busbahnhof/-halt
Straßenbahn-Tunnel	Gewässer, Wasserbecken	Taxi
Standseilbahn	Spezielles Feuchtgebiet	Parkplatz/-haus
Luftseilbahn	Strand	Fähranleger
Fließgewässer	Fels, Steinbruch	Wasserbecken
Fähre	Tourstart/-ende	Badestrand
Schutzgebiet	Radtour	Steinbruch
		Golf-, Zeltplatz

▼ Kartenausschnitte im Buch

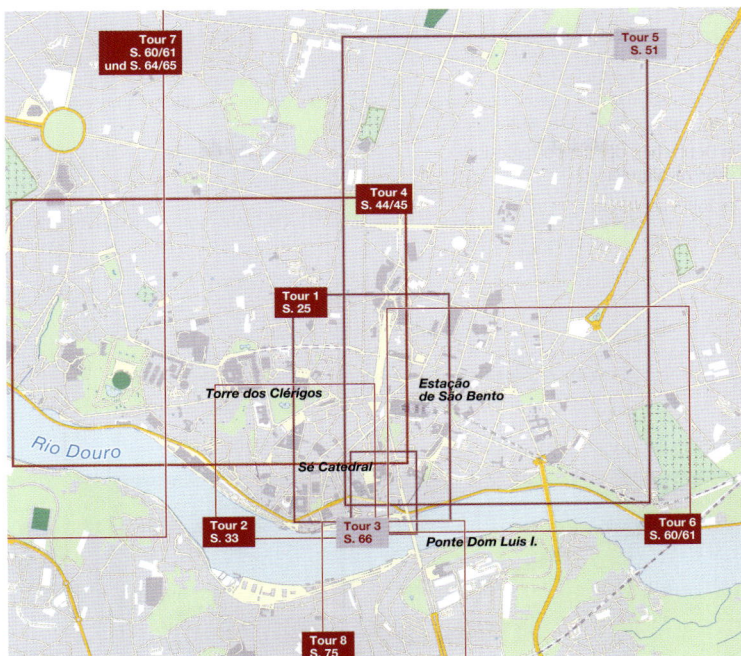

Tour 7
S. 60/61
und S. 64/65

Tour 5
S. 51

Tour 4
S. 44/45

Tour 1
S. 25

Torre dos Clérigos

*Estação
de São Bento*

Rio Douro

Sé Catedral

Tour 2
S. 33

Tour 3
S. 66

Ponte Dom Luis I.

Tour 6
S. 60/61

Tour 8
S. 75

Vielen Dank!

Gonçalo Castro, José Manuel Lopes Cordeiro, Erwin Diltour, Candida Meili, Nicolas Neef, Verena Niepoort, Nils Pickert, Peter Ritter, Elisabeth Völpel

Was haben Sie entdeckt?

Haben Sie ein besonderes Restaurant, ein neues Museum oder ein nettes Hotel entdeckt? Wenn Sie Ergänzungen, Verbesserungen oder Tipps zum Buch haben, lassen Sie es uns bitte wissen!

Schreiben Sie an: Michael Müller, Stichwort „Porto" |
c/o Michael Müller Verlag GmbH | Gerberei 19, D – 91054 Erlangen |
michael.mueller@michael-mueller-verlag.de

Impressum

Text und Recherche: Michael Müller | **Lektorat:** Peter Ritter, D&M Services GmbH: Horst Christoph | **Redaktion:** Annette Melber | **Layout:** D&M Services GmbH | **Karten:** Janina Baumbauer, Theresa Flenger, Judit Ladik | **Fotos:** Michael Müller | **Cover-gestaltung:** Karl Serwotka | **Covermotive:** vorne: Port-Lastkahn am Duoro © Michael Müller; hinten: Farbenfrohe Häuser in Riberia © Fotolia / gb27photo.

Die in diesem Reisebuch enthaltenen Informationen wurden vom Autor nach bestem Wissen erstellt und von ihm und dem Verlag mit größtmöglicher Sorgfalt überprüft. Dennoch sind, wie wir im Sinne des Produkthaftungsrechts betonen müssen, inhaltliche Fehler nicht mit letzter Gewissheit auszuschließen. Daher erfolgen die Angaben ohne jegliche Verpflichtung oder Garantie des Autors bzw. des Verlags. Autor und Verlag übernehmen keinerlei Verantwortung bzw. Haftung für mögliche Unstimmigkeiten. Wir bitten um Verständnis und sind jederzeit für Anregungen und Verbesserungsvorschläge dankbar.

ISBN 978-3-95654-510-8

Newsletter

Aktuelle Infos zu unseren Titeln, Hintergrundgeschichten zu unseren Reisezielen sowie brandneue Tipps erhalten Sie in unserem regelmäßig erscheinenden Newsletter, den Sie im Internet unter **www.michael-mueller-verlag.de** kostenlos abonnieren können.

Ein „zugeknöpfter" Motorroller

Abruzzen ■ Ägypten ■ Albanien ■ Algarve ■ Algarve ■ Allgäu ■ Altmühltal & Fränk. Seenland ■ Amsterdam ■ Andalusien ■ Andalusien ■ Apulien ■ Australien – Der Osten ■ Azoren ■ Bali & Lombok ■ Barcelona ■ Bayerischer Wald ■ Berchtesgadener Land ■ Berlin ■ Bodensee ■ Bornholm ■ Bremen mit Bremerhaven ■ Bretagne ■ Brüssel ■ Budapest ■ Chalkidiki ■ Chiemgauer Alpen ■ Chios ■ Cilento ■ Comer See ■ Cornwall & Devon ■ Costa Brava ■ Costa de la Luz ■ Costa Rica ■ Côte d'Azur – Alpes Maritimes ■ Cuba ■ Dolomiten ■ Dolomiten ■ Dominikanische Republik ■ Dresden ■ Dublin ■ Düsseldorf ■ Ecuador ■ Eifel ■ Elba und der Toskanische Archipel ■ Elsass ■ Elsass ■ Fehmarn ■ Florenz & Chianti ■ Föhr & Amrum ■ Franken ■ Fränkische Schweiz ■ Fränkische Schweiz ■ Friaul-Julisch Venetien ■ Fuerteventura ■ Gardasee ■ Gardasee ■ Golf von Neapel ■ Gomera ■ Gran Canaria ■ Graubünden ■ Hamburg ■ Harz ■ Haute-Provence ■ Ibiza & Formentera ■ Irland ■ Island ■ Istanbul ■ Istrien ■ Kalabrien & Basilikata ■ Kanada – der Westen mit Südost-Alaska ■ Karpathos ■ Kärnten ■ Katalonien ■ Kefalonia & Ithaka ■ Köln ■ Kopenhagen ■ Korfu ■ Korsika ■ Korsika Fernwanderwege ■ Korsika ■ Kos ■ Krakau ■ Kreta ■ Kreta ■ Kroatische Inseln & Küstenstädte ■ Kvarner-Bucht – Zentralkroatien, Zagreb ■ Kykladen ■ Lago Maggiore ■ Lago Maggiore ■ La Palma ■ La Palma ■ Languedoc-Roussillon ■ Lanzarote ■ Latium mit Rom ■ Lesbos ■ Ligurien – Italienische Riviera, Genua, Cinque Terre ■ Ligurien ■ Limnos ■ Limousin & Auvergne ■ Liparische Inseln ■ Lissabon & Costa de Lisboa ■ Lissabon ■ London ■ Lübeck inkl. Travemünde ■ Madeira ■ Madeira ■ Madrid ■ Mailand ■ Mainfranken ■ Mainz ■ Mallorca ■ Mallorca ■ Malta, Gozo, Comino ■ Marken ■ Marseille ■ Mecklenburgische Seenplatte ■ Mecklenburg-Vorpommern ■ Menorca ■ Midi-Pyrénées ■ Mittel- und Süddalmatien ■ Montenegro ■ Moskau ■ München ■ Münchner Ausflugsberge ■ Naxos ■ Neuseeland ■ New York ■ Niederlande ■ Nord- u. Mittelengland ■ Nord- u. Mittelgriechenland ■ Norddalmatien ■ Norderney ■ Nördliche Sporaden – Skiathos, Skopelos, Alonnisos, Skyros ■ Nordportugal ■ Nordspanien ■ Normandie ■ Norwegen ■ Nürnberg, Fürth, Erlangen ■ Oberbayerische Seen ■ Oberitalien ■ Oberitalienische Seen ■ Odenwald mit Bergstraße, Darmstadt & Heidelberg ■ Ostfriesland – Ostfriesische Inseln ■ Ostseeküste – Mecklenburg-Vorpommern ■ Ostseeküste – von Lübeck bis Kiel ■ Paris ■ Peloponnes ■ Pfalz ■ Pfälzerwald ■ Piemont & Aostatal ■ Piemont ■ Polnische Ostseeküste ■ Porto ■ Portugal ■ Prag ■ Provence & Côte d'Azur ■ Provence ■ Rhodos ■ Rom ■ Rügen, Stralsund, Hiddensee ■ Rumänien ■ Rund um Meran ■ Sächsische Schweiz ■ Salzburg & Salzkammergut ■ Samos ■ Santorini ■ Sardinien ■ Sardinien ■ Schottland ■ Schwäbische Alb ■ Schwarzwald Mitte/Nord ■ Shanghai ■ Sizilien ■ Sizilien ■ Slowakei ■ Slowenien ■ Span. Jakobsweg ■ Sri Lanka ■ St. Petersburg ■ Steiermark ■ Stockholm ■ Straßburg ■ Südböhmen – Böhmerwald ■ Südengland ■ Südfrankreich ■ Südnorwegen ■ Südschwarzwald ■ Südschweden ■ Südtirol ■ Südtoscana ■ Südwestfrankreich ■ Sylt ■ Tallinn ■ Teneriffa ■ Teneriffa ■ Tessin ■ Thailand – der Norden ■ Thassos & Samothraki ■ Thüringen ■ Toscana ■ Toscana ■ Tschechien ■ Türkei ■ Türkei – Lykische Küste ■ Türkei – Mittelmeerküste ■ Türkei – Südägäis ■ Türkische Riviera – Kappadokien ■ Umbrien ■ USA – Südwesten ■ Usedom ■ Varadero & Havanna ■ Venedig ■ Venetien ■ Wachau, Wald- u. Weinviertel ■ Wales ■ Warschau ■ Westböhmen & Bäderdreieck ■ Wien ■ Zakynthos ■ Zypern

Reisehandbuch   MM-City   MM-Wandern

MM-Wandern
informativ und punktgenau durch GPS

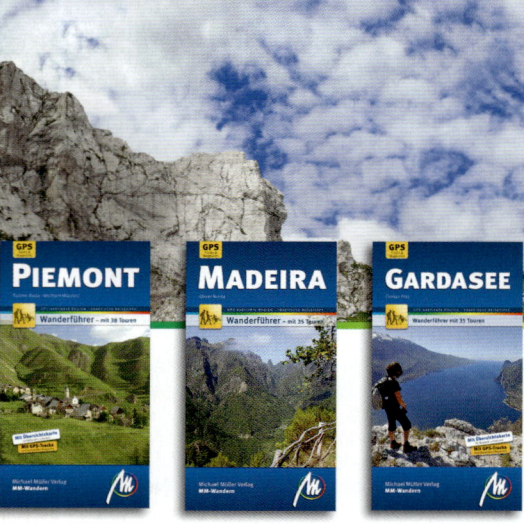

- für Familien, Einsteiger und Fortgeschrittene
- ausklappbare Übersichtskarte für die Anfahrt
- genaue Weg-Zeit-Höhen-Diagramme
- GPS-kartierte Touren (inkl. Download-Option für GPS-Tracks)
- Ausschnittswanderkarten mit Wegpunkten
- Konkretes zu Wetter, Ausrüstung und Einkehr

Übrigens:
Unsere Wanderführer gibt es auch als App für iPhone™ und Android™

- Allgäuer Alpen
- Andalusien
- Bayerischer Wald
- Chiemgauer Alpen
- Eifel
- Elsass
- Fränkische Schweiz
- Gardasee
- Gomera
- Korsika
- Korsika Fernwanderwege
- Kreta

- Lago Maggiore
- La Palma
- Ligurien
- Madeira
- Mallorca
- Münchner Ausflugsberge
- Östliche Allgäuer Alpen
- Pfälzerwald
- Piemont
- Provence
- Rund um Meran
- Schwäbische Alb

- Sächsische Schweiz
- Sardinien
- Schwarzwald Mitte/Nord
- Schwarzwald Süd
- Sizilien
- Spanischer Jakobsweg
- Teneriffa
- Toscana
- Westliche Allgäuer Alpen
- Zentrale Allgäuer Alpen

Unsere App zum Buch –
unser Buch mit App

Diesen Städteführer besitzen Sie nicht nur auf Papier.
Bei Ihrem Cityguide des Michael Müller Verlags
ist die App **mmtravel**® inklusive.

Die App **mmtravel**® ...

... **ist ein echter, vollständiger Offline-Reiseführer:**
alle Texte, alle Bilder und alle Karten – kompakt auf Ihrem Handy
oder Tablet

... **besitzt auch offline alle digitalen Benefits:**
Suchfunktion, Verlinkung von Text und Karte, eigene Favoriten
und Kommentare

... **gestaltet den Städte-Trip nach Ihrem Geschmack
und Ihren Interessen:** Die intuitive Filterfunktion hilft bei der
Planung und vor Ort

... **enthält ausführlicher kommentierte Adressen (POIs)
als andere Reise-Apps:** Sie können sogar nach „vegetarisch",
„hip", „am Wasser" oder „gratis" auswählen

... **unterstützt Sie mit GPS:** Sie sehen, wo Sie sind, Ihre ausgewählte
Tour und alle Tipps in der Nähe

**Ihren Freischaltcode
finden Sie im Umschlag**
Noch mehr Service – gratis auf
www.mmtravel.com

Auf mmtravel.com richten Sie sich Ihr Benutzerkonto ein.
Die Seite macht aber noch mehr für Sie:

• Hier finden Sie Updates für Ihren Cityguide.

• Lust auf mehr Metropolen? Die Sneak-Preview zu allen Städteführern aus
unserem Programm: die Stadtpläne mit sämtlichen POIs (Points of Interest)
in Kurzform.

Wein und Tapas aus dem Van

Register

Die in Klammern gesetzten Koordinaten verweisen auf die herausnehmbare Porto-Karte.

Der Vogelmarkt an der Alameda das Fontainhas